复旦卓越·21世纪管理学系列

品质管理

周东梅 主编

复旦大学出版社

内容提要

本书是一本内容全面，材料丰富的品质管理学教科书。它集中展示了品质管理界的各种理论和方法，着重介绍了国际通用的2000版ISO9000系列的各种标准，主要内容包括：品质检验，品质管理常用工具，全面质量管理，标准化管理，六西格玛管理，品质资源管理，品质环境管理，品管圈，ISO9000族系列标准，认证常识等。本书力求以学生为中心，注重实践能力的培养，并设计了实训指导、案例分析、思考与问题等助学栏目供学生参考。

本书既可作为高职院校、实践型本科相关专业的教科书，也可作为各级、各类企业质量管理人员的阅读参考资料。

目录

第一章　品质管理概述 1
- 第一节　品质和品质管理 1
- 第二节　品质管理的发展阶段 3
- 第三节　世纪品质管理展望 5

第二章　品质检验 7
- 第一节　建立检验标准 7
- 第二节　进料检验 12
- 第三节　制程检验 17
- 第四节　成品出厂检验 20
- 第五节　品质稽查 22

第三章　品质管理常用工具 25
- 第一节　分层法 25
- 第二节　柏拉图 27
- 第三节　因果分析图 31
- 第四节　对策表 33
- 第五节　箭线图 34
- 第六节　脑力激荡法 36
- 第七节　抽样检验技术 37

第四章　全面质量管理 41
- 第一节　全面质量管理的主要流派及其基本思想 42
- 第二节　全面质量管理的基本工作程序和基本内容 47
- 第三节　全面质量管理的具体应用 50

第五章　标准化管理 ···················· 56
第一节　标准与标准化概述 ················ 56
第二节　我国标准化实施的情况 ·············· 62
第三节　国际标准化发展状况 ················ 65

第六章　六西格玛管理 ···················· 68
第一节　关于六西格玛 ···················· 68
第二节　六西格玛管理与实施 ················ 74
第三节　六西格玛与中国企业的发展 ·········· 89

第七章　品质资源管理 ···················· 97
第一节　人力资源开发 ···················· 97
第二节　设备管理 ························ 107
第三节　仓库管理 ························ 114
第四节　反馈信息管理 ···················· 117
第五节　供应商管理 ······················ 120

第八章　品质环境管理 ···················· 130
第一节　5S 管理概述 ····················· 130
第二节　5S 执行技巧 ····················· 137
第三节　定置管理 ························ 144

第九章　品管圈 ·························· 150
第一节　品管圈简介 ······················ 150
第二节　品管圈活动规则 ·················· 152
第三节　品管圈的运作 ···················· 157
第四节　品管圈活动应尽的职责 ············ 158

第十章　ISO9000 族标准概述 ·············· 162
第一节　ISO 组织和 ISO9000 简介 ·········· 162
第二节　ISO9000 的实施与认证 ············ 166

第十一章　质量管理原则和体系基础 …… 169
　　第一节　质量管理八项原则 …… 169
　　第二节　质量管理体系基础 …… 179
　　第三节　质量管理体系术语 …… 188

第十二章　质量管理体系的要求 …… 192
　　第一节　ISO9001 的使用说明 …… 192
　　第二节　质量管理体系总要求和文件要求 …… 194

第十三章　认证常识 …… 235
　　第一节　认证概述 …… 235
　　第二节　主要认证类别 …… 240

第十四章　品质管理组织架构 …… 273

第十五章　品质管理名人录 …… 278
　　Ⅰ　品质管理名人简介一——戴明(William Edwards Deming, 1900—1993) …… 278
　　Ⅱ　品质管理名人简介二——朱兰(Joseph H. Juran, 1904—2008) …… 283
　　Ⅲ　品质管理名人简介三——克劳士比(Philip B. Crosby, 1926—2001) …… 286
　　Ⅳ　品质管理名人简介四——石川馨(Koaru Ishikawa, 1915—) …… 288
　　Ⅴ　品质管理名人简介五——田口玄一(Genichi Taguchi, 1924—) …… 289
　　Ⅵ　品质管理名人简介六——费根堡姆(Armand V. Feigenbaum, 1920—) …… 291

参考文献 …… 294

后记 …… 295

第一章 品质管理概述

 学习目标和要求

通过本章的学习,要求掌握品质管理学中的一些重要概念、了解质量管理的发展简史、了解未来质量管理的发展方向。

 知识要点

1. 掌握品质和品质管理的含义
2. 掌握品质特性的含义

第一节 品质和品质管理

所谓品质,从理论上讲即一组固有特性满足要求的程度。品质特性是指产品、过程或体系与要求有关的固有特性。"固有特性"是指在某事或某物中本来就有的,尤其是那种永久的特性;赋予产品、过程或体系的特性(如:产品的价格、产品的所有者)不是它们的品质特性。

品质概念的关键是"满足要求",这些"要求"必须转化为有指标的特性,作为评价、检验和考核的依据。由于顾客的需求是多种多样的,所以反映产品品质的特性也是多种多样的。它包括:性能、适用性、可信性(可用性、可靠性、维修性)、安全性、环境保护、经济性和美学性。

随着经济的发展和社会的进步,人们对品质的需求不断提高,品质的概念也随着不断深化、发展。传统的品质观念认为,企业的产品或服务是否品质合格,是以在出售给用户之前,是否通过企业的品质检验为标准的。所用的品质检验标准可能是企业自定的,或行业的、国家统一的甚至是全球统一的品质标准,然而,这些标准都是站在厂家的角度来看待品质,对最终用户来说是不平等的。而且厂家所关

注的重点也只是产品或服务的性能、安全性、可靠性和使用寿命的长短等。

新的品质观念认为,品质的本质是用户对一种产品或服务的某些方面所作的评价。品质是用户通过把产品的各个方面同他感受到的产品所具有的品质联系起来后所得出的结论。对品质的真正内涵,哈佛大学教授戴维·列艾作了精辟的概括。他认为一项产品或服务的品质应包括以下几个方面。

(1) 性能:产品或服务的主要特征。如一辆汽车的部件的运行情况,乘坐、操作及使用材料的等级等。

(2) 安全性:产品或服务的危险、伤害或有害性。品质合格的产品应把危险性降到最低。如汽车需要安装反锁刹车与安全气囊等。

(3) 可靠性:产品或服务所具备的性能的稳定性。如汽车故障率的高低等。

(4) 寿命:产品或服务正常发挥功能的持续时间。如汽车的有效行驶公里数、防锈蚀性等。

(5) 美学性:产品或服务的外观、感觉、嗅觉和味觉等。

(6) 特殊性能:产品或服务的额外特性,如用户使用产品时是否便利,汽车的校准和控制装置通常就提供了这种便利性。

(7) 一致性:一件产品或服务满足用户需求的程度。

(8) 会意品质:对产品或服务品质的间接评价,如声誉。

(9) 售后服务:对用户抱怨的解决并核实用户已经满意。

上述9个方面较全面地概括了品质的真正内涵,不仅从企业的角度,而是更多地站在用户的角度来认识品质的内涵。传统的品质观念通常仅关注前4项而忽视了品质的后几个重要的方面。前4个方面是相同性质的产品或服务均应满足的共同品质特性,而正是后几个方面显示出产品或服务的与众不同,给用户带来更多的附加价值,从而吸引和留住顾客。面临现代激烈的市场竞争,企业必须重视品质内涵的后几个方面,尤其是售后服务,它是产品品质最重要内涵之一,是联结企业和用户的纽带。产品或服务提供给顾客以后,仍要继续关注品质问题。除了应采取措施保证用户正确使用产品外,还要了解用户使用产品或接受服务的现实条件,认真对待用户的抱怨。有许多原因可导致产品不能如希望的那样发挥它们的功能或者顾客不能得到优良的服务。然而,无论什么原因,从新的品质观点来看,重要的是要予以补救,采取一切必要的措施使产品或服务达到顾客满意的程度,如国外早已实行的召回制等。

品质管理的目的就是通过组织和流程,确保产品或服务达到内外顾客期望的目标;确保公司以最经济的成本实现这个目标;确保产品开发、制造和服务的过程是合理和正确的。其意义是在组织中建立一种保证体系,使产品和服务在可预见的范围内,满足内外顾客需求,树立品牌忠诚度和美誉度,从而实现公司的经营和战略目标。

品质有一个产生、形成和实现的过程,这一过程是由一系列的彼此联系、相互制约的活动所构成的。这些活动的大部分是由企业内部的各个部门所承担的,但还有许多活动涉及企业外部的供应商、零售商、批发商、顾客等,所有这些活动都是保证和提高产品品质所必不可少的。因此,我们可以说,品质并非只是品质部门的事情,而是取决于企业内外的许多组织和部门的共同努力。品质职能便是对在产品品质产生、形成和实现过程中各个环节的活动所发挥的作用或承担的任务的一种概括。从某种意义上来说,品质管理就是将这些广泛分散的活动有机地结合起来,从而确保品质目标的实现。

第二节 品质管理的发展阶段

品质管理的历史无疑与工业本身一样悠久。在中世纪,品质的保持在很大程度上是通过行会所要求的长期培训来控制的。这种培训灌输给工人这样的思想:以产品的做工品质而自豪。在工业革命期间,劳动的专门化概念被引入。作为其结果,一个工人不再制造整个产品,而是仅仅制造其中一部分。这种变化带来做工品质的下降。因为在工业革命的早期大部分制造的产品并不太复杂,故产品品质没有受到很大影响。但随着产品变得越来越复杂,工作越来越专门化,在产品制造后进行检验就变得很有必要,品质检验就从制造中单独分离出来,品质管理学科逐步发展起来了。纵观世界工业发达国家品质管理的发展历史,品质管理大致经历了以下4个发展阶段。

一、品质检验阶段

1940年以前的品质管理大致都属于品质检验(QC)阶段。它所使用的手段是各种各样的检验设备和仪表,检验方法是以对零件与产品进行全数检查、检验和试验为主,作出合格或不合格的判断,合格才能出厂。这种方法的优点是:不合格产品通向市场之路被切断;缺点是:能够把关,不能预防。它要求对成品进行全数检验,有时从经济上说不够合理,在技术上考虑也不完全可能。

二、统计质量控制阶段

统计质量控制阶段的时间从1940年开始到20世纪末。统计质量控制(SQC)在工业生产中推广应用是从第二次世界大战开始的。随着现代应用数学的发展,以及战争对武器弹药的品质和军需生产提出的新要求,概率论和数理统计原理被

成功地应用到品质管理中来。在有条件的地方,广泛推行了抽样检验;利用控制图对大量生产的工序进行动态控制,有效地防止了废品的产生,提高了一次成品率,减少了废次品造成的损失;品质管理重视产品品质优劣的原因研究,提倡以预防为主的方针。优点:既能把关,又能预防;缺点:过分强调数理统计方法,忽视了生产者的能力和技术,使人们误以为品质管理就是数理统计专家的事,影响了它的普及。

统计方法的应用减少了不合格品,降低了生产费用。但是现代化大规模生产十分复杂,影响产品品质的因素是多种多样的,单纯依靠统计方法不可能解决一切品质管理问题。随着大规模系统的涌现与系统科学的发展,品质管理也走向系统工程的道路。

三、全面质量管理阶段

全面质量管理(TQM)阶段的时间从20世纪60年代开始至今。20世纪50年代末,科学技术突飞猛进,大规模系统开始涌现,人造卫星、第三代集成电路的电子计算机等相继问世,使人们对产品的安全性、可靠性、可维修性提出了更高的要求,而这些要求光靠在生产过程中进行品质控制已无法达到。要达到上述要求,势必将品质管理活动向市场调研、产品设计、售后服务等过程扩展,以实现在产品形成全过程中进行品质控制,而且需要全员的参与,用工作品质来保证产品品质。因而,就形成了全面质量管理的概念。在国际贸易方面,二次大战后美国独霸的优势逐渐减退,国际贸易竞争开始加剧,要求进一步提高产品品质,这些都促使了全面质量管理的诞生。提出全面质量管理的代表人物是美国通用电气公司工程师费根堡姆和品质管理专家朱兰等,他们认为全面质量管理的含义是:全员参与、全部文件化、全过程控制。除此以外,它还蕴涵着"以预防为主"、"下道工序是用户"、"一切为用户"的管理思想。它的优点是:不仅能确保企业持续稳定地生产出品质符合规定要求的产品,还能充分满足用户的需求。

全面质量管理理论虽然发源于美国,但首先是在日本取得巨大成效。由于全面质量管理理论符合当时世界经济技术发展的需要,所以很快普及到各工业发达国家,我国也在1978年开始先后在各行业推行。全面质量管理从20世纪60年代发展至今,其内容和方法日趋完善,并形成了完整的科学体系。通常称全面质量管理阶段是质量管理的完善期和巩固期。

四、标准质量管理阶段

从20世纪70年代末开始,随着世界市场经济的发展、核工业的发展、宇航业的发展、电信业的发展、计算机和网络技术的发展以及服务业的发展,顾客要求越来越高,市场竞争激烈,供方不仅需要考虑满足顾客要求,还应使顾客满意,信任供方能长期稳定地向社会向顾客提供满意的产品,这就需要有一套相关方都认可的品质管理标准,提供相应的证据,以获得利益相关方的信任,从而进入了品质管理和品质保证阶段,也称标准质量管理阶段。

应该看到,品质管理发展的 4 个阶段不是孤立的、互相排斥的,前一个阶段是后一个阶段的基础,后一个阶段是前一个阶段的继承和发展。

第三节　世纪品质管理展望

美国著名品质管理专家朱兰曾在全美品质管理学会年会上指出:20 世纪将以"生产率的世纪"载入史册,未来的 21 世纪将是"品质的世纪"。21 世纪将是高品质(经营的高品质、产品和服务的高品质)的世纪,品质必将成为新世纪的主题,品质管理科学将有更蓬勃的发展。我们知道,全面质量管理阶段的突出特点就是强调全局观点、系统观点。进入 21 世纪后,不仅品质管理的规模会更大,更重要的是,品质将作为政治、经济、科技、文化、自然环境等社会诸要素中的一个重要因素来发展。这意味着:品质将受到政治、经济、科技、文化、自然环境的制约而同步发展;品质系统将作为一个子系统而在更大的社会系统中发展。

可以预料,在 21 世纪品质管理科学将沿着下列方向发展。

(1) 随着世界经济一体化的飞速发展,产品和服务的品质将越来越具有社会化、国际化的性质。品质体系所包含的规模将越来越大,超越企业、集团公司、行业、民族地区和国家。

(2) 社会品质监督系统和品质法规将更加完善和严密,与之相应的国际性品质管理组织将发挥更大的作用。

(3) 为世界各国所接受的通用国际标准,如 ISO9000 族品质管理体系标准这类的标准将会进一步增加和完善,其影响力将会进一步增强。

(4) 质量文化在 21 世纪将会高度发展,将会代表更高水平的全面质量管理。

(5) 品质管理与电子计算机的应用将更紧密地结合在一起。届时不但有计算机集成制造(CIMS),而且还会有计算机集成质量系统(CIQS)。随着互联网系统的发展,计算机在品质管理中将不单用于生产过程的在线控制,还将更多地用于整个经营系统中与品质有关的决策和控制。总之,以信息技术为代表的高科技的飞速发展,将对品质管理的观念、方法、组织以及实施等产生划时代的影响。

(6) 品质控制与抽样检验理论将沿着多元化、小样本化、模糊化、柔性化等方向继续深入发展。这些理论的具体实施与计算机的应用将是不可分割的。品质诊

断理论的研究方兴未艾,将来有可能与其他行业的诊断,如设备故障诊断、人体诊断等统一成为一个综合的诊断理论。

(7) 品质将随着政治、经济、科技、文化的发展而同步发展,这预示着下列领域将得到重视:① 品质与经济增长、科技进步间的关系;② 品质与生产率同步改进的理论、方法与实践;③ 品质与社会发展的相互关系。这里不仅要考虑品质对直接用户的影响,而且要考虑品质对环境的影响,等等。

1. 什么是品质?什么是品质特性?
2. 什么是品质管理?
3. 简述品质管理的发展简史。

第二章 品质①检验

 学习目标和要求

通过本章的学习,要求掌握品质检验的流程和方法、了解品质检验的具体实施办法。

 知识要点

1. 掌握企业中品质检验的主要流程
2. 掌握品质检验的主要方法

品质管理(简称品管)的第一个阶段,是品质检验阶段。企业在生产过程中要实时监控产品的品质,尽量减少不合格品对生产的影响,一个完善的品质管制制度,检验标准是不可或缺的,除了作为品管作业依据以外,也是全企业共同遵守的准则,可以减少很多在作业过程中的不必要的争议。检验标准,主要在于表明检验作业相关文件,用以规定及指明检验作业的执行,以便于在繁杂的检验工作中,不易造成疏漏上的混乱,要想一直稳定满足客户要求,品质检验是实现这一目标的有效工具。

第一节 建立检验标准

品质是针对于标准而言的,没有标准就不能谈品质。员工进行作业要有统一的详细的作业指导书,而质检员进行检验,也要有科学的产品品质判定标准,一家企业要想从开始走向成功,这将是它的必经之路。

---

① 质量与品质是我国大陆与港、台地区的不同叫法。在本书品质与质量为同一个意思。

一、作业指导书的制定

(一)制定作业指导书的目的

(1) 便于生产员工进行自我检验。

(2) 便于将工作累积下来的技术经验,保留于操作标准中,防止因技术人员流动而使技术流失。

(3) 便于对操作人员的训练,易于实施,并于最短的期间内学习其正确的作业方法,尤其在人员流动大的企业更为必要。

(4) 便于实施标准化操作,容易追查产品品质不良原因,便于分析问题所在。

(5) 便于对生产员工进行管理和监督。

(二)制定作业指导书之前的准备

(1) 实施作业指导内容前,应让员工先行认识,并了解其使用方法。

(2) 制定作业指导书,可由技术部门或制造部门结合品管部门有相关经验的人来执行。

(3) 制定作业指导书应拟定完成期限,在新产品投入生产前应完成,并发放于相关部门。

(三)作业指导书的格式和内容

由于行业特点的不同,作业指导书的格式有所不同,但各种格式的内容基本上大同小异。表 2-1 是一份典型的作业指导书。一般来说,作业指导书包括如下几方面内容。

(1) 工艺、工序名称。

(2) 所用设备及工、装、夹具名称。

(3) 所用原材料的名称、数量、规格、型号、品质要求。

(4) 作业操作步骤。

(5) 作业操作每一个步骤的技术工艺要求、关键点、难点、操作技巧、注意事项等。

(6) 示意图、操作简图或者工艺配方。

(7) 防护、安全、人身健康用品。

(8) 修改栏、审批栏。

(9) 作业自检表。

实训指导

认真填写表 2-1。

表 2-1 作业指导书

产品号		工序名称		文件编号	
图示：					
操作说明及注意事项：					

使用物料	项次	名称	规格	数量	使用设备	项次	名称	规格	数量
标准工时					标准不良率				

制定	制作		修订	版本	A0	A1	A2	A3	发行	部门	品管	制造	技术
	审核			日期						签收			
	核准			制作									

二、检验规程的制定

（一）制定检验规程的目的

（1）便于对质检员进行培训和指导，有利于质检员开展质检工作。

（2）明确技术要求，制定检验标准，掌握检验方法，尽可能避免模棱两可的情况。

（3）检验规程能促进企业不断进行品质改善，因为它也是品质改善的基础。

（二）检验标准的分类

1．厂内生产所用标准

此类标准比较简单，单工序的检验可合并于作业指导书内注明，主要着重于制造过程(简称制程)中生产线上所设置的检验工站。此类标准通常采用全数检验比较居多,检验标准内强调以下几点:① 检验项目;② 规格;③ 检验方法。

一些产品在入仓之前还需要做可靠度的环境测试(主要是抽检)。

2. 外厂加工来料检验所用标准

对来自外厂购买或在进行委外加工的半成品、成品来料检验时,主要涉及要求事项、比较标准、权利与义务等,所以必须以完整的检验标准(又称检验规程)作为依据,并要求在签订合同时列入此检验标准,以免发生产品标准上的争议。此类一般采用抽样检验的方法,使用 AQL,MIL,STD,105D 系列表,它包含以下几类:① 允收水准;② 检验项目;③ 检验方法;④ 使用检验工具的标准;⑤ 包装标准。

(三) 检验规程的内容

一份合格的检验规程,一般来说,它包括以下几个方面内容。

(1) 产品名称、规格和型号。

(2) 计量单位、批次大小。

(3) 抽样方案。

(4) 检验项目。

(5) 检验方法、步骤和示意图。

(6) 检验项目。

(7) 检测设备、仪器、仪表。

(8) 允收标准/拒收标准。

(9) 允收判定依据或者拒收判定依据。

(10) 防护、安全、包装标准。

(11) 修改栏、审批栏。

(四) 编制检验报表

检验报表是记录检验作业结果的一种固定格式,而这种记录是品质分析、统计、改善的主要的原始材料。所以,一份清晰、明了、详细的检验报表,对一个企业的品质管理显得非常重要。

制定了作业指导书和检验规程,就要实施。运行 1—2 个月,集思广益,再调整改善作业指导书和检验规程。

实训指导

在老师指导下认真填写表 2-2。

表 2-2 检验标准

产品名称		产品编号		文件编号	
图示：				使用方法	□ 抽检 □ 全检
				允收标准	AQL %
				包装标准	
				附 加	

检验注意事项：

序号	项目	检验仪器	检验数据	序号	项目	检验仪器	检验数据
1							
2							
3							
4							
5							
6							

制定	制作	修订	版本	A0	A1	A2	A3	发行	部门	品管	制造	技术
	审核		日期									
	核准		制作						签收			

三、检验制度

产品的功能来自产品设计。

当产品进入大量生产以后，其品质主要取决于下列因素：① 原材料（含辅助材料)的好坏优劣;② 机器设备的先进与否;③ 模具、工装夹具的保养维护状况;④ 生产方法的标准化和准确化;⑤ 作业员的流动量;⑥ 气温、环境变化等因素。

检验是实施品质管理最基础的方法。通过检验的工作,可以评估品质稳定状况,并能获得品质资讯的回馈,及时采取纠正及改善措施。

检验在企业的生产活动中,是作为循环的一部分。如戴明循环所示,产品设计(plan),再交于制造生产加工(do),生产的产品经过检查(check)评鉴品质状况,再对不良状况加以解析,并作出矫正(action),对其结果进行监控(见图2-1)。

检验只是企业品质管理中最基础的一种手段,其实并没有达到提高品质的功能,只是在侧面反映其相关资讯。重要的是应用检验所取得的资讯进行品质改善活动,才能更好地提高品质,以满足甚至超越客户要求。

检验的目的就是:不让品质不良的东西流入下道工序。

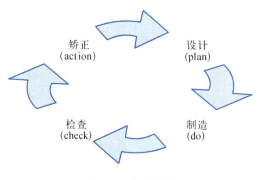

图2-1 戴明循环

在企业中,检验流程一般包括以下几个。

(1) 进料检验(incoming quality control,IQC)。

(2) 制程检验(process quality control,PQC)。

(3) 最终(线上)检验(final quality control,FQC)。

(4) 出货检验(outgoing quality control,OQC)。

(5) 品质稽核(quality audit,QA)。

(6) 品质工程(quality engineering,QE)。

第二节 进料检验

一、进料厂商

好的原料+好的技术+好的人员=好的产品

如果没有好的食材(好的原料)以及好的调味料(辅助料),哪怕有再好的烹调设备(好设备)、再好的厨师(生产人员),也无法做出一道美味佳肴(好的产品)。因此产品要优良,第一个就是要有好的原料供给作为最基础的条件,所以对供应商的挑选十分重要。

所谓的优良原料供给是指其具有合理、稳定、经济的品质。

(一)供应商的选定

(1)厂内应成立评选小组,小组成员应包括品管、采购、工程、制造等相关部门人员。

(2)使用供应商调查表(应包括有无建立完整的品质管理机构,有无专门的技术人员,有无一系列的品质紧急预防措施,企业的制程能否有相应的基础设施,有无达到我公司的供货要求,有无建立检验水准和作业指导书等),通过对供应商实际的调查了解后,决定来往厂商。

(3)供应商的供货情况,应予以定期评鉴。

(4)对供应商,应实施品质或管理上面的协助与辅导。

(5)每年至少召开1次供应商会议。

(二)供应商的奖惩

(1)年度表现各方面突出的供应商,应予以精神鼓励或在货款提前支付上予以考虑。

(2)年度表现差的供应商应根据公司规定,在其违反相关规定次数达到限定次数时应予以汰换。

(三)对供应商的评鉴,通常采用5R的方法

(1)适质(right quality):经过验收后,统计品质状况。

(2)适价(right price):与其他供应商的价格比较。

(3)适量(right quantity):每次交货数量是否准确。

(4)适时(right time):交货期是否准时。

(5)适地(right place):地点的远近直接关系到交货时间以及售后服务。

(四)选择供应商的标准

(1)经营者应有正确的经营理念。

(2)应有良好的企业组织。

(3)应有完善的品质制度及品质组织结构。

(4)应有完善的管理制度。

(5)应有保证产品品质的技术能力。

(6)应有符合产品生产要求的机器设备。

原材料或外协件进厂,一般都要求检验。企业应当重视原材料(进料)检验,把好原材料这一关,不让不良材料进入仓库的控制点,这也是评鉴供应商的资讯

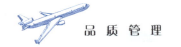

来源。

二、选择进料检验的方式

(一) 全检

全检适用于来料数量少、价值高、不允许有不合格物料或工厂指定进行全检的物料。

(二) 免检

免检适用于大量低值的辅助性材料,或者经过认定的免检厂来料,以及生产急用而特批的免检。免检并不意味着检验部门不进行检验和验证工作,而是通过检查供应商的客观证据(如合格证明、检验报告等),判定其产品是否合格、是否接受。免检是免于验证的一种通俗说法。需要特别提醒的是:那种认为免检是什么都不进行检验的想法和做法是错误的。

(三) 抽样检验

抽检适用于数量比较多、经常性使用的物料。一般工厂都采用这种验货方式。抽检又分为以下几种。

1. 规准型抽检

这是在权衡供需双方利益和损失的前提下,来判断送检品是否合格。这种方法应用比较广。

2. AQL 抽检

这是供需双方都可接受的一种不良品率抽检,用符号 AQL 表示,一般订在 0.5%—1.0%。适用于 AQL 抽检的情况有:向不同的供应商连续采购同类货物;送货被判定为不合格,供方损失较大。

3. 调整型抽检

调整型抽检是按供应商以往业绩和该批检验结果而采用的检验方式,其具体方法有以下 3 类:(1) 正常检验;(2) 严格检验;(3) 减量检验。

4. 连续生产型抽检

这种方法适用于大量连续生产的产品、物料不断流动时采用的验货类型。

5. 选别型抽检

对于判定为不合格的批次,采用全数检验,并把全检后的拒收品退回供应商,换回同等数量的合格品。

三、确定进料检验项目和方法

(一)外观检测

一般用目视、限度样品来进行检验。

(二)尺寸检测

一般用卡尺、千分尺、塞规等量具来验证。

(三)结构检测

一般用拉力器、扭力器、压力器来验证。

(四)特性检测

特性检测适用于具有明显电气、物理、化学(机械的特性,一般采用检测仪器和特定方法来验证)特性的用料。

四、不同检验结果的处理方式

(一)允收

经过验证,如果不合格品低于限定的不合格品个数,可以判定这批货允收。

(二)拒收

如果不合格品数大于限定的不合格品数,可以判定这批货拒收。应及时办理退货手续,进行信息反馈,要及时传递到责任部门。但是,在有些情况下可另作挑选使用等选择,比如说:退货可能导致生产停止;供应商路途遥远,退货手续繁杂,同时也会给供应商造成重大损失等。

(三)特采

进料经检验,品质低于允许水平,本应该退货,但工厂由于生产的原因,作出"特别采用"的要求。比如以下情况:发现不合格项目确实不影响该材料或零部件重要的质量特性和成品性能;对不合格品进行追加工处理,使之能达到使用要求,而且时间紧迫时,可考虑让供应商承担其追加工费用。

五、紧急放行

紧急放行是进料检验中的一种特殊情况,是指因为生产急需而来不及经过验证就放行物料的一种做法。

对紧急放行的产品,要明确作出标识和记录,以便一旦发现不符合规定要求,能及时追回和更换。一般下列情况才能允许紧急放行:产品发现的不合格能在技术上

进行纠正,并且在经济上不会发生较大损失,也不会影响相关联的其他部件的质量。

紧急放行的具体操作步骤包括以下几点。

(1) 应在进货检验程序中对紧急放行作出规定,明确紧急放行的责任人和审批人,规定可追溯性的标识方法,明确识别记录内容、如何传递和保存。

(2) 紧急放行所使用的全部品质记录,应按规定认真填写,在保存期内不得丢失和擅自销毁。

(3) 根据情况对需要紧急放行的产品,由负责部门的责任人提出申请,报经授权人审批。

(4) 对放行的产品记录中应详细记载紧急放行产品的规格、数量、时间、地点、标识方法和供应商的名称以及所提供的证据。

(5) 在放行的同时,应留取规定数量的样品进行检验,且检验报告必须尽快完成。

(6) 若发现紧急放行的产品不能使用时,要立即根据可追溯性标识及识别记录,将不合格产品追回。

六、进料检验的注意事项

(1) 购料对象应慎重物色管理制度好、重视品质的供应商,这样可减少相当比例的管理成本及品质失败成本。并不是买便宜的就能节约成本。

(2) 订购时双方应于购置合同内订定品质项目及验收条件,以加强供应商的品质管制和减少不必要的争议。

(3) 使用标准型还是选别型,可视材料市场货源供给状况来定,一般使用标准型,如有缺料之虞时可使用选别型。

(4) 每个月应对供应商的实际品质状况作出评判,并以推移图表示。

总之,原材料检验是控制产品品质的第一道关口,企业要认真选择检验方式和方法,对物料进行仔细的检验,这样才能避免不良物料进入生产系统,影响产品品质。好的供应商才有能力及时提供品质稳定的物料。在品质体系已经上轨道的企业里面,进料检验已在容许的情况下被取消,取而代之的是甄选供应商及其对选定供应商的定期辅导,这个方法的好处是既能够得到好的供应材料,也能降低进料的检验成本。

单项选择题:

1. 适用于物料数量少、价值高、不允许有不合格品的检验方法是下面哪一种

(　　)?

　　A. 免检　　　　B. 抽样检验　　　C. 全检

2. 适用于大量物料不断流动的抽样检验方式是下面的哪一种(　　)?

　　A. 调整型抽检　　　　　　　B. 选别型抽检
　　C. 连续生产型抽检　　　　　D. 规准型抽检

第三节　制　程　检　验

一、制程检验

制程检验(in process quality control, IPQC)是指制造过程的检验,它是一个企业的品质管理的核心。一般制程管理是指进料管理(原料进仓)以后到成品管理之前,这中间的品质管理活动,所以又称为中间检验。它检验的范围包括:产品、人员、设备、工艺、技术、环境等。

二、制程检验的目的

(1) 在大量生产的企业中,有利于及时发现不良产品,采取措施,以防止大量不良品的产生。

(2) 针对品质非机遇性的变因,在生产过程中,加以查核,防止不良品的产生,如查核作业流程是否变动,新手对作业指导方法是否了解,机器、模具、量具等是否正常运行,作业条件和内容是否变动。

(3) 通过检验的实施,不让本制程的不良品流入下一工序。

三、制程检验的方法

最有效、成本最低的方法应该是由品管科人员实施巡回检验;查核项目除了在制品之外,还应包括可能造成品质变因的作业因素;查核项目、查核方法、时间频率应事先设计于查核表上。制程检验要做好以下几方面工作。

(一) 首件检验

此项目是产品实施大量生产前的一个必要的项目,只有做好这一步,才能确保所生产的产品合格,不至于生产出来一部分以后才发现为不良品,而大大增加了成本。

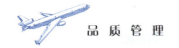

(1) 首件检验是在生产开始的时候（上班或换班）或者在工序因素调整后（换人、换料、换活、换工具、调整设备等）对制造的第一件或者前几件产品进行的检验，目的是为了尽早发现生产过程中影响产品质量的系统因素，防止产品成批报废。

(2) 首件检验一般采用"三检制"的方法，也就是先由操作者自检，再由班组长或质量员复检，最后由检验员专检。

（二）巡回检验

巡回检验是指检验员在生产现场按一定的时间间隔对有关工序的产品和生产条件进行监督检验。

巡回检验不仅要抽检产品，还需要检查影响产品质量的生产因素（4M1E——人、机、料、法、环境）。巡检的项目、方法和频率事先在巡检表中设计好，巡检后做好记录。巡检中发现问题要及时指导操作者或联系有关人员进行纠正。

巡回检验制程的检验员为了有效控制制程，使不良率不会因异常的制程原因而升高，对于不稳定的因素应事先了解和掌握，并做重点控制。不稳定因素主要包括以下几类。

(1) 来料控制有材料不理想的信息。
(2) 新产品刚导入量产。
(3) 该产品以前生产曾有异常或不良较高的记录。
(4) 使用的机器设备不稳定（含辅助工具）。
(5) 在厂内材料搬运或者摆放过程中方法是否正确，以免造成原料损坏。
(6) 生产环境是否符合生产因素的需要。
(7) 实际的操作与生产指导书是否符合？是否需要改进？
(8) 新员工的作业方法是否正确。

（三）品质异常的处理

检验人员在巡检时对于突发性的品质异常或对于经常性产生问题而且具有严重性问题的制程，应开具制程异常通知单，通知相关部门迅速处理，情况较严重时应令其停止作业，汇报品质管理处，并追踪处理状况。

（四）在线检验

在流水线生产中，完成每道或几道工序后所进行的检验，叫在线检验。在线检验一般应在流水线中设置几道检验工序，由生产部门或品管部门在此检验。它也是检验中很重要的一个管制点，属于定点检验。

在整个生产系统的众多制程中，是否需要设定检验站或检验站应设在何处，应该是线上检验首先考虑的问题，其站设置的考虑标准最主要视以下 4 个方面来决定。

(1) 制程品质稳定状况。

(2) 可能影响后续制程的重要性。

(3) 工艺上面有特殊要求。

(4) 在反馈信息中出现质量问题较多的薄弱环节。

在线检验的标准至少应该包括检验项目、检验规格、检验方法等,其检验方法又有几种可以适当调节。

(1) 制程不稳定时或数量少、价格贵时,通常用全数检验。

(2) 制程稳定,或属于连续性大量生产,则使用抽检方式。

(3) 有些品管已经上轨的企业,人员流动又不大,也可以采用抽检即巡回检验,并由同一人作业。

在线检验人员使用的仪器或量具等检验设备,由于经常性使用,会在一定时间后产生偏差,造成产品误判,所以此类检验设备或量具应纳入标准管理,并定期校验;并应对检验员有计划地予以培训,并对其定期考察,观察其是否适合此岗位的工作。从仓库把材料领出,开始加工,直至完成为成品,此段过程是生产的核心,而且随时间的流逝,产品也不断产出,尤其在大量生产的企业,产品生产的速度非常快,因此产品品质控制的工作就应争取时效,在不良状况出现时,能及时采取纠正措施是十分重要的。所以,通常担任制程管制的品管人员都应进行考核,在人选上要非常慎重。

(五) 完工检验

完工检验是指对全部加工活动结束后半成品和零件进行的检验。一个产品,从生产直至完成进入仓库,整个生产工序少则几道、多则上百道,应系统地建立其制程即成为制程流程图。整个生产制程大致分为三个大的阶段。

(1) 粗胚胎的形成及处理。

(2) 半成品装配及处理。

(3) 装配完成以及包装标识。

完工检验一般在包装标识这个阶段进行。完工检验的工作包括验证前面各道工序的检验是否完成、检验结果是否符合要求,也就是对前面所有的检验数据进行复核,检查其被检物品应有的标识、标志是否齐全。

总之,进行制程检验可以评估过程的稳定性、预知过程发展的趋势,以便在"不合格"情况还没有发生之时就采取有效的预防措施,防止大量不合格品产生。

 实训指导

在指导老师帮助下,认真填写表2-3。

品 质 管 理

表2-3 制程检验日报表

产品名称		产品编号		文件编号	
工站名称	检验重点	检查工具	检查状况	时间	备注
检查结果:	允许	拒收	特采　修整		
检验人:			检验日期:		

 思考与问题

请制作一个表格,对比首件检验、巡回检验、在线检验和完工检验的定义、步骤和改进措施有什么不同。

第四节 成品出厂检验

生产出来的产品虽然是合格的,但经过一段时间的储存,因为各种因素,品质可能会下降甚至变成不良品。因而,成品出厂前要进行出厂检验(OQC),也就是最终检验。

一、成品出厂检验达到的目的与作用

(1) 防止不合格产品出厂或流入客户使用制程中,以免损害客户利益和本企业的信誉。

(2) 出厂检验是全面考核产品品质是否符合规范和技术要求的重要手段,并为最终产品符合规定要求提供证据。

二、成品出厂检验的要求

(1) 依据文件进行检验。按形成文件的检验程序、质量计划、最终检验规程(检验标准)等文件进行检验,合格后办理出货手续。

(2) 按规定要求作出检验结论。应要求所有规定的进料检验、制程检验、最终

检验均完成,结果满足客户规定要求后才能作出成品是否完全合格的结论。

(3) 审批认可。只有在规定的各项检验、试验都全部完成,而且相关检验结果都符合要求,数据、文件都得到审批认可后,产品才能发出。

三、出厂检验的检验标准制定

出厂检验的检验标准制定中必须明确以下几点。
(1) 取样方法或抽样方案。
(2) 检验项目。
(3) 检验方法。
(4) 所使用的检测装备。
(5) 数据处理规则。
(6) 判定规则。
(7) 检验记录方法。
(8) 检验信息的传递方式。
(9) 明确从事检验的人员的资格要求。
(10) 明确检验的前提条件。

四、出厂检验的过程程序

出厂检验的过程程序主要有以下几点。
(1) 提前通知:业务部根据出货日期,提前3天通知品管部验货。
(2) 验货准备:品管部在正式验货前1小时,通知货仓部进行验货准备。
(3) 将货运到"验发区":货仓部根据验货通知,将货物运到"验发区"。
(4) 准备资料、样品:品管员针对待验货物,准备相应的资料、样品。
(5) 品质检验内容:品管员根据客户订单或产品规格,确定抽样计划,进行检验。检验内容包括:外观检查、包装检验、标识检验、特性检验、寿命试验、测定产品抗冲击能力等。
(6) 判定检测结果:品管员根据品质标准,判定抽检中出现的不合格品数量。品管部根据检验结果,确定送检产品的允收情况,并书面通知生产部进行补救、返工、返修或报废。随产品供应的附件、备件,应纳入成品验收检验的范围并认真执行。
(7) 产品的合格证(或其他质量证明文件)、随机技术文件,应纳入成品验收范围,进行核对与验收。

（8）做好验货记录：品管员完成验货后，及时填写验货记录。

在老师指导下，认真填写表2-4。

表2-4 出货检验表

产品名称				产品编号								文件编号			
项次	型号	库存数	抽检数	检验结果（样本）									是否合格		备注
				1	2	3	4	5	6	7	8	9	10	是	否	
1																
2																
3																
4																
5																
6																
7																
8																
9																
10																
11																
⋮																

检验员＿＿＿＿＿＿　　　　　　　　　日期＿＿＿＿＿＿

1. 企业在进行成品出货检验时，检验的内容有哪些？
2. 当检验中发现不合格品时，应如何处理？

第五节　品质稽查

品质要保持，就需要严格地管理和监督；品质要提高，就需要不断地改善品质。

而品质的保持和改善需要品质稽查(QA)来提供决策信息,所以,品质稽查在企业中担当的职责,显得特别重要,它是稽核制度的实施和品质保证系统中很重要的一个环节。

一、品质稽查的主要机能

品质稽查的主要机能有以下三方面。

(1) 出厂之前的产品查验。

(2) 公司(或品管)运作系统、规范的查核。

(3) 对客户(消费者)反馈的产品品质的统计和调查。

二、规划稽查项目

产品品质的稳定,须建立在标准化、规范化的前提之下。这些规范是否被执行或是否得到有效的控制,需要通过查核的工作才能知道,更重要的是,通过查核工作可以考察企业的运作系统是否正常,只有运作系统正常方能保证产品的品质。

规划稽查项目,要综合考虑企业品管体系所涉及的范围,把涉及的项目都纳入稽查范围,比如:

(1) 作业规范和资料的使用情况。

(2) 生产环境与卫生管理。

(3) 不合格品处理。

(4) 机器设备的操作及保养状况。

(5) 流动物品的标识与放置。

(6) 生产计划的进度。

(7) 生产线的作业方法的规范。

(8) 仪器校验与保养状况。

(9) 采购、品质与供应商的物流链关系处理。

(10) 进料管理的稽查。

(11) 制程管理的稽查。

(12) 成品管理的稽查。

(13) 包装与运输的稽查。

(14) 品质检验人员的管理以及稽查。

三、确定稽查项目标准

针对每一个稽查项目,都应该制定相应的标准,包括:怎么做、做好的标准是什么、错在哪里、怎样改正、怎样避免再错等内容。标准应当尽可能制定得详细、切合实际。

四、实施稽查

稽查的前提是标准,而稽查就是确认各级员工的工作是否按标准所要求的去执行,以及执行结果是否达到预期的效果。实施稽查应当根据稽查项目编制项目稽查表,按照预定的频率和范围对项目进行稽查。

五、持续改进

改进品质管理体系,应当从以下 3 个方面出发。

(1) 如果执行人员没有根据标准执行,那么应当:加强人员培训力度;采取一定的奖罚措施,奖优罚劣;增加稽查频率。

(2) 如果依照标准执行了,但没有达到预期效果,则应当:组成改善小组(QC 小组),研讨标准的修改;发动基层,讨论修改标准。

(3) 提高品质,可以:推行 5S;推行品管圈(QCC)活动;引入"第一次就要做好"的理念。

以上这些都是涉及稽查所要做的工作。

第三章 品质管理常用工具

 学习目标和要求

通过本章的学习,要求掌握品质管理常用的工具和方法、能够应用这些常见工具分析品质问题。

 知识要点

1. 能够运用柏拉图、鱼刺图、对策表等完整地分析一个品质问题
2. 掌握抽样检验方法的应用

第一节 分层法

所谓分层法,就是把收集来的原始数据按照一定的目的和要求加以分类整理,以便进行比较分析的一种方法。

一、分层的原则

分层原则是使同一层次内的数据波动(或意见差异)幅度尽可能小,而层与层之间差别尽可能大,否则就起不到归类汇总的作用。

二、分层的标志

分层的目的不同,分层的标志也不一样,通常用人、机、料、法、测、环、时间等作为分层的标志。

(1) 人员别:可按年龄、工级和性别等分层。

(2) 机械别：可按设备类型、设备新旧程度、不同生产线和工具类型等分层。

(3) 材料别：可按产地、批号、制造厂、成分、规范等分层。

(4) 方法别：可按不同的工艺要求、操作参数、操作方法和生产速度等分层。

(5) 测量别：可按测量设备、测量方法、测量人员、取样方法和环境条件等分层。

(6) 环境别：可按照明度、清洁度、温度、湿度分层。

(7) 时间别：按不同的班次、日期等分层。

(8) 其他：可按地区、使用条件、缺陷部位、不合格类别等分层。

三、分层步骤

(1) 收集数据或意见。

(2) 将收集到的数据或意见根据目的的不同选择分层标志。

(3) 分层。

(4) 按层归类。

(5) 画分层归类图表。

分层法案例

某装备汽缸体与汽缸盖之间经常发生漏油。经调查50套产品后发现：一是由于3个操作者在涂黏合剂时,操作方法不同；二是所使用的汽缸垫是由两个制造厂所提供的。在用分层法分析漏油原因时,采用：

(1) 按操作者分层,见表3-1。

(2) 按汽缸垫生产厂家分层,见表3-2。

表3-1 按操作者分层

操作者	漏油（套）	不漏油（套）	漏油率（%）
张师傅	3	6	33
王师傅	5	15	25
李师傅	10	8	56
总　计	18	29	38

表 3-2　按汽缸垫生产厂家分层

供应厂	漏油(套)	不漏油(套)	漏油率(%)
一 厂	8	13	40
二 厂	10	20	33
总 计	18	33	35

由上两表容易得出：为降低漏油率，应采用王师傅的操作方法和选用二厂的汽缸垫。然而事实并非如此，当采用此方法后，漏油率并未达到预期的指标(表3-3)。即漏油率为 5/12＝41%，因此，这样的简单分层是有问题的。

表 3-3　正确的分层方法

操作者	材料	汽缸垫		合计
		一厂(套)	二厂(套)	
张师傅	漏 油	3	0	3
	不漏油	4	2	6
王师傅	漏 油	0	5	5
	不漏油	8	7	15
李师傅	漏 油	5	5	10
	不漏油	1	7	8
合 计	漏 油	8	10	18
	不漏油	13	16	29
总 计		23	26	47

(1) 当采用一厂生产的汽缸垫时，应推广采用王师傅的操作方法。
(2) 当采用二厂生产的汽缸垫时，应推广采用张师傅的操作方法。

这时它们的漏油率平均为 0%(见表 3-3)。因此，运用分层法时，不宜简单地按单一因素分层，必须考虑各因素的综合影响效果。

第二节　柏　拉　图

一、柏拉图概念

柏拉图(Pareto diagram)又叫帕累托图、排列图，它是将品质改进项目从最重要到最次要进行排列而采用的一种简单图示技术。

柏拉图由一个横坐标、两个纵坐标、几个高低顺序排列和一个百分比折线组成。横坐标表示影响产品品质的因素或项目，按其影响程度从左到右依次排列。左纵坐标表示频数（如件数、工时、吨数等），右纵坐标表示累计频率（累计百分比）。

柏拉图最早由意大利经济学家Pareto用来分析社会财富分布状况。他发现社会上大量财富被少数人占有，而绝大多数人处于贫苦的状态。这少数人左右着整个社会经济发展的动向，即所谓"关键的少数和次要的多数"。后来，美国质量管理学专家朱兰博士把它应用于品质管理，因而得名。

二、柏拉图的作用

一是找出影响产品品质的主要因素（主要问题）；二是识别品质改进的机会。

三、柏拉图的应用程序

（1）选择要进行品质分析的项目。

（2）选择用于品质分析的度量单位，如出现的次数（频数）。

（3）收集一定期间的数据。

（4）将收集来的数据按一定分类标志进行分类整理，每层一个项目，填入数据进行统计。

（5）计算各类项目的频数、频率、累计频率。

（6）按一定的比例，画出两个纵坐标和一个横坐标。

（7）画横坐标。按度量单位量值递减的顺序自左至右，在横坐标上列出项目。将量值最小的1个或几个项目归并成"其他"项，放在最右端，数量可超过倒数第2项。

（8）画纵坐标。在横坐标的两端画两个纵坐标，左边的纵坐标按度量单位规定，其高度必须大于或等于所有项目的量值和。右边的纵坐标应与左边纵坐标等高，并从0%至100%进行标定。

（9）按各类影响因素的程度大小，依次在横坐标上画出直方块，其高度表示该项目的频数，写在直方块上方。

（10）按右纵坐标的比例，找出各项目的累计百分点，从原点0开始连接各点，画出Pareto曲线。在左纵坐标的内侧上方注明累计频数。在累计百分比点旁注明累计百分数。

（11）在柏拉图的下方要注明柏拉图的名称、收集数据的时间以及绘图者等可供参考的其他事项。

(12)利用柏拉图确定对品质改进最为重要的项目。

四、柏拉图的观察分析

首先观察柱形条高的前2—3项,一般说来这几项是影响品质的重要因素。一般把因素分成A,B,C三类:

A类,累计百分数在80%以下的诸因素(关键的少数,应注意这一说法是相对而言)。
B类,累计百分数在80%—90%的诸因素。
C类,累计百分数在90%—100%的诸因素。

对前2—3项影响品质的因素进行分析,看其包含问题的多少(从累计频率中看出)。预测对这2—3项采取措施能解决多少问题。

五、画柏拉图的注意事项

(1)纵坐标的高度与横坐标的宽度之比以1.5∶1至2.0∶1为宜。
(2)横坐标上的分类项目不要太多,以4—6项为宜。
(3)对于影响品质的主要因素可进一步分层,画出几个不同的排列图,加以分析以便得到更多的情况。
(4)主要因素不能过多,一般找出1—2项主要因素,最多3项。如发现所有因素都差不多时要考虑重新确定分层原则,再行分层。也可以考虑改变计量单位,以便更好地反映关键的"少数",如将按"件数"计算变成按"损失金额"计算。
(5)不太重要的项目很多时,可以把最次要的几个项目合并为"其他"项,排列在柱形条最右边。
(6)收集数据的时间不宜太长,一般以1—3个月为好。时间太长,情况变化较大,不易分析和采取措施;时间短,只能说明一时的情况,代表性则差。
(7)视具体情况,首先解决紧迫问题。
(8)在采取措施后,为验证其效果还要重新画出柏拉图,以进行比较。

六、柏拉图法在应用中常见的问题

(1)数据收集的时间过长或较短,影响了对问题的分析和所采取的措施。
(2)影响问题的项目按类分层不适当,结果造成问题的主、次排列有些颠倒,未能抓住主要矛盾,影响对产生问题的分析,甚至可能出现判断失误。
(3)忽视对"其他"项目的注意。主要表现在柏拉图中"其他"项目所占的比例很大,这有可能反映出分类整理项目不当,同时也极有可能隐藏着还没有被发现的因素。

(4) 未能利用柏拉图确认改进的效果。采取措施以后,应画出柏拉图,与采取措施前的柏拉图相比较,从中可确认改进的效果,看出所采取的措施是否有效果。

(5) 画法不规范。如分类项目过多或过少、标注不全、坐标的比例不当、仅有两个项目就画柏拉图等。

实训指导

柏拉图绘制

表3-4为某车间焊接缺陷统计表,根据此表画出焊接缺陷柏拉图(见图3-1)。

表3-4 某车间焊接缺陷统计

序号	项目	数量(个)	频率(%)	累计频率(%)
1	咬边裂缝	25	50	50
2	砂眼	15	30	80
3	弧坑缩孔	5	10	90
4	其他(焊接不全、局部敷焊)	5	10	100
	合计	50	100	—

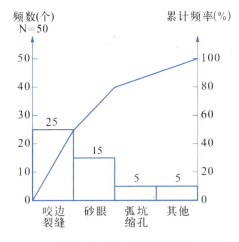

图3-1 焊接缺陷柏拉图

思考与问题

1. 请用柏拉图分析影响大学生课堂学习质量的因素。

2. 请用柏拉图分析影响电视台节目收视率的主要因素。

第三节　因果分析图

一、因果分析图概念

因果分析图(cause and effect diagram)，又叫石川图(由日本专家石川馨首先提出)、特色要因图、树枝图、鱼刺图等。

因果分析图是以结果为特性，以原因作为因素，在它们之间用箭头联系起来，表示因果的图形。因果分析图能简明、准确地表示事物的因果关系，进而识别和发现发生问题的原因和改进方向。

二、因果分析图法说明

因果分析图法，是从产生问题的结果出发，首先找出影响品质问题的原因，然后再找影响大原因品质的中原因，并进一步找影响中原因品质的小原因……以此类推，步步深入，一直找到可采取措施为止。

这种处理问题的方法实际上是一种系统分析方法。

三、因果分析图的应用范围

(1) 分析因果关系。
(2) 表达因果关系。
(3) 通过识别症状、分析原因、寻找措施、促进问题的解决。

四、因果分析图的作图步骤

1. 明确提出存在问题的结果，画出主干线
(1) 主干线的箭头要指向右。
(2) 结果要提得明确、响亮、引人注目。
2. 明确影响品质的大原因，画出大原因的分支线(大骨)
(1) 大原因的确定，通常按人员、设备、材料、方法、测量和环境来分类，也可视具体情况来定。

(2) 大原因分支线与主干线之间夹角以 60—75 度为好。

3. 分析、寻找影响品质的中原因、小原因……画出分叉线

(1) 原因之间的关系必须是因与果的关系。

(2) 分析、寻找原因,直到可采取措施为止。

(3) 分叉线与分支线之间的夹角以 60—75 度为好。

4. 扫描和排序真正的原因

通过扫描和排序找出可能性最大或最有可能解决问题的原因。

5. 措施处理

针对所确定的主要原因采取改进措施,并由改进效果检验所确定的主要原因是否正确。

五、因果分析图法在应用中常见的问题

(1) 没有按系统图法对原因进行分析。主要表现在分析的每一个层次不是"果与因"的关系;有的分析层次不准,由小原因中找出大原因,本末倒置。

(2) 不是对分析到最终的原因(即末梢)采取措施,而是分析到中途就采取措施,往往难以见效。

(3) 对分析出来的原因没有进行确认和验证,就采取措施。

(4) 画因果分析图时,不发动员工,集中员工的智慧,而是凭个人想象,搞"闭门造车"。

(5) 画法不规范,如箭头的方向不对、经确认的要因没有标志、标注不齐全等。

实训指导

仔细阅读图 3-2,寻找造成近视的原因。

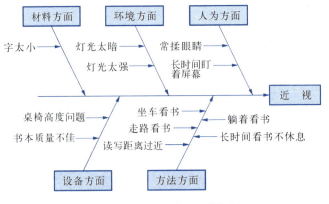

图 3-2 患近视的因果分析图

请用因果图分析当前某种社会现象的成因。

第四节 对 策 表

当你利用鱼刺图确定了问题产生的主要原因后,你有必要采取措施去消除这些原因,以达到品质改进的目的。这时,你可以采用编制对策表的方法。

对策表应用的一个范例

某企业机加工车间有一台车床加工工序能力低,经某品管圈(QCC)分析,找出造成此问题的主要原因为:

(1) 操作者不能掌握工序质量控制方法。
(2) 设备精度偏低。
(3) 测量误差较大。
(4) 切削余热影响尺寸精度。

召开品管圈会议,针对造成质量问题的主要原因制定对策,并对每一项对策进行分工,明确完成期限。绘制的对策表见表3-5。

表3-5 提高某车工工序加工能力对策

序号	主要原因	对　　策	执行人	验证人	期限	备注
1	操作者不能掌握工序质量控制方法	■ 组织学习工序质量控制理论和中间公差原理 ■ 操作时改变轴类靠上限、孔类靠下限等旧习惯,按中间公差带加工	苏文海	洪亮	略	略
2	设备精度偏低	■ 搞好设备日常维护,实行日常点检 ■ 点检 ■ 机械员及时了解点检情况,正确做好机床精度调整	苏文海	洪亮	略	略

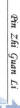

(续表)

序号	主要原因	对　　策	执行人	验证人	期限	备注
3	测量误差较大	■ 及时将量具送计量室检定、校准 ■ 统一并选定正确的测量方法，减少测量误差	苏文海	洪亮	略	略
4	切削余热影响尺寸精度	■ 加工时注意工件温度，最后一道加工在工件温度正常时进行	苏文海	洪亮	略	略

第五节　箭线图

箭线图法有利于从全局出发，统筹安排，抓住关键路线，集中力量，按时和提前完成计划。企业可以利用箭线图法改善计划方案，在计划实施阶段进行计划调整。使用箭线图法应该掌握以下内容。

一、明确箭线图的应用范围

（1）交货期管理。
（2）新产品开发日程计划的制订和改善。
（3）试产阶段计划的制订及管理。
（4）量产阶段计划的制订及管理。
（5）较复杂活动的筹办及计划的管理。

二、应用箭线图

1. 确定目标和约束条件

首先要确定应达成的目标（应完成的项目与工期）以及企业资源、环境等的约束条件。

2. 项目分解

将整个项目用系统方法逐层分解，直到可以实施管理的子项目为止。

3. 编制作业一览表

根据项目分解得出的子项目，编制作业一览表，并估计每一作业的工期。

4. 确定作业顺序

按照技术上的要求和资源条件(人力、机器、原料)的许可,确定各个作业之间的先后关系。

5. 绘制箭线图

根据作业一览表和作业顺序,绘制箭线图。对于小型项目,绘制一张总图即可,而对大型项目,常需先按子系统分别绘制,然后衔接而成总箭线图。

(1)明确箭线图的基本要素。箭线图上最基本的要素是节点和箭线。节点表示计划的始点、终点和作业的结合点,常用圆圈表示。箭线是两节点间带箭头的直线,用以表示具有一定内容的作业。

(2)绘制箭线图时必须注意节点与箭线的下列关系:进入某一节点的各项作业必须全部完成,该节点所表示的事件才能出现;某一节点出现后,由该节点引出的各项作业才能开始。

(3)两个节点之间只能有一项作业。当两个节点间有两项或以上可以平行进行的作业时,其他一项或几项则用虚箭线表示的虚拟作业来连接,说明此两节点间存在的逻辑关系。

此外,在实施过程中还要进行分析和调整。

总之,箭线图法是利用网络图制定最佳日程计划并可以有效管理计划实施进度的科学方法,企业可将其应用到品质管理中去,提高自身管理水平。

 实训指导

图 3-3 是一幅简单的箭线图:

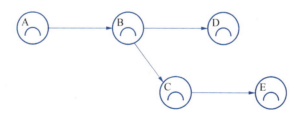

A、D、C、D、E 为节点,它们之间的带有箭头的连线为箭线。

图 3-3 箭线图

 思考与问题

请利用箭线图制订你本月的学习计划。

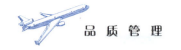

第六节　脑力激荡法

会议的组织者通常会有一些这样的尴尬经历：

(1) 主持人发言完毕，会议场上鸦雀无声，无人发言。

(2) 虽然发了言，但缺少闪光的点子。

(3) 或者是发言虽然积极，但不受控制，离题千里。

让我们分析一下产生上述这些情况的原因：

(1) 害羞心理。

(2) 担心观点被否认，没面子。

(3) 觉得自己人微言轻，没必要讲自己的观点。

(4) 虽然有新点子，但担心太离谱，不敢讲。

(5) 思维有局限。

脑力激荡法(brain storming)，又称头脑风暴法，从 20 世纪 50 年代开始流行。常用在决策的早期阶段，以解决组织中的新问题或重大问题。脑力激荡法一般只产生方案，而不进行决策。

脑力激荡法的具体操作如下。

1. 召集有关人员

参加的人员可以是同一行业的专家，也可以是不同行业的人员，甚至可以是毫不相干的人员。人数在 7—10 人为好。

2. 选择一个合格的召集人

主持脑力激荡法的召集人应该具备下列条件。

(1) 了解召集的目的。

(2) 掌握脑力激荡法的原则。

(3) 善于引导大家思考和发表观点。

(4) 自己不发表倾向性观点。

(5) 善于阻止相互间的评价和批评。

3. 选择一个舒适的地点

选择的地点应该具备下列条件。

(1) 一间温度适宜、安静、光线柔和的办公室或会议室。

(2) 严禁电话或来人干扰。

(3) 有一架性能良好的录音机。

(4) 有一块白板或白纸夹板，以及相应的书写工具。

4. 召集人宣布会议开始

召集人在会议开始时要说清目的、拟解决的问题、会议规则(如相互之间不评论等)。再让每个人考虑10分钟。

5. 注意事项

在脑力激荡法操作中应注意以下几点。

(1) 尽可能使每个人把各种方案讲出来，不管这个方案听起来多么可笑或不切实际。

(2) 要求每个人对自己讲出来的方案简单说明一下。

(3) 鼓励由他人的方案引出新的方案。

(4) 把全过程都录音。

(5) 把每一种方案写在白板上，使每个人都能看见，以利于激发出新的方案。

6. 结束

脑力激荡法操作时间一般不要超过90分钟，结束时对每一位参与者表示感谢。

思考与问题

请用脑力激荡法组织一次集体郊游活动。

第七节　抽样检验技术

全数检验需要消耗大量的人力和时间，所以，在某些不必要采用全数检验的场合可以而且应当采用抽样检验技术。

抽样检验对结果的判定是依据样本品质状况而作出的，因而存在这样的风险：即有可能将实际合格的产品判定为不合格、将实际不合格的产品判定为合格，所以有必要采用数理统计的方法来确定科学的抽样方案，将抽样检验的风险降到最低，使其结果更具可接受性。

前人已经将经过数理方法统计出来的各种科学的抽样方案列举出来，并制定了标准(如中国国家标准 GB2828，美国军用标准 MIL、STD、105D 等)，供我们查阅。所以当我们需要进行抽样检验时，只需寻找合适的标准进行查阅就可以了。

一、抽样标准的用法

目前在国内企业界应用最广泛的是 GB2828 抽样标准。通常情况下，该标准中最常用到的是"正常检查一次抽样方案"。本节将介绍如何依据GB2828抽样标准中的"正常检查一次抽样方案"表来确定具体的抽样数量、不合格判定数Re和合格判定数Ac。

(一) 一次抽样方案

一次抽样方案是针对两次、多次抽样方案而言的。抽样检验中,只抽一次样进行检验就作出是否合格的判断,叫一次抽样方案。两次、多次抽样方案是在一次抽样方案的基础上引申出来的,它规定必要时可以抽取第二次甚至更多次样进行检验。采用两次或多次抽样方案的情况,应查阅GB2828中对应的其他抽样方案表。

(二) 正常检查

正常检查是针对加严检查和放宽检查而言的。通常情况下,当批的品质处于正常情况时,采用正常检查;当批的品质变坏时,可改用加严检查;当批的品质水平较好且稳定时,可改用放宽检查。采用加严检查和放宽检查的情况,应查阅GB2828中对应的其他抽样方案表。

下面将着重介绍查阅"正常检查一次抽样方案"表的步骤。

(1) 确定批量大小。

(2) 确定检查水平。GB2828提供了3种一般检查水平Ⅰ,Ⅱ,Ⅲ和4种特殊检查水平S-1,S-2,S-3,S-4。除非另有规定,通常采用一般检查水平Ⅱ。

(3) 确定样本大小字码。根据所选定的检查水平和检验批量的大小,在表3-6中选取所对应的样本大小字码。

(4) 确定合格质量水平(AQL值)。

(5) 查出样本大小、不合格判定数(Re)、合格判定数(Ac)。

根据样本大小字码,查表3-7可得出样本大小。具体查表方法是:样本大小字码所在行的样本大小数值即是我们所要查的样本大小。

根据样本大小字码和所确定的AQL值,查表3-7可以得出不合格判定数(Re)和合格判定数(Ac)。具体查表方法是:从样本大小字码所在行水平向右和确定的合格质量水平所在列相交处读出判定数组【Ac,Re】,若在相交处的是箭头,读出箭头所指的第一个判定数组【Ac,Re】。所得到的【Ac,Re】即是【合格判定数,不合格判定数】。

抽样检验技术的应用范例

某机械零件的出货检验中采用GB2828抽样标准中的"正常检查一次抽样

方案"进行抽验。规定检查水平为Ⅱ，与客户商定的合格质量水平 AQL 值为 2.5。某次产品出货批量为 2 000 件时，出货检验员确定抽样数量及判定数过程如下。

（1）从表 3-6 中包含批量数 2 000 的行（1 202—3 200）与检查水平Ⅱ所在的列相交处，读出样本大小字码 K。

（2）在表 3-7 中由样本大小字码 K 所在行与 AQL＝2.5 所在列相交处读出【10，11】，再由该行向左在样本大小栏内读出样本大小为 200。

上述结果表明，该检验员应抽取该批零件中的 200 件样本做出货检验，检验结果在 10 项以内不合格时判定为整批货物合格，检验结果在 11 项或 11 项以外不合格时判定整批不合格。

表 3-6　GB2828—87 中的"样本大小字码表"

批量范围	特殊检查水平				一般检查水平		
	S-1	S-2	S-3	S-4	Ⅰ	Ⅱ	Ⅲ
1—8	A	A	A	A	A	A	B
9—15	A	A	A	A	A	B	C
16—25	A	A	B	B	B	C	D
26—50	A	B	B	C	C	D	E
51—90	B	B	C	C	C	E	F
91—150	B	B	C	D	D	F	G
151—280	B	C	D	E	E	G	H
281—500	B	C	D	E	F	H	J
501—1 200	C	C	E	F	G	J	K
1 021—3 200	C	D	E	G	H	K	L
3 201—10 000	C	D	F	G	J	L	M
10 001—35 000	C	D	F	H	K	M	N
35 001—150 000	D	E	G	J	L	N	P
150 001—500 000	D	E	G	J	M	P	Q
大于等于 500 001	D	E	H	K	N	Q	R

表 3-7 正常检查一次抽样方案

样本大小字码	样本大小	合格质量水平 (AQL)																									
		0.010	0.015	0.025	0.04	0.065	0.10	0.15	0.25	0.40	0.65	1.0	1.5	2.5	4.0	6.5	10	15	25	40	65	100	150	250	400	650	1000
		Ac Re	Ac Re	Ac Re	Ac Re	Ac Re	Ac Re	Ac Re	Ac Re	Ac Re	Ac Re	Ac Re	Ac Re	Ac Re	Ac Re	Ac Re	Ac Re	Ac Re	Ac Re	Ac Re	Ac Re	Ac Re	Ac Re	Ac Re	Ac Re	Ac Re	Ac Re
A	2																	↓	0 1	↑	↑	↑	↑	↑	↑	↑	↑
B	3																↓	0 1	←	1 2	2 3	3 4	5 6	7 8	10 11	14 15	21 22
C	5															↓	0 1	←	1 2	2 3	3 4	5 6	7 8	10 11	14 15	21 22	←
D	8														↓	0 1	←	1 2	2 3	3 4	5 6	7 8	10 11	14 15	21 22	←	←
E	13													↓	0 1	←	1 2	2 3	3 4	5 6	7 8	10 11	14 15	21 22	←	←	←
F	20												↓	0 1	←	1 2	2 3	3 4	5 6	7 8	10 11	14 15	21 22	←	←	←	←
G	32											↓	0 1	←	1 2	2 3	3 4	5 6	7 8	10 11	14 15	21 22	←	←	←	←	←
H	50										↓	0 1	←	1 2	2 3	3 4	5 6	7 8	10 11	14 15	21 22	←	←	←	←	←	←
I	80									↓	0 1	←	1 2	2 3	3 4	5 6	7 8	10 11	14 15	21 22	←	←	←	←	←	←	←
J	125								↓	0 1	←	1 2	2 3	3 4	5 6	7 8	10 11	14 15	21 22	←	←	←	←	←	←	←	←
K	200							↓	0 1	←	1 2	2 3	3 4	5 6	7 8	10 11	14 15	21 22	←	←	←	←	←	←	←	←	←
M	315						↓	0 1	←	1 2	2 3	3 4	5 6	7 8	10 11	14 15	21 22	←	←	←	←	←	←	←	←	←	←
N	500					↓	0 1	←	1 2	2 3	3 4	5 6	7 8	10 11	14 15	21 22	←	←	←	←	←	←	←	←	←	←	←
P	800				↓	0 1	←	1 2	2 3	3 4	5 6	7 8	10 11	14 15	21 22	←	←	←	←	←	←	←	←	←	←	←	←
Q	1250			↓	0 1	←	1 2	2 3	3 4	5 6	7 8	10 11	14 15	21 22	←	←	←	←	←	←	←	←	←	←	←	←	←
R	2000		↓	0 1	←	1 2	2 3	3 4	5 6	7 8	10 11	14 15	21 22	←	←	←	←	30 31	←	←	←	←	←	←	←	←	←

↓ 使用箭头下面第一个抽样方案,当样本大小大于或等于于批量时,执行本标准 4.11.4b 的规定。
↑ 使用箭头上面第一个抽样方案,Ac-合格判断数;Re-不合格判断数。

第四章 全面质量管理

学习目标和要求

通过本章的学习,要求掌握全面质量管理的基本思想和内容、了解全面质量管理在企业中的具体应用。

知识要点

1. 掌握全面质量管理的基本思想和特点
2. 掌握全面质量管理的工作程序和内容

全面质量管理的英文略语为 TQM,最早提出全面质量管理的是费根堡姆,他曾经担任美国通用电气公司质量管理部的部长。费根堡姆给全面质量管理所下的定义是:为了能够在最经济的水平上,并考虑到充分满足顾客要求的条件下,进行市场研究、设计、制造和售后服务,把企业内各部门的研制质量、维持质量和提高质量的活动构成为一体的一种有效的体系。如果我们根据它的英文缩写,不难理解它的三层含义。

(1) 全面的(total):与公司有联系的所有人员都参与持续改进质量的过程。
(2) 质量(quality):完全满足顾客明确或隐含的要求。
(3) 管理(management):各级管理人员要充分地协调好。

全面质量管理(TQM)与 ISO9000 最大的不同在于其较强调企业文化的改变、持续改善和全员参与。

一、全面质量管理的一些基本概念

(一)团体力量

提倡团队合作精神,个人的力量是有局限的。管理的水平在于发挥整体力量;

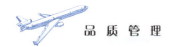

要有凝聚力或合力,不要离心力;合力和人数的关系是指数函数,人多力量大,每个团队成员都齐心协力,组织的目标就比较容易实现。

(二)天生我才必有用

排列图规律显示:员工表现不积极,80%的问题出在领导的身上;操作不顺畅,80%的原因是机制出了问题。

(三)管理是为了方便整体操作

TQM强调员工拥有权;TQM的最高目标是全员参与,即给你一把猎枪,而不是给你猎物;教是为了不教,管是为了不管;制度是为了方便操作,不是为了管理。管理最怕层次太多,这是官僚主义的来源。

(四)关键是如何落实

不能落实的理论是空谈,领导要以身作则;明确方针目标;建立组织结构;分配具体职能;不断监督、培训;持续学习、改善;保证客户满意。

第一节 全面质量管理的主要流派及其基本思想

费根堡姆提出全面质量管理之后,很多质量管理大师对该理论进行了研究、探讨,从不同角度完善了全面质量管理的概念,使之在实践中不断得到应用和发展。

一、戴明十四要点

1950年,美国人戴明受日本科学家和工程师联合大会邀请,开展质量管理讲座,提出了著名的戴明十四要点。

(一)创造产品与服务改善的永恒目的

最高管理层必须把改进产品和服务作为永恒的目的,坚持经营,这需要在所有领域加以改革和创新。

(二)采纳新的哲学

绝对不容忍粗劣的产品、不良的操作和松散的服务。管理者必须把企业变成一个善于学习的组织。

(三)停止依靠大批量的检验来达到质量标准

通过制造高质量的产品消除大规模检查的必要性,改良生产过程。

(四)废除"价低者得"的做法

管理当局应该重新界定原则,改变采购工作。公司一定要与供应商建立长远的关系,并减少供应商的数目。采购部门必须采用统计工具来判断供应商及其产品的质量。

（五）不断地及永不间断地改进生产及服务系统

在每一项活动中，必须降低浪费和提高质量，无论是采购、运输、工程方法、维修、销售、分销、会计、人事、顾客服务，还是生产制造。

（六）实施现代培训

培训必须是有计划的，且必须是建立在可接受的工作标准上。必须使用统计方法来衡量培训工作是否奏效。

（七）建立现代的督导方法

督导人员必须要让高层管理知道需要改善的地方。当知道之后，管理当局必须采取行动。

（八）驱走恐惧心理

所有同事必须有胆量提出问题，或表达意见。

（九）打破部门之间的围墙

每一部门都不应只独善其身，而需要发挥团队精神。跨部门的品管圈活动有助于改善设计、服务、品质及降低成本。

（十）取消对员工发布计量化的目标

激发员工提高生产率的指标、口号、图像、海报都必须废除。很多配合的改变往往是在一般员工控制范围之外，因此这些宣传品只会导致反感。虽然无须为员工定下可计量的目标，但公司本身却要有这么一个目标：永不间歇地改进。

（十一）取消工作标准及数量化的定额

定额把焦点放在数量，而非质量。计件工作制更不好，因为它鼓励制造次品。

（十二）消除妨碍基层员工工作顺畅的因素

任何导致员工失去工作尊严的因素必须消除，包括不明何为好的工作表现。

（十三）建立严谨的教育及培训计划

由于质量和生产的改善会导致部分工作岗位数目的改变，因此所有员工都要不断接受训练及再培训。一切训练都应包括基本统计技巧的运用。

（十四）采取行动来完成转变

高级管理者小组应该制订一个实施组织的质量方针的行动计划来推动全体员工进行转变。

二、朱兰的品质三部曲

美国人朱兰在戴明的基础上创造了品质三部曲，具体体现为品质策划、品质改进和品质控制。

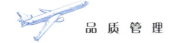

（一）品质策划

识别公司客户，判断顾客需要，开发适合顾客需要的产品，并且考虑如何使产品最优化，满足客户需要。

（二）品质改进

改良生产过程，使这一过程达到最优。

（三）品质控制

证明此过程可在工作条件下生产该产品，并将该过程转化为生产工作系统。

三、克劳士比的品质言论

克劳士比出生于1926年，他的第一份职业是品质工程师，并参与零缺陷运动有关的"玛丁导弹"计划。他把传统的品质控制、可接受的品质限度和对不符合标准的产品的特许接受看作是一种失败，而不是对成功的保证。他认为绝大多数的公司有存在允许品质偏差的组织和体系，所以收益的20％浪费在错误操作中。其主要观点如下。

（一）公司根据顾客需要确定产品要求

公司应该及时调整产品经营战略，时刻关注顾客需要，淘汰不符合需要的产品，致力于核心产品的开发。

（二）管理者应该为产品的低劣品质负责任

通常管理者为品质定了基调，工人照章办事，如果在操作过程中出现问题应及时报告管理者，由管理者处理。高层管理者应对品质负完全责任。

（三）品质改进是一个正在进行的过程

品质改进应该在品质管理活动的各个方面都得到贯彻，所有执行的工作可看作是为达到某一理想结果而进行的一个过程或一系列行动。

四、全面质量管理在国外的实施现状

20世纪60年代以来，费根堡姆的全面质量管理概念逐步被世界各国所接受，但是由于国情不同，各国企业在运用时又加进了一些自己的实践成果，因而各有所长。目前，全面质量管理已经获得了丰硕的成果。

在二次世界大战以后，整个世界的工业需要恢复。全面质量管理在发展过程中，逐渐形成了以美国为代表的"美国系统"、以日本为代表的"日本系统"，以及以前苏联和东欧国家为代表的"前苏联系统"，这三种全面质量管理系统各有自己的特点。

（一）以美国为代表的"美国系统"

在全面质量管理的发展过程中，我们不得不提到无缺陷运动。这项活动来源于第二次世界大战期间，当时为了能够确保军需品的生产质量，各个工厂成立了一些最新的品质管理组织机构。特别是以美国为代表的"美国系统"，在品质管理过程中第一次开展了品质成本或品质费用的研究，即认为品质管理是需要付出成本的，具体研究内容包括故障费用、评价鉴定费用和预防费用等。

（二）以日本为代表的"日本系统"

从20世纪70年代开始，日本已经在全国范围内开始推广全面质量管理，它是在美国经验的基础上发展出了品质控制（QC）小组这种全民性的品质管理活动形式，品质控制小组成为全面质量管理活动的核心要素之一，费根堡姆等质量管理大师都曾到日本推动品质控制小组的活动。到70年代末期，日本国内已经产生了70万个品质控制小组，共有500多万成员参与了品质控制小组活动，这样就形成了具有日本特色的"日本系统"。

（三）以前苏联和东欧国家为代表的"前苏联系统"

为了尽快恢复正常的工业生产，二战结束后前苏联和东欧开始了品质管理方面的研究，代表人物主要有布拉钦斯基和杜布维可夫，他们在前苏联从军需品向民用品的转换生产过程中提出了全面质量管理的思路和模式。前苏联为了鼓励品质改进，将杜布维可夫所创造出来的系列方法称为"萨莱托夫制度"。

在"萨莱托夫制度"中，对产品或零件制定了明确的规格和标准，这样就使得零件的使用相当便捷，而且能大幅度降低生产的成本。提出生产合乎标准的产品的概念，是品质管理思想上的一个飞跃。此外，"萨莱托夫制度"还提供适当的信息、测定仪器、操作方法来生产并进行充分的培训。

五、全面质量管理的基本思想

（一）顾客至上

品质第一，顾客至上，确立内部客户的思想，将企业内各部门、各工序间的关系也视为供方与顾客的关系，为了赢得客户，企业应当理解顾客当前和未来的需要，时刻把顾客要求放在第一位。

尊重顾客权益，方便顾客，这是充分实现产品固有的使用价值的一套经营管理思想。企业贯彻顾客至上的思想，产品深受顾客欢迎，就能打开市场，占领市场，取得经济效益，这是企业生存发展的重要因素。顾客从企业服务中，能正确掌握产品使用技术，发挥产品效能，做到物尽其用；社会从企业服务中，可避免不必要的原料和能源的浪费，提高社会效益。

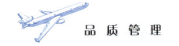

(二)预防为主

预防为主是将品质管理的重点从事后检验转移到事先预防,把不合格品消灭在品质的形成过程之中。分析影响产品品质的各种因素,找出主要因素加以控制,防止品质问题的发生,做到防患于未然。在产品品质的产生、形成和实现全过程的每一环节中充分重视品质管理,保证工序品质,从品质检验把关转化到预防,转移到开发设计、生产制造上来,以工序控制为主。

(三)一切用数据说话

一切用数据说话是以客观事实为依据,来反映、分析、解决品质问题的管理思想,用数理统计的方法提出和分析问题,做到定量管理。通过事实、数据加工、整理、计算、归纳、分类、比较、分析、解释、推断等,从本质上深刻反映品质管理的规律性。

(四)全员参与管理

全面品质管理不仅是品质管理部门或品质检验部门的事,不仅是设计、生产、供应、销售、服务过程中有关人员的事,也是企业中各个部门所有人员的事,因为企业中每一个部门人员的工作品质都会影响到产品品质和销售服务的品质。全面质量管理要求使"品质第一"的概念深入人心,并成为群体行为的准绳;要求从企业领导到每个员工,都来学习、运用科学品质管理的理论和方法,提高本职工作质量。

(五)全过程的品质管理

全过程包括了产品的设计过程、制造过程、辅助过程和使用过程,所以全面质量管理不仅要对产品品质进行管理,也要对工作品质、服务品质进行管理,用工作品质促进过程品质,从而保证产品品质,并且保证产品的可靠性、安全性、经济性、时间性和适应性。

(六)持续不断地改进

企业的每个员工都应该具有高度的品质意识,善于发现产品、服务、活动和总体目标存在的问题,并对它们进行不断改善和提高,从而促使企业不断提高管理水平、改善产品品质、生产出满足顾客需要的产品。持续不断地改进强调善于发现问题,提出改进方向和目标,积极采取各种措施和行动,最终解决问题。所以全面质量管理与传统的品质管理思想不同,它是一种动态性的管理。

(七)管理方法要求全面

影响产品品质的因素既有物的因素,又有人的因素;既有技术的因素,又有管理的因素;既有企业内部的因素,又有企业外部的因素。因此,推行TQM的企业应区别各种因素,因人制宜、因时制宜、因事制宜,采用多种管理技术和方法进行有效控制。

第二节　全面质量管理的基本工作程序和基本内容

一、全面质量管理的基本工作程序

全面质量管理采用的主要工作程序是 PDCA 循环法,是由英语中的计划(plan)、执行(do)、检查(check)、处理(action)几个词的第一个字母组成,反映了品质管理必须遵循的 4 个阶段。

（一）计划

计划(plan),就是建立标准化体系,推行全公司标准化;依照标准化体系,制定管理所必要的各项标准。计划的目的是:探讨顾客的要求、本公司的技术水准、作业能力、原材料等因素以确定品质基准、成本基准、产量基准。具体可分为以下几个步骤。

1. 分析现状

通过现状的分析,找出存在的主要品质问题,尽可能以数字说明。

2. 寻找原因

在所搜集到的资料的基础上,分析产生品质问题的各种原因或影响因素。

3. 提炼主因

从各种原因中找出影响品质的主要原因。

4. 制订计划

针对影响品质的主要原因,制订技术、组织措施方案,并具体落实到执行者。

（二）实施

实施(do),主要是针对下属而言,命令现场人员依照标准实施作业。这一环节有三点必须做到:管理者必须下命令使部属明白;必须遵守标准实施作业的决心;教育训练使每一位部属都能确实了解所制定的标准。

在实施阶段,就是按制订的计划和措施,具体组织实施和执行。将初步解决方案提交给公司高层进行讨论,在得到公司高层的批准之后,由公司提供必要的资金和资源来支持计划的实施。

在实施阶段需要注意的是,不能将初步的解决方案全面展开,而只在局部的生产线上进行试验。这样,即使设计方案存在较大的问题,损失也可以降低到最低限度。通过类似白鼠试验的形式,检验解决方案是否可行。

(三) 检查

检查(check)就是将执行的结果与预定目标进行对比,检查计划执行情况,看是否达到了预期的效果。按照检查的结果,来验证生产线的运作是否按照原来的标准进行、原来的标准规范是否合理等。

生产线按照标准规范运作后,分析所得到的检查结果,寻找标准化本身是否存在偏移。如果发生偏移现象,重新策划、重新执行。这样,通过暂时性生产对策的实施,检验方案的有效性,进而保留有效的部分。检查阶段可以使用的工具主要有排列图、直方图和控制图。

(四) 处理

处理(action),就是依据调查结果找出并分析产生异常的原因,采取措施,进行总结。

总结经验教训,估计成绩,处理差错。把成功的经验肯定下来,制定成标准;把差错记录在案,作为借鉴,防止今后再度发生。

所以,品质管理工作程序主要包括以下8个步骤。

第一步:分析现状,找出存在的品质问题。

第二步:分析产生品质问题的各种影响因素。

第三步:找出影响品质的主要因素。

第四步:针对影响品质的主要因素,制订对策计划。计划和对策的拟订过程必须明确。

第五步:实施计划,即按照计划和对策,认真执行。

第六步:检查效果,根据计划的要求,检查实际执行的结果是否达到预期的目的。

第七步:总结经验,巩固成绩。根据检查的结果进行总结,把成功的经验和失败的教训记录在案。

第八步:遗留问题,转入下个循环。这一循环尚未解决的问题,转入下一个循环去解决(见图4-1)。

二、PDCA 基本原则

(一) 经济的原则

PDCA 的最终目的是在满足客户需求的前提下使企业获得最大限度的附加价值。

(二) 协作的原则

PDCA 要求企业各部门保持紧密的协作,全体职工保持良好的协作以保证产品的品质从而取得更好的经济效益。

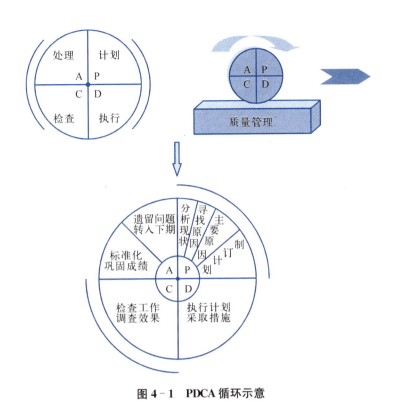

图 4-1　PDCA 循环示意

（三）系统的原则

企业是一个由许多关联的环节、部门和要素组成的系统,因此推行 PDCA 应以系统方法去分析问题,采取系统的措施去解决问题。

三、全面质量管理的基本工作内容

（一）设计过程品质管理的内容

产品设计过程的品质管理是全面质量管理的首要环节,主要包括市场调查、产品开发、产品设计、工艺准备、产品试制和鉴定等过程。主要工作内容有：根据市场调查研究,制定产品品质设计目标；组织销售、使用、科研、设计、工艺、制造、品质部门参与确定适合的设计方案；保证技术文件的品质；做好标准化的审查工作；督促遵守设计试制的工作程序。

（二）制造过程品质管理的内容

制造过程是指对产品直接进行加工的过程。它是产品品质形成的基础,是企业品质管理的基本环节。制造过程品质管理的工作内容有：加强工艺管理,严格工艺纪律；组织品质检验工作,加强不合格品管理；组织并促进均衡生产和文明生产；组织品质分析,掌握品质动态,做好产品品质的原始记录、统计和分析；组织工序的品质控制,建立管理点。

(三) 辅助过程品质管理的内容

辅助过程是指为保证制造过程正常进行而提供各种物资技术条件的过程。它包括物资采购供应、动力生产、设备维修、工具制造、仓库保管、运输服务等。辅助过程品质管理的主要内容有:做好物资采购供应的品质管理,保证采购品质;严格入库物资的检查验收,按质、按量、按时地提供生产所需要的各种物资;组织好设备维修工作,保持设备良好的技术状态;做好工具制造和供应的品质管理工作。

(四) 使用过程品质管理的内容

使用过程是考验产品实际品质的过程,它是企业内部品质管理的继续,也是全面质量管理的出发点和落脚点。使用过程品质管理的基本任务是提高服务品质(售前和售后服务),保证产品的实际使用效果,不断促使企业研究和改进产品品质。它主要的工作内容有:积极开展技术服务工作;认真处理出厂产品品质问题,实行三包(包修、包换、包退);调查产品使用效果和用户要求。其中,对用户服务形式有:编制产品使用说明书;采取多种形式传授安装、使用和维修技术,并代培技术骨干,解决使用上的难题;提供易损件图纸,供应备品和配件;设立维修网点,做到服务上门;对某些复杂的产品,应协助用户安装、调试并负责技术指导。

思考与问题

多项选择题:

1. 全面质量管理的特点有(　　)。

A. 全员参与　　　　　　　　B. 全过程管理

C. 静态性　　　　　　　　　D. 动态性

2. 全面质量管理的内容包括(　　)。

A. 生产制造过程的品质管理　　B. 产品设计的品质管理

C. 辅助生产过程品质管理　　　D. 产品使用品质管理

第三节　全面质量管理的具体应用

一、建立品质责任制

建立品质责任制,是企业建立经济责任制的首要环节。不管是什么类型的企业,都应该做到"质"与"量"相统一、速度与效益相统一。只求数量而不讲品质的责任制是不可取的。品质责任制强调了品质,突出了"品质第一",把产品生产在数量上的突破与品质上的提高统一起来,把品质真正放在了突出的位置。全面质量管理的原则之一就是必须由企业的高层直接负责领导品质管理工作,并且给予品质管理工作足够的支持。因此,实施在总经理领导下的品质部门经理负责制,是企业高层可以采纳的解决方案之一。

二、制订可靠性方案

产品可靠性是产品的一种性能。简单地说,它是以概率来度量产品或设备持续工作的能力。它的定义是:在规定的时期内、在规定的条件下,完成所要求的功能的一种能力。相应地,可靠性的定义是单位产品在规定的时期内、在规定的条件下,持续完成所要求的功能的概率。产品可靠性有4个重要的因素:概率、性能、时间和条件。

(一)概率

可靠性的第一个要素是概率。每个单位产品之间多少有些不同,有些寿命较短、有些寿命较长。进一步说,一组单位产品可以具有某个平均寿命。因此,可以用辨别产品故障的频数分布来预测单位产品的寿命。

(二)性能

包含在定义中的第二个要素就是性能。所谓性能可靠,就是该产品必须在实际应用时实现某些功能或完成某些工作。当完不成预定的功能的时候,这个产品的性能就有问题。

(三)时间

可靠性定义中的第三个要素是时间。以产品实现其功能的概率来表示可靠性,它必须确定一个规定的时间长度,在此时间内功能始终一致。这种情形类似于人寿保险统计表格。每个人在今后1年内存活的概率和今后10年内存活的概率不同。根据这种相同的理由,谈论产品可靠性必须提出期望寿命是10分钟或是10年或是任何其他寿命长度。

(四)条件

可靠性定义中的第四个要素是条件,其中包括产品在现场使用的使用条件和操作环境。这些因素确定了将加在产品上的压力状况。储存和运输条件也可显著地影响产品的可靠性,也属于产品可靠性的影响条件。

为了充分了解全面质量管理的可靠性活动,认识现代产品可靠的4个要素是很重要的。

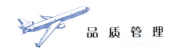

实现产品可靠性要求的方案包括：确定设备系统、元件和结构的产品技术规范；制造产品的工艺规范；可靠性保证技术；保护产品的包装和运输规范；保证将产品送到顾客手中的运输方式选择以及按设计意图保持产品功能的维护和修理功能。

制订方案的思路是：首先要通过试验来确认失效前的平均工作时间，然后对不同的产品制定不同的可靠性目标。增加了产品的可靠性，不可避免地要增加成本，此成本是预防成本和鉴定成本的一部分，具体实施时要考虑成本的总体预算和平衡问题。

通过确定产品的可靠性标准和成本预算分析，既保证了产品的可靠性和质量，又控制了产品成本，用一种最优的经济策略来使产品满足顾客的要求，提高企业的竞争力和企业的信誉。

三、提出改进方案

（一）改进的理由

识别共性问题的范围（"主题"），以及解决这个问题的理由。关键问题包括：

(1) 我们在做什么（比如，我们做什么工作、生产什么产品）？
(2) 我们在为谁做（我们的顾客是谁）？
(3) 我们做得怎么样（顾客持什么观点）？
(4) 我们如何知道我们做得怎样（我们的标准是什么）？

（二）问题识别

从第一步识别的共性问题中选择特定问题（"主题"），设定一个改进目标。

（三）根本原因分析

识别并验证上文(2)中识别的特定问题的根本原因。如果这个问题通过(1)和(2)被限定在一个狭小的范围里，那根源分析将变得更加容易。

（四）潜在改进

为纠正在上文(3)中识别的根本原因制订改进计划，并在一个小范围内测试这些改进。

（五）验证

验证问题以及产生问题的根本原因是否得到解决或消除、过程是否得到改进，并确认是否达到了改进的目标。如果努力没有起作用，或者没有达到预期的目的，推敲一下所做的以及没有做到的工作，再回到原因分析和潜在改进阶段。

（六）完全实施

为了防止问题及根本原因再发生，尽可能地实施改进。

（七）未来计划

计划解决遗留的问题，评估解决问题的过程是否有效，包括团队的有效性。

四、持续改进和过程重组相结合

造就过程重组运动的原因之一就是新兴信息技术的推动力，在很多场合下，信息技术的运用能使经营过程发生重大突破。在产品配送领域就有过一个很好的例子。在过程重组运动发生前的 20 世纪 90 年代早期，公司通常拥有庞大的配送网络，众多仓库的库存量十分可观，以便高效地为顾客提供服务。从全面的供应链和实时交付计划的角度来重新思考总体过程，最终使得整个过程发生彻底的改变。

 实训指导

沃尔玛公司案例

如果你是沃尔玛公司的供应商，你会被要求将产品在十分短的时间段内（可能是几个小时）直接把货运抵沃尔玛的码头。这种方式的优点很明显。因为：

（1）货物直接从卡车到货架待售。中间没有任何配送中心或门店的仓储来存放货物，大大加快了库存周转。

（2）人们能够更加准确地按计划的时间来进行所需的卸货和进货，没有额外的空闲等待时间，这样提高了人力利用率并减少了不必要的成本。

（3）减少了不需要的仓库、储藏室和配送中心，从而大大节省了房地产开销和物业管理费用。

如果没有沃尔玛公司及其供应商之间的紧密协调，上述的优点可能全都体现不出来。当然，如果缺乏充分的信息技术的运用也是不能有效地取得上述效果的。由于这些过程的涉及面十分广，需要大量信息技术对过程进行彻底的思考，所以一般来说实施过程重组项目将会冒很大风险，可能还会受到人力资源方面的显著影响，并且需要大量的变革管理，培训员工重新适应新过程，这些当然进一步增加了过程重组项目的风险，除此之外，过程重组还会导致以下风险和挑战：全面质量管理必须和企业战略紧密结合在一起，从而界定优先需要改进的地方。正确的改进方法应该是从战略的角度来看问题和解决问题，并且根据不同方法的相对优点来采用相应的方案。而将改进方法仅局限于渐进性的方法，而不考虑在需要的时候对过程进行重大的重新定义。这样可能会错过重大改进机会，并且浪费时间去调整一个应该完全更改的过程。仅仅关注过程重组而不考虑持续改进的需要将会导致过程重组项目的失败，因为没有合适的机制来维持过程重组的改进成果。

过程重组,凭借新技术、新手段和新思想的优势来使过程变得更有效。持续改进能够保证过程重组和其他渐进的改进取得的成果。

全面质量管理的最大作用就是对以顾客为焦点的企业文化的关注,以及授权各级别员工改进顾客满意度。从一些实施过程中,应该注意定量测评,要运用有效的项目管理手段以确保全面质量管理方案产生相应的结果。

五、建立品质管理小组

品质管理小组是指一种工作岗位的雇员为了进行品质控制活动而自愿组成的一个小组,而且,该小组是组织内品质管理小组体系和公司范围内品质控制活动的一部分。品质管理小组的目的是通过运用品质管理控制技巧和全员参与来促进过程控制,雇员的共同发展、自我发展和进行现场改善。把品质管理小组活动作为全公司范围内品质控制活动的一部分的基本概念是:

(1) 促进企业的改进和发展。

(2) 尊重人性,使生活更有意义和工作更加愉快。

(3) 充分承认人的能力并且使每个人的潜在能力得到充分发挥。

全面质量管理是一种体系,通过强有力的领导才能把所有相关的要素综合起来,以便在组织中创造一种支持性的和不断求知的文化,在这种文化氛围里,预防故障和使顾客—供应链中的每一个人都获得成功是最终目标。现实世界中的全面质量管理绝对不应该表示在一个"全面质量体系"里,生产过程中永远不会出现品质问题。工作环境总会随着宏观和微观环境而不断变化,各组织必须知道如何运用它的体系、结构和技能来处理这种不断变化的情况。

品质管理小组应当意识到一次解决一个问题,无论什么时候,都必须通过监督和控制的方法来意识到和充分理解工作现状。无论何时,当有迹象显示已经同时出现了几个问题时,就应运用"头脑风暴法"来识别出这些问题。这样就可以确保根据问题的严重性来决定所要解决问题的先后次序。当判断出必须最优先解决的问题时,真正解决问题的程序就已经开始了。

品质管理小组的组织结构必须非常周密和明确。组织内的每一个级别的人员通常都会投入到品质管理小组的活动中,特别是生产线上的一线工人。许多企业还成立了品质管理小组委员会。这些小组和委员会对理解和纠正现有的品质问题具有重大的意义。

品质管理小组完成自己的改善项目后就会把他们的建议交给一个委员会进行评审和评分。通常可以对合理的建议进行奖励。建议计划在解决问题的过程中起着重要的作用。公司通常较多考虑小组的建议而较少考虑个人的建议。有些小组甚至用告示提醒工人要不断地提出他们的建议并且要达到规定的建议数目指标，如每人每年提出 10 条建议等；选派优秀成员外出参加培训，满足员工特别是青年员工求知和发展的需要；让优秀 QC 小组长、小组骨干得到提拔和承担更大责任，这样既能调动其本人的积极性，对其他小组成员也是鞭策。

六、标准化工作

标准化工作为实施各项管理职能提供了共同的准则和依据，为企业的生产经营活动建立了统一的秩序。

符合标准的产品是合格品，但并不一定是顾客满意的产品，因此，标准必须随着经济、技术的发展和顾客的需要变化而及时修订。从这个意义上讲，顾客的要求就是"标准"。与顾客要求相背离的标准毫无用处，甚至会对企业的生产经营造成反作用。另一方面，"顾客第一"的原则同样适用企业内部，既包括企业产品购买者，还应该包括企业内部的下道工序、相关部门和相关环节。只有坚持"顾客第一"的原则，企业的标准才能客观实用，企业的标准化工作也才能收到事半功倍的效果。

企业的标准与外部标准之间必须协调统一。标准之间存在相互连接、相互依存、相互制约的内在联系，只有彼此之间协调统一，才能发挥预期的作用。

企业的标准还必须做到完整配套。实现特定的标准化目的所需的各项标准要全面配齐，不得缺漏。如产品标准要包括技术标准、安全标准、经济标准以及管理标准等一套标准体系，就产品品质而言，它受到多方面因素的制约。例如原材料的性质、配方、结构、成分；工作程序和工艺过程的详尽程度；实验、测量、检验的工具和方法；运输、包装存储的条件和方法等。因此，为了生产优质产品，仅仅制定和实施最终产品的品质标准是远远不够的，必须使那些影响产品品质的所有因素和工作都标准化，也就是说要围绕产品品质标准确定一整套标准。

 思考与问题

1. 企业应当如何具体应用全面质量管理思想？
2. 解释全面质量管理的"全面"含义。全面质量管理的核心思想是什么？
3. 全面质量管理理论和传统品质管理理论的最大区别是什么？

第五章 标准化管理

学习目标和要求

通过本章的学习,要求掌握标准化的概念和形式,以及在企业中如何应用标准化进行品质管理。

知识要点

1. 掌握标准和标准化的概念、形式和标准的分类
2. 了解我国标准化工作的应用状况

"不以规矩,不成方圆。"规矩就是一种标准。实现标准化管理,会获得人、财、物和时间上的节约,从而获得最佳效益。现代化管理实质就是标准化管理。

第一节 标准与标准化概述

一、标准和标准化的定义

标准是指为取得全局的最佳效果,依据科学技术和实践经验的综合成果,在充分协商的基础上,对经济、技术和管理等活动具有多样性、相关性特征的重复事物和概念,以特定的程序和形式颁发的统一规定。

标准化是指在经济、技术和管理等社会实践中,对重复性事物和概念通过制定、发布和实施标准达到统一,以获得最佳秩序和社会效益的活动。

这里所说的最佳效益,就是要发挥出标准的最佳系统效应,产生理想的效果;最佳秩序的获得不单是靠外在力量来实现,而是靠标准化自身所形成的约束力来

控制标准化对象的运行,以达到统一的行动和稳定的秩序。这里所说的最佳秩序,则是指通过实施标准使标准化对象的有序化程度提高,发挥出最好的功能。所以最佳秩序和最佳社会效益是相辅相成的。

标准是标准化的核心。标准化的效果只有通过在实践中贯彻执行标准后才能体现出来。贯彻标准是关键。标准化的基本特性主要包括以下几个方面:抽象性、技术性、经济性、连续性,亦称继承性、约束性、政策性。

二、标准化的形式

标准化的形式主要体现在简化、统一化、系列化、通用化、组合化5个方面。

(一)简化

简化是在一定范围内缩减对象事物的类型数目,使之在既定时间内足以满足一般性需要的标准化形式。具体表现为化繁为简、去劣选优、以少胜多、合理发展。例如:品种规格简化;原材料及备件的品种、规格简化;工艺装备简化。

(二)统一化

统一化是把同类事物两种以上的表现形态归并为一种或限定在一定范围内的标准化形式。具体表现为立足一致,例如:概念的统一(英制、12制、市制);品种规格统一。

(三)系列化

系列化是将同类事物按一定的数学规律科学地排列的一种标准化形式,是标准化的高级形式,它通过对同类事物规律的研究、国内外发展趋势的预测,从而作出安排与规划。这种方法多用于物尤其是产品品种、规格,常见于对同一类产品中的一组产品同时进行标准化,使某一类产品系统的结构优化、功能最佳。以下是一些常见的系列化分类标准。

品种:功能相同的一类。

规格系列:同一种或同一型号的产品尺寸。如尺寸大小、轻重等。

号:身高(身高与颈椎、腰围、臂长、坐高等纵向长度相关)。

型:胸围或腰围(肥瘦),包括胸围或腰围所关联的总肩宽、颈围和臂围。服装定体光有宽度与围度尺寸不够,还要依体型,即依胸腰落差确定。

例如我国人体4种体型(胸腰落差:cm):

	男	女
Y	22—17	24—19
A	16—12	18—14
B	11—7	13—9
C	6—2	8—4

身高 5 cm 一档(儿童 10 cm 一档)。

胸围 4 cm 或 3 cm 一档,腰围 2 cm 或 3 cm 一档。

(四) 通用化

通用化是指在互相独立的系统中,选择和确定具有功能互换性或尺寸互换性的子系统或功能单元的标准化形式。在互换性的基础上尽可能地扩大同一标准化对象的适用范围。互换性是指同一规格的零部件不需做任何挑选或再加工及调整即可装上机器,且达到原定的使用性能要求。经统一后的零部件称为"通用件",例如:将作用相同、尺寸接近的各种零部件和技术文件,经比较分析,合理归并,进行统一以实现通用;系列化产品的通用;不同产品中,也存在着作用相同或相似的零部件,选择归并,重新设计以实现专业通用。设计新产品时,尽量选用通用件、标准件,成熟产品中的有一定工艺装备基础的零部件(借用通用化),可减少重复劳动(设计、制定),保证产品质量。

(五) 组合化

组合化是按照标准化原则,设计并制造出若干组通用性较强的单元,根据需要拼合成不同用途的物品或具有新功能的产品形式以满足不同的需要的一种标准化形式。比如机床、家具、玩具、仪器仪表等。

三、标准化的作用

标准化的作用主要表现在以下 10 个方面。

(1) 标准化为科学管理奠定了基础。所谓科学管理,就是依据生产技术的发展规律和客观经济规律对企业进行管理,而各种科学管理制度的形式,都以标准化为基础。

(2) 促进经济全面发展、提高经济效益。标准化应用于科学研究,可以避免在研究上的重复劳动;应用于产品设计,可以缩短设计周期;应用于生产,可使生产在科学的和有秩序的基础上进行;应用于管理,可促进统一、协调、高效率等。

(3) 标准化是科研、生产、使用三者之间的桥梁。一项科研成果,一旦纳入相应标准,就能迅速得到推广和应用。因此,标准化可使新技术和新科研成果得到推广应用,从而促进技术进步。

(4) 随着科学技术的发展,生产的社会化程度越来越高、生产规模越来越大、技术要求越来越复杂、分工越来越细、生产协作越来越广泛,这就必须通过制定和使用标准,来保证各生产部门的活动在技术上保持高度的统一和协调,以使生产正常进行。

(5) 促进对自然资源的合理利用,保持生态平衡,维护人类社会当前和长远的利益。

（6）合理发展产品品种，提高企业应变能力，以更好地满足社会需求。

（7）保证产品质量，维护消费者利益。

（8）在社会生产组成部分之间进行协调，确立共同遵循的准则，建立稳定的秩序。

（9）在消除贸易障碍、促进国际技术交流和贸易发展、提高产品在国际市场上的竞争能力方面具有重大作用。

（10）保障身体健康和生命安全。大量的环保标准、卫生标准和安全标准制定发布后，用法律形式强制执行，对保障人民的身体健康和生命财产安全具有重大作用。

四、标准化与品质管理的关系

随着科学技术的进步，为了满足人们社会活动与生产活动的需要，标准化的对象与范围越来越广泛，几乎无所不包。其中，大多数标准都和品质管理直接有关。据估算，国际标准化组织颁布的国际标准中，有一半以上是同品质管理直接有关的。一般来讲，标准是品质管理的基础和依据，品质管理是贯彻执行标准的保证。加强标准化工作，对于加强品质管理、提高产品品质具有重要意义。品质管理和标准化都是现代的科学管理技术，都要按严格的客观规律和充分的科学依据办事。针对企业而言，它们之间的关系有以下四点。

（一）企业标准化是品质管理的基础和前提

品质管理从一开始就是从制定标准着手的。日本的全面质量管理，实质上就是企业的全面标准化管理，产品的品质标准即产品的性能、寿命、可靠性、安全性，经济性指标就是企业管理目标在品质方面的具体化和定量化，它为企业的技术管理、生产管理、物资管理、设备管理等奠定了基础，提供了可靠、有法律效力的依据，同时也为品质管理提供了目标。

（二）企业标准化贯穿于品质管理的始终

企业标准化和全面质量管理都是全员参与的全过程、全面性工作，它们具有一致的目标。我们知道：品质管理的基础和活动方式就是 PDCA 模式的 4 个阶段循环（表 5-1）。

表 5-1　PDCA 与企业标准化

代　号	阶　段	品　质　管　理　内　容
P(plan)	计划阶段	按用户要求和市场情报，制定出符合用户需要的产品品质标准或者根据生产需要制定出操作标准、作业指导书等标准

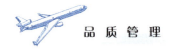

(续表)

代号	阶段	品质管理内容
D(do)	实施阶段	按上述标准认真贯彻执行
C(check)	检查阶段	检查标准执行情况,从中找出差距,分析原因
A(action)	处理阶段	对成功的经验和失败的教训都加以总结,纳入新的标准,即以标准的形式固定下来,指导下一循环的质量管理

从表 5-1 中,我们可以看到,PDCA 循环过程实质上就是标准的调查、起草、制定、贯彻、验证和修订的过程,就是从标准着手,又回归于标准的过程。因此,我们完全可以说,品质管理的过程实质上也是企业标准化管理的过程。

(三) 品质管理的开展使企业标准化更具有科学性

品质管理是运用各种科学方法的综合管理,它改变了那种办事无标准、无规范,管理和工作不讲科学的主观随意性的恶习,而是一切按科学办事、凭数据说话,实现了科学管理。如全面质量管理中常用到的概率数理统计方法,就是研究在偶然事件中隐蔽着的特性的一门数学学科,运用这种数学方法就可以对生产过程中围绕产品品质的各种数据进行科学合理的分析,并从中找出产品品质变化的规律,从而为产品品质标准的修订提供科学的依据,有利于标准水平的提高。

(四) 品质管理已成为标准化的一个重要领域

世界上各国家、地区、企业、社团等都在积极参与品质管理和标准化工作,世界范围内的品质管理合作日趋多样和紧密。

五、标准的分类

按照标准化对象,通常把标准分为技术标准、管理标准和工作标准三大类。

技术标准是指对标准化领域中需要协调统一的技术事项所制定的标准,是根据生产技术活动、经验和总结,作为技术上共同遵守的法规而制定的各种标准(例如科研、设计、工艺、检验等技术工作),为产品工程的技术质量、各种技术设备和工装、工具等制定的标准。技术标准包括基础技术标准、产品标准、工艺标准、检测试验方法标准,以及安全、卫生、环保标准等。这是根据不同时期的科学技术水平和实践经验,针对具有普遍性和重复出现的技术问题提出的最佳解决方案。它的对象既可以是物质的(如产品、材料、工具),也可以是非物质的(如程序、方法、符号、图形)。所有技术标准可分为以下四大类。

（一）基础标准

基础标准是生产技术活动中最基本的、具有广泛指导意义的标准，即具有一般共性的通用性很广的标准（如各类术语标准）。

（二）产品标准

为某一产品制定的标准（如商品标准）。

（三）方法标准

关于方法、规程性质的标准（如抽样方法、生产方法）。

（四）安全与环保标准

有关设备与人身安全、卫生以及环保的专门标准（如饮水卫生标准、三废标准）。

管理标准是指对标准化领域中需要协调统一的管理事项所制定的标准，是为了合理组织、利用和发展生产力，正确处理生产、交换、分配和消费中的相互关系，以及行政和经济管理机构行使其计划、监督、指挥控制等管理职能而制定的准则。因此，管理标准包括管理基础标准、技术管理标准、经济管理标准、行政管理标准、生产经营管理标准等。

工作标准（表5-2）是指对工作的范围、责任、权利、范围、质量要求、程序、效果、检查方法、考核办法所制定的标准，还包括服务标准，如期量标准、生产能力标准、资源消耗标准、组织方法标准。工作标准一般包括部门工作标准和岗位（个人）工作标准。当然，技术标准是企业标准体系的主体。

表5-2 工作标准

企业标准体系	企业基础标准	技术标准系统	产品标准 工艺和工装标准 原材料标准 零部件、半成品标准 外协件标准 检测方法标准 ……	工作标准系统	操作规程 岗位工作标准 ……
		管理标准系统	目标管理标准 生产管理标准 信息管理标准 物资管理标准 设备管理标准 技术管理标准 ……		

综上所述，我们可以列举几个标准化的例子。

（1）信息技术标准化是围绕信息技术开发，信息产品的研制和信息系统建设、

运行与管理而开展的一系列标准化工作。其中主要包括信息技术术语、信息表示、汉字信息处理技术、媒体、软件工程、数据库、网络通信、电子数据交换、办公自动化、电子卡、家庭信息系统、信息系统硬件、工业计算机辅助技术等方面标准化。

(2) 农业标准化是指以农业为对象的标准化活动。其中包括种植业、林业、畜牧业、水产业、农业综合标准化。农业标准化的对象主要有：农产品,种子的品种、规格、质量、等级、安全、卫生要求,试验、检验、包装、储存、运输、使用方法,生产技术,管理技术,术语,符号,代号等。

(3) 环境保护标准化是指为保护人类和动植物生存环境、促进社会和经济可持续发展而开展的标准化活动。其中主要包括环境质量标准化、污染物排放标准化、环境管理标准化等。

(4) 企业标准化是指以提高经济效益为目标,以搞好生产、管理、技术和营销等各项工作为主要内容,制定、贯彻实施和管理维护标准的有组织的活动。其主要任务是贯彻国家、行业、地方有关标准化的法律、法规和方针政策;贯彻实施有关的技术法规、国家标准、行业标准、地方标准,积极采用国际标准和国外先进标准;制定、实施、维护企业标准;建立、健全企业标准体系;对标准的贯彻实施进行检查。

第二节　我国标准化实施的情况

我国的标准分为国家标准、行业标准、地方标准和企业标准四级。这 4 个标准的彼此关系表现为以下几个方面。

(1) 对需要在全国范畴内统一的技术要求,应当制定国家标准。

(2) 对没有国家标准而又需要在全国某个行业范围内统一的技术要求,可以制定行业标准。

(3) 对没有国家标准和行业标准而又需要在省、自治区、直辖市范围内统一的工业产品的安全、卫生要求,可以制定地方标准。

(4) 企业生产的产品没有国家标准、行业标准和地方标准的,应当制定相应的企业标准。对已有国家标准、行业标准或地方标准的,鼓励企业制定严于国家标准、行业标准或地方标准要求的企业标准。

另外,对于技术尚在发展中,需要有相应的标准文件引导其发展或具有标准化价值,尚不能制定为标准的项目,以及采用国际标准化组织、国际电工委员会及其他国际组织的技术报告的项目,可以制定国家标准化指导性技术文件。

同时,我国标准分为强制性和推荐性两类性质的标准。保障人体健康,人身、财产安全的标准和法律、行政法规规定强制执行的标准是强制性标准,其他标准是推荐性标准。根据《国家标准管理办法》和《行业标准管理办法》,下列标准属于强制性标准：

（1）药品、食品卫生、兽药、农药和劳动卫生标准。

（2）产品生产、贮运和使用中的安全及劳动安全标准。

（3）工程建设的质量、安全、卫生等标准。

（4）环境保护和环境质量方面的标准。

（5）有关国计民生方面的重要产品标准等。

 实训指导

熟悉表5-3至表5-6的内容。

表5-3　国家标准代号

序号	代号	含　义	管　理　部　门
1	GB	中华人民共和国强制性国家标准	国家标准化管理委员会
2	GB/T	中华人民共和国推荐性国家标准	国家标准化管理委员会
3	GB/Z	中华人民共和国国家标准化指导性技术文件	国家标准化管理委员会

例如编号：

GB(/T)　　　XXX.　　　X—　　　XXXX　　《　》

代号　　　顺序号　　部分号　　年号　　　名称

等同采用国际标准时用双编号，如 GB(/T) 1900.1—2000 idt ISO9001：2000《　》。

表5-4　行业标准代号

序号	代号	含义	主　管　部　门
1	BB	包装	中国包装工业总公司包改办
2	CB	船舶	国防科工委中国船舶工业集团公司、中国船舶重工集团公司（船舶）
3	CH	测绘	国家测绘局国土测绘司
4	CJ	城镇建设	建设部标准定额司（城镇建设）
5	CY	新闻出版	国家新闻出版总署印刷业管理司
…	……	…………	…………………………
58	YZ	邮政	国家邮政局计划财务部

注：行业标准分为强制性标准和推荐性标准。表中给出的是强制性行业标准代号，推荐性行业标准的代号是在强制性行业标准代号后面加"/T"，例如农业行业的推荐性行业标准代号是 NY/T。

例如 ZB(或专业代号)　　　XXXX　—　　XXXX　　　《　》
　　　代号　　　　　　　顺序号　　　年号　　　　名称

再如：FZ62001 —— 1991 《涤棉床单》

专业代号：农业 NY　水产 SC　轻工 QG

表 5-5　地方标准代号

序号	代号	含义	管理部门
1	DB+*	中华人民共和国强制性地方标准代号	省级质量技术监督局
2	DB+*/T	中华人民共和国推荐性地方标准代号	省级质量技术监督局

注：*表示省级行政区划代码前两位。

格式：DB XX(/T)　　　　XXXX　—　XXXX　　《　》
　　　代号　行政区域代号(前四位)　顺序号　　　名称

如：DB/31T XXXX—XXXX《　》
　　河北推荐性地方标准

表 5-6　企业标准代号

序号	代号	含义	管理部门
1	Q+*	中华人民共和国企业产品标准	企业

注：*表示企业代号。

格式：　QB 或 Q　　XX/　　XXXXX—XXXX
　　　　代号　　企业代码　顺序号　　年号

制定企业标准应注意：

(1)制定企业标准时不要与国家强制性标准相抵触,不要低于国家标准、行业标准或者地方标准的要求。

(2)制定企业标准时,应充分听取用户单位、科研机构、专家的意见,要注意验证标准的科学性、合理性、合法性。

(3)要认真学习 GB/T 1.1—1993《标准化工作导则》第一部分"标准的编写基本规定",提高编写水平。

(4)企业标准要报本行业或有关行政主管部门备案,未经备案的企业标准,无法定效力,属于查处无标准生产的范围,备案是《标准化工作导则》的要求,也是标准化法制管理的需要。通过备案,备案部门可以发现企业标准是否遵守国家的有关规定,若有违背,可以及时纠正,以免造成不必要的损失。

我国标准化工作实行统一管理与分工负责相结合的管理体制。按照国务院授权,在国家质量监督检验检疫总局管理下,国家标准化管理委员会统一管理全国标准化工作。国务院有关行政主管部门和国务院授权的有关行业协会分工管理本部门、本行业的标准化工作。省、自治区、直辖市标准化行政主管部门统一管理本行政区域的标准化工作。省、自治区、直辖市政府有关行政主管部门分工管理本行政区域内本部门、本行业的标准化工作。市、县标准化行政主管部门和有关行政部门主管,按照省、自治区、直辖市政府规定的各自的职责,管理本行政区域内的标准化工作。

国家标准化管理委员会(Standardization Administration of the People's Republic of China,SAC)是国务院授权履行行政管理职能、统一管理全国标准化工作的主管机构。国务院有关行政主管部门和有关行业协会也设有标准化管理机构,分工管理本部门、本行业的标准化工作。各省、自治区、直辖市及市、县质量技术监督局统一管理本行政区域的标准化工作。各省、自治区、直辖市和市、县政府部门也设有标准化管理机构。国家标准化管理委员会对省、自治区、直辖市质量技术监督局的标准化工作实行业务领导。另外的标准化管理部门还有:部门标准化机构,地方标准化机构,总局标准化直属单位,总局标准化挂靠单位。

我国国家标准制定程序划分为9个阶段:预阶段,立项阶段,起草阶段,征求意见阶段,审查阶段,批准阶段,出版阶段,复审阶段,废止阶段。

对下列情况,制定国家标准可以采用快速程序:

(1) 对等同采用、等效采用国际标准或国外先进标准的标准化、修订项目,可直接由立项阶段进入征求意见阶段,省略起草阶段。

(2) 对现有国家标准的修订项目或中国其他各级标准的转化项目,可直接由立项阶段进入审查阶段,省略起草阶段和征求意见阶段。

第三节　国际标准化发展状况

随着贸易的国际化,标准也日趋国际化。以国际标准为基础制定本国标准,已成为WTO对各成员的要求。国际标准化,是指在国际范围内由众多国家、团体共同参与开展的标准化活动。目前,世界上约有300个国际和区域性组织,制定标准或技术规则。其中最大的是国际标准化组织(ISO)、国际电工委员会(IEC)、国际电信联盟(ITU)。ISO,IEC,ITU标准为国际标准。此外,被ISO认可、收入KWIC索引中的其他25个国际组织制定的标准,也视为国际标准。

 实训指导

表 5-7 国际标准代码

ISO,IEC,ITU 国际标准代号及国际标准化组织认可作为国际标准的国际行业组织制定的标准代号。

序号	代号	含 义	负 责 机 构
1	BISFA	国际人造纤维标准化局标准	国际人造纤维标准化局(BISFA)
…	……	……………………	……………………
12	IEC	国际电工委员会标准	国际电工委员会(IEC)
…	……	……………………	……………………
18	ISO	国际标准化组织标准	国际标准化组织(ISO)
…	……	……………………	……………………
25	WHO	世界卫生组织标准	世界卫生组织(WHO)
26	WIPO	世界知识产权组织标准	世界知识产权组织(WIPO)

例如 ISO 标准的格式为：ISO　XXX．X：　　XXXX《　》
　　　　　　　　　　　　代号　顺序号　部分号　年号　　名称

随着世界区域经济体的形成,区域标准化日趋发展。区域标准化是指世界某一地理区域内有关国家、团体共同参与开展的标准化活动。目前,有些区域已成立标准化组织,如欧洲标准化委员会(CEN)、欧洲电工标准化委员会(CENELEC)、欧洲电信标准学会(ETSI)、太平洋地区标准大会(PASC)、泛美技术标准委员会(COPANT)、非洲地区标准化组织(ARSO)等。

 实训指导

表 5-8 区域标准代码

序号	代号	含 义	负 责 机 构
1	ARS	非洲地区标准	非洲地区标准化组织(ARSO)
2	ASMO	阿拉伯标准	阿拉伯标准化与计量组织(ASMO)
3	EN	欧洲标准	欧洲标准化委员会(CEN)
4	ETS	欧洲电信标准	欧洲电信标准学会(ETSI)
5	PAS	泛美标准	泛美技术标准委员会(COPANT)

思考与问题

1. 名词解释：标准、标准化、系列化、通用化、简化、统一化、组合化。
2. 我国标准化的现状如何？
3. 标准化有哪些形式和作用？

第六章 六西格玛管理

学习目标和要求

通过本章的学习,要求掌握六西格玛品质水平和六西格玛品质管理的定义、特点和实施的步骤以及方法。

知识要点

1. 掌握六西格玛品质管理的实施方法
2. 了解六西格玛品质管理与其他管理方法、体系、思想的关系

六西格玛(6sigma)是在 20 世纪 90 年代中期开始从一种全面质量管理方法演变成为一个高度有效的企业流程设计、改善和优化技术,并提供了一系列同等地适用于设计、生产和服务的新产品开发工具。继而与全球化、产品服务、电子商务等战略齐头并进,成为全世界追求管理卓越性的企业最为重要的战略举措。6sigma 是希腊字母"σ"的音译,"σ"本来是用来衡量一个总数里标准误差的统计单位。六西格玛作为当今品质管理体系的三大主流之一,被看作是当今增强企业竞争力的一个全球性发展趋势。在全球 500 强企业中,近三分之一采用了六西格玛品质管理体系。

目前,美国公司的平均水平已从 10 年前的 3σ 上下提高到了接近 5σ 的程度,而日本则已超过了 5.5σ 的水平。可以毫不夸张地说西格玛水平已成为衡量一个国家企业综合实力与竞争力的最有效的指标。

第一节 关于六西格玛

一、六西格玛的历史

六西格玛(6σ 或 six sigma)最早作为一种突破性的品质管理战略在 20 世纪 80

年代末在摩托罗拉公司(Motorola)成型并付诸实践,3年后该公司的六西格玛质量战略取得了空前的成功:产品的不合格率从百万分之6 210件(大约4σ)减少到百万分之32件(5.5σ),在此过程中节约成本超过20亿美金。随后即有德州仪器公司(Texas Instruments)和联信公司(Allied Signal,后与霍尼维尔合并)在各自的制造流程全面推广六西格玛品质战略。但真正把这一高度有效的品质战略变成管理哲学和实践,从而形成一种企业文化的是在杰克·韦尔奇领导下的通用电气公司(General Electric Company,GE)。该公司在1996年初开始把六西格玛作为一种管理战略列在其三大公司战略举措之首(另外两个是全球化和服务业),在公司全面推行六西格玛的流程变革方法。而六西格玛也逐渐从一种品质管理方法变成了一个高度有效的企业流程设计、改造和优化技术,继而成为世界上追求管理卓越性的企业最为重要的战略举措,这些公司迅速运用六西格玛的管理思想于企业管理的各个方面,为组织在全球化、信息化的竞争环境中处于不败之地建立了坚实的管理和领导基础。

继摩托罗拉、德州仪器、联信/霍尼维尔、通用电气等先驱之后,几乎所有的财富500强的制造型企业都陆续开始实施六西格玛管理战略。值得注意的是,一直在品质领域领先全球的日本企业也在20世纪90年代后期纷纷加入实施六西格玛的行列,这其中包括索尼、东芝、本田等。韩国的三星、LG也开始了向六西格玛进军的征程。另一值得注意的现象是自通用电气之后,所有公司都将六西格玛战略应用于组织的全部业务流程的优化,而不仅仅局限于制造流程。更有越来越多的服务性企业,如美国最大的金融服务机构花旗银行(Citi Bank)、全球最大的B2C网站亚马逊(Amazon.com)等也成功地采用六西格玛战略来提高服务质量、维护高的客户忠诚度,所以六西格玛已不再是一种单纯的、面向制造性业务流程的品质管理方法,同时也是一种有效的提高服务性业务流程的管理方法和战略。更有一些政府机构也开始采用六西格玛的方法来改善政府服务。

二、什么是六西格玛

六西格玛的成功故事,特别是它给通用电气公司带来的巨大变化吸引了华尔街的注意力,这使得六西格玛的理念和方法犹如旋风般迅速传遍全球。欧美和亚洲的数百家跨国公司都积极聘请相关的咨询公司帮助它们设计方案、培训员工、辅导项目,以期提高客户的满意度、增加收入、降低成本、推动公司快速而健康地发展,从而给股东以丰厚的回报。近两年来,国内不少优秀企业在学习和借鉴通用电气公司——世界最受关注的公司的成功经验的过程中,对六西格玛表现出了浓厚的兴趣。

那么,到底什么是六西格玛?它为何能受到如此的重视?简单地说,六西格玛是一种理念,它追求以顾客为中心。我们所在的企业或机构往往有着诸多领域需要或值得改进,然而我们所拥有资源的有限性决定了我们必须分清主次,将重点放在那些顾客最关心、对企业或机构影响最大的方面,也就是顾客品质关键特性(critical to quality,CTQ)。它提醒我们在寻找品质改进机会的时候不能强求面面俱到,更不能目光短浅,只从自身出发,专注于内而忽略外部的顾客。

六西格玛是基于数据的决策方法,强调用数据说话,而不是凭直觉、经验行事。量化是六西格玛的基础,量化的指标客观地反映我们的现状,从而引起人们的注意。六西格玛通过对真实数据进行科学分析得出结论,告诉我们问题的症结所在。

六西格玛系统方法的基本目标是建立并实施以测量为依据的战略,通过实施六西格玛改善项目、改善制程、减少变异。这一目标要通过两套六西格玛系统方法来完成:DMAIC 和 DMADV。六西格玛 DMAIC 过程(D——定义、M——测量、A——分析、I——改进和C——控制)主要针对不能满足要求的过程,对其进行突破性改善。六西格玛 DMADV 过程(D——定义、M——测量、A——分析、D——设计和 V——验证)主要针对新产品和过程的开发,使得新产品和过程的绩效达到六西格玛的水平。以上的这两个过程都是由六西格玛"绿带"和"黑带"负责实施,由六西格玛"黑带"导师负责监督执行。

在对现有流程进行改进的时候我们通常使用 DMAIC——定义、测量、分析、改进、控制。

1. 定义

定义:陈述问题,确定改进目标,规划项目资源,制定进度计划 SIPOC 图。任何六西格玛项目的第一步都是找出和阐析品质问题,将问题控制在一个可以度量的有限范围内,从而使得最后能够在数月内实现既定的度量目标。据此,形成六西格玛团队,对整个流程进行详细检查,提出改进建议,然后进行改正。如果是个制造业项目,六西格玛项目经理会与项目所有者一道从定义次品成分入手,然后设立一系列降低次品产生的目标。

2. 测量

测量:量化顾客 CTQ,收集数据,了解现有品质水平。六西格玛团队收集流程资料,为下一步深入分析做准备。可细分为四步:描述过程,收集数据,验证测量系统,测量过程能力。

3. 分析

分析:分析数据,找到影响品质的少数几个关键因素。一旦整个流程已为六西格玛团队所掌握,品质问题已为大量的实物证据所证明,六西格玛团队则开始对所掌握的数据材料进行分析。六西格玛团队一般从分析这两个问题入手:找出生产人员为什么未能按照要求进行生产的原因,找出每一个流程阶段未能实施有效控制的原因。

4. 改进

改进:针对关键因素确立最佳改进方案——建议,决策,改进提高。本阶段要做好三项工作:提出控制意见、选择改进方案和实施改进策略。

5. 控制

控制:采取措施以维持改进的结果。作为最后一步,六西格玛团队设计控制机制,帮助企业保持改进后的状态,并实现不断提高。本阶段要做好三项工作:制定标准、明确管理职责和实施监控。

六西格玛用σ值来衡量我们的产品或服务的品质水平。当达到6σ时,每百万次机会中出现缺陷的个数为3.4,这被认为是完美的流程或服务,也是六西格玛质量管理追求的目标。

六西格玛体现了不断改进、无边界以及崇尚学习的企业文化。推广应用六西格玛要求企业听取客户之声(voice of customer,VOC),根据顾客的需要不断地改进自身的工作。而一个六西格玛项目往往会涉及多个不同部门的人员,他们作为一个团队,找寻公司内外与其项目相关的最佳实践,一起讨论、分析,为实现项目的目标而共同努力。

六西格玛随着时间的推移而不断地发展和完善。从有形产品品质的改进到服务水平的提高,从产品缺陷数的降低到周期时间的缩短,从资产使用效率的提高到销售队伍效率的改进,从现有流程的改善到全新流程的设计,从专注于公司内部到放眼整个供应链……六西格玛已经成功地应用于不同行业、不同公司的每一个重要领域,完全超出了传统产品品质的范围,而成为在激烈的市场竞争环境之中企业取得竞争优势的企业战略和工作方式,成为不同部门之间互相沟通的共同的语言。六西格玛所带来的不仅仅是顾客满意度的提高和股东收益的增加,还有员工满意度的提高和凝聚力的增强。

首先,六西格玛的培训给员工提供了一个新的学习机会。其次,一个项目从定义到控制的整个过程是一个放权的过程。在这个过程中,项目小组成员运用种种工具进行分析总结,制订解决问题的最佳方案,自始至终扮演着决策者的角色。他们的创造力和积极性得到了充分的发挥。在应用六西格玛的方法和工具的同时,小组成员还需要与他人沟通、合作,克服项目进展过程中碰到的种种困难,其结果是个人能力的提高和自信心的加强。

产品品质和服务品质都是业务流程管理品质的输出结果。因此,企业业务流程能力的高低完全反映出企业的竞争实力。这就是为什么全球500强企业纷纷实施六西格玛,将原本4σ水平的生产品质、服务品质提高到5σ;从5σ提高到5.5σ。

在相关产业领域中,3σ 的产品品质和服务品质是根本无法和 5σ,甚至 4σ 水平企业抗衡的。下列是不同西格玛值的业务流程能力比较,试比较您的企业处于什么水平。

6σ＝3.4 失误/百万机会——意味着卓越的管理、强大的竞争力和忠诚的客户。

5σ＝230 失误/百万机会——优秀的管理、很强的竞争力和比较忠诚的客户。

4σ＝6 210 失误/百万机会——意味着较好的管理和运营能力、满意的客户。

3σ＝66 800 失误/百万机会——意味着平平常常的管理、缺乏竞争力。

2σ＝308 000 失误/百万机会——意味着企业资源每天都有三分之一的浪费。

1σ＝690 000 失误/百万机会——每天有三分之二的事情做错的企业无法生存。

某航空公司航班的准点率分析

如果某一航班的预计到达时间是下午五点,由于各种原因,真正在五点准时到达的情况是极少的。假如我们允许在五点半之前到达都算准点到达,一年里该航班共运营了 200 次,显然到达时间是个变量。如果其中的 55 次超过五点半到达,从质量管理的角度来说,这就是不良品,所以航空公司这一航班的合格品率为 72.5%,大约为 2.1σ。如果该航班的准点率达到 6σ,这意味着每一百万次飞行中仅有 3.4 次超过五点半到达,如果该航班每天运行一次,这相当于每 805 年才出现一次晚点到达的现象。所以六西格玛的业务流程几乎是完美的。对于制造性业务流程来说,在有均值漂移 1.5σ 的情况下六西格玛意味着每一百万次加工只有 3.4 个不良品。这个水平也叫做流程的长期的西格玛值。

三、六西格玛的特点

六西格玛,作为通用电气公司(GE)对全球企业的卓越贡献,它将传统的品质管理体系与企业人文精神前所未有地融合到了一条宽敞的充满吸引力的绩效链。管理者团队第一次发现:生存不再是企业最需要关注的课题,取而代之的则是发展的优化进程。这一切源于六西格玛的一系列特点。

(一) 六西格玛以事实和科学来决策

业务流程的复杂性、人员的庞杂,以及组织内部沟通的低效导致大中型企业总裁无法再靠拍脑袋作出正确的决策。六西格玛管理相信结果都是可以测量、改进并加以控制的。因此,在六西格玛对业务流程改造的过程中,六西格玛依赖于多种严谨的统计工具和方法的应用、依赖于事实和数据来对客户需求和流程的关键因素进行测量,提供给高层决策者和项目负责人真实准确的数据,保证了企业决策的高效性、准确性。

(二)六西格玛强调全员参与

六西格玛从客户需求出发、基于业务流程的优化和管理思想,打破了传统意义上职能部门的分工壁垒。六西格玛的实施不再是个人的主张,不再是某个部门的事情,而是一场企业整体流程的变革。实施六西格玛要激励和要求所有相关职能部门员工的深度参与,由此贯通业务流程的相关领域,使企业整体业务无边界地流畅运转,进而实现提高客户忠诚度和增加企业利润的财务目标。

(三)六西格玛以客户需求为导向

由于企业所有业务流程的六西格玛值的定义都是根据客户需求而定的,没有客户需求就没有六西格玛值的定义。因此,实施六西格玛流程改进项目是开始于"客户之声"并且所有改善活动亦围绕"客户之声"进行(让客户感受到六西格玛的好处)。最终是通过提高客户忠诚度获得企业的生存与发展机会,同时客户忠诚度的提高也成为了企业提升竞争力的利器。

(四)六西格玛帮助变革企业文化

企业文化通俗地说是企业中独特的做事的方式方法。影响企业文化的主要因素是企业高层领导。不论企业领导个人的言行举止有多好或多糟,都会被企业员工全体放大,形成企业整体的工作风气和行为准则。六西格玛卓越的管理哲学可以强化好的企业文化,变革不利于企业的风气。比如:六西格玛强调通过运用严谨的科学方法和工具,对数据和事实进行分析为决策提供依据,而不是靠"拍脑袋"。当六西格玛成为企业通用的一种语言时,将从根本上消除企业会议和决策争论中产生的"对人还是对事"的矛盾。又比如:六西格玛认为员工是企业获取竞争优势的根本。六西格玛带给员工的是解决问题的方法。员工不仅仅通过培训学到知识,而且要将所学知识应用到实践中。通过实践完全掌握解决问题的科学方法,为组织带来丰厚的回报,同时提高员工的个人能力。通过员工个人行为的改变,进而改变企业整体的文化氛围,从而使企业成为一个有自我学习能力的组织。

(五)六西格玛与财务指标密切联系

纵览世界企业百年管理发展史,至今除了六西格玛,还没有一种管理方法能够如此地与财务指标密切相关。因为所有的六西格玛改善项目都要有明确量化的改进结果。这些结果将充分体现在财务指标中,比如:原材料成本降低了多少?销售额增加多少?资金周转比去年快了几倍?库存周转比上季度提高了多少?投资

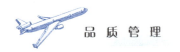

回报率提高了多少？等等。六西格玛与企业财务紧密地联系在一起。

第二节　六西格玛管理与实施

一、什么是六西格玛管理

关于六西格玛管理，目前没有统一的定义。下面是一些管理专家关于六西格玛的定义。管理专家 Ronald Snee 将六西格玛管理定义为："寻求同时增加顾客满意和企业经济增长的经营战略途径。"六西格玛管理专家 Tom Pyzdek 认为："六西格玛管理是一种全新的管理企业的方式。六西格玛主要不是技术项目，而是管理项目。"

本书将六西格玛管理定义为："获得和保持企业在经营上的成功并将其经营业绩最大化的综合管理体系和发展战略，是使企业获得快速增长的经营方式。"六西格玛管理是"寻求同时增加顾客满意和企业经济增长的经营战略途径"，是使企业获得快速增长和竞争力的经营方式。它不是单纯的技术方法的应用，而是全新的管理模式。

简单地说，六西格玛是一种商业流程，企业通过设计、监视其每日商业活动而显著提高其底线收益，将资源的浪费降至最少，同时提高顾客满意度。六西格玛指导企业做任何事时都能更少犯错，从填写采购单到制造产品，在最早可能发生问题时避免质量错误。六西格玛管理可以为企业提供战略方法和相应的工具，通过严谨的、系统化以及以数据为依据的解决方案和方法，消除包括从生产到销售、从产品到服务所有过程中的缺陷，改造企业流程，从而控制错误和废品的增加，改善企业的利润。

初接触六西格玛，有人会认为六西格玛没什么特别之处，与全面质量管理（TQM）无多大区别。的确，六西格玛有部分思想与 TQM 相似。两者区别在于：六西格玛强调把所有的运作都放在一个过程中进行提高；同时运用六西格玛工具，可以清楚地知道自己的管理处于什么水准、提高多少。而 TQM 强调提高单个不相关的运作流程；TQM 强调过程，至于目标的量化指标则概念模糊。

六西格玛管理具有以下特点。

（1）比以往更广泛的业绩改进视角。强调从顾客的关键要求以及企业经营战略焦点出发，寻求业绩突破的机会，为顾客和企业创造更大的价值。

（2）强调对业绩和过程的度量。通过度量，提出挑战性的目标和水平对比的平台。

（3）提供了业绩改进方法。针对不同的目的与应用领域，这种专业化的改进过程包括：六西格玛产品/服务过程改进 DMAIC 流程，六西格玛设计 DFSS 流程等。

（4）在实施上由"领航员 champion"、"大黑带 MBB"、"黑带 BB"、"绿带 GB"等经过培训职责明确的人员作为组织保障。

（5）通过确定和实施六西格玛项目，完成过程改进项目。每一个项目的完成时间在 36 个月。

（6）明确规定成功的标准及度量方法，以及对项目完成人员的奖励。

（7）组织文化的变革是其重要的组成部分。

二、通过六西格玛的实施提高企业绩效

当把"零缺陷"作为追求的目标时，有人也许会问：要使品质百分之百合格的想法是心血来潮吗？多数人都会认为这是荒诞的，但实际上，这个问题并不那么容易下判断。从统计学观点来说，"零缺陷"是没有道理的。在大公司里，根据大数定律，总会有残次品出现。另一方面，如果不为百分之百合格而奋斗，那就是容忍错误，而错误也真的会发生。比如，"良品率"是生产过程中常用到的一个术语，早在 1961 年就提出"零缺陷"概念的美国质量管理专家菲利普·克劳斯比说："当大家都认定在操作过程中无法避免错误的时候，下一步就是制定一个容许错误的数字。当良品率预定为 85%，那便是表示容许 15% 的错误存在。采用这种'良品率管理'的人会告诉你那不是真的，但事实上的确如此。"

为了提高质量，工厂的管理者们发明了六西格玛管理方法。"西格玛"是统计学里的一个单位，表示与平均值的标准偏差。它可以用来衡量一个流程的完美程度，显示每百万次操作中发生多少次失误。"西格玛"的数值越高，失误率就越低。

"六西格玛"是一项以数据为基础，追求几乎完美无瑕的质量管理办法。20 世纪 80 年代末至 90 年代初，摩托罗拉公司首倡这种办法，花 10 年时间达到 6σ 水平。但如果是生产一种由 1 万个部件或程序组成的产品，即使达到了 6σ 水平，也还有 3‰ 多一点的缺陷率；实际上，每生产 1 万件产品，将会有 337 个缺陷产品。如果公司设法在装运前查出了其中的 95%，仍然还会有 17 件有缺陷的产品走出大门。旧观念认为，质量改进只有在一定的限度内才有利可图，超过了这一限度，成本将大于收益。摩托罗拉公司的质量管理人员批驳了这一论点：摩托罗拉公司的经验表明质量越高（或缺陷越少），预防和鉴定的成本就越低，由故障引起的成本也越低。

摩托罗拉公司每改进一次质量,单位制造成本就下降一次。任何公司如果采取把质量水平限制在一定范围内,超出了这一范围就不再投资作改进的策略的话,该公司的策略最终将导致一种"我们的质量已够好"的感觉。按此逻辑发展下去,接着就会宣称"我们比其他任何人都不差"。这两种思想倾向没有一种会赢得全球市场。

这种以品质管理为先的管理思想说明什么呢?说明卓越的公司绝不会把顾客当作一种统计学问题来对待。有哪一位顾客愿意成为"可容忍的错误"的受害者呢?实行六西格玛管理,目的就是使全体员工在生产中形成一种共识:产品的返修率哪怕只有千分之一,对那个产品的用户来说就是百分之百。通过规范化的工作方法,企业力图达到如下目标:与顾客有接触的每一道工序、每一件产品和每一次服务都有接近完美的品质。

GE公司的六西格玛管理久负盛名。在GE公司,运用六西格玛方法最好的例子要数ED&C公司(GE公司的子公司)。六西格玛进入工厂后,公司凭借它找出了深层次的品质问题,这些问题长期以来一直困扰着工厂的准时交货。公司一开始怀疑是线路板存货不足,因而想通过增加预期订货的方法解决,但后来通过调查发现,原因原来是供货商在线路板上插二极管、晶体管、电容、电阻时有困难,常常把元器件打碎所造成的。公司运用六西格玛工具来测量供应商在生产过程中的误差,通过使用分层管理模型图、时间模型图和其他统计工具,发现问题的症结是线路板上的孔太小,而这又是由于GE公司自己的孔点太小所致。类似的发现极大地提高了效率、降低了成本。

三、实施六西格玛给企业带来的收益

实施六西格玛可以为企业带来多方面的收益,事实上,我们所有人能达成共识的、毫无疑义的一点是:"任何一项管理模式,不管它在理论上有多大的创新和理论价值,如果它不能给企业带来实际的收益,那它也将是毫无意义的。"而六西格玛管理正是保持企业在经营上的成功并将其经营业绩最大化的管理模式,它能给企业带来快速的增长及可观的收益。一般来说,经营业绩的改善包括以下部分:投资利润率的提高、市场占有率的提高、顾客满意度的提升、营运成本的降低、产品和资金周转时间的缩短、缺陷率的降低、产品开发加快、企业文化的改变等。

通过推动六西格玛活动,企业可以做到:节约成本增加利润、提高生产力、扩大市场占有率、留住顾客、缩短周期、减少误差、改变文化、开发产品和服务等。

为什么六西格玛管理能给组织带来如此明显的利益收获？为什么六西格玛管理表现出强劲的发展势头，成为企业组织在新经济环境下获得竞争力的重要手段呢？归纳起来可以有以下3个方面的原因。

（一）关注底线结果

底线是指企业在一段时间内的净收益或利润。在六西格玛管理中，它是由改进顾客满意程度和过程业绩而实现的。通过对核心业务流程实施六西格玛项目并达到预期的目标，是六西格玛管理方法的核心部分。六西格玛项目的目标是增加底线的结果，所有六西格玛项目必须要达到增加底线结果的目标，而取得底线结果正是企业最高管理者最为关注的，并因此会将注意力更加投入其中。

（二）六西格玛管理综合了技术方法与人文因素等有关企业过程改进的所有要素

对以往的品质改进方法来说，虽然强调了其中的一些要素，但没有像六西格玛管理那样将这些要素系统地整合起来。而这些要素对于效益的产生来说是十分重要的。

（三）将改进工具方法与专业化的改进过程相联结

六西格玛将人力资源的培育、授权与专业化的过程改进方法相联结，将管理职责及团队工作与专业化的过程改进方法相联结，使专业化的改进过程成为企业经营活动不可缺少的部分。

根据麦肯锡公司的调查和研究表明，一个3σ水平的企业只要组织其现有资源进行核心业务流程改进，如果每年可以提高1σ，那么每年可以获得以下收益：利润率增加20%，产能提高12%—18%，雇员减少12%，资本投入减少10%—30%，而且直至提升到4.8σ企业均无须大的资本投入，当达到4.8σ时，再提高到6σ则需要增加投入，但此时产品的竞争力已大幅提高，市场占有率极高，给企业带来的利润将远远大于此时的投入。通用电气、摩托罗拉、杜邦、福特、美国快递、联信、联想等公司实施六西格玛管理取得的巨大成功就是最好的证明。

四、实施六西格玛管理的七个步骤

目前，业界对六西格玛管理的实施方法还没有一个统一的标准。大致上可以摩托罗拉公司提出并取得成功的"七步骤法"作为参考。"七步骤法"的内容如下。

（一）找问题

把要改进的问题找出来，当目标锁定后便召集有关员工，这些员工成为改进的主力，并从中选出首领作为改善责任人，接着便制定时间表跟进。

(二）研究现时生产方法
收集现时生产方法的数据，并作整理。

(三）找出各种原因
集合有经验的员工，利用头脑风暴法（brain storming）、控制图（control chart）和鱼刺图（cause and effect diagram），找出每一个可能发生问题的原因。

(四）计划及制订解决方法
在完成以上步骤后再利用有经验的员工和技术人才，通过各种检验方法，找出各种解决方法，当方法设计完成后，便立即实行。

(五）检查效果
通过数据收集、分析，检查其解决方法是否有效和达到什么效果。

(六）把有效方法制度化
当方法被证明有效后，便制定为工作守则，各部门员工必须遵守。

(七）检讨成效并发展新目标
当以上问题解决后，总结其成效，并制订解决其他问题的方案。

五、六西格玛管理与其他管理方法、体系、思想的关系

随着市场竞争日益残酷，组织在降低成本和增加产出的同时，在改进质量和提高顾客满意度方面，面临更大的压力。在拥有的可用资源越来越少的情况下，这成为一种更加艰巨的挑战。面对这些挑战，如果组织能够明智地实施六西格玛质量管理方法，可以帮助组织在竞争中胜出。

从高层主管人员那里，我们经常听到的一个问题是："六西格玛如何与其他的组织创新相匹配？"我们认为，不应该认为六西格玛不过是另一种创新，而应该在更高层将六西格玛与其他计划或创新整合起来，作为整个经营战略的一部分。六西格玛不应该取代其他创新，而是提供一种战术性方法论，以确定在特定的情景、过程中最好的方法。

(一）六西格玛与全面质量管理的关系
六西格玛管理作为以经济性为原则的现代全面质量管理，已经逐渐引起人们关注和重视。我们将六西格玛管理与全面质量管理之间的关系分为6个主题。

1. 主题一：真正关注顾客

尽管全面质量管理也十分强调以顾客为中心（或关注焦点），但是许多已经具有全面质量管理经验的公司在推行六西格玛时经常惊骇地发现，对顾客真正的理解少得可怜。在六西格玛管理中，以顾客关注的焦点最为重要。举例来说，对六西

格玛业绩的测量从顾客开始,通过对SIPOC(供方、输入、过程、输出、顾客)模型分析,来确定六西格玛项目。因此,六西格玛改进和设计是以顾客满意所产生的影响来确定的,六西格玛管理比全面质量管理更加真正关注顾客。

2. 主题二:以数据和事实驱动管理

六西格玛把"以数据和事实为管理依据"的概念提升到一个新的、更有力的水平。虽然全面质量管理在改进信息系统、知识管理等方面投入了很多注意力,但很多经营决策仍然是以主观观念和假设为基础。六西格玛原理则是从分辨什么指标对测量经营业绩是关键的开始,然后收集数据并分析关键变量。这时问题能够被更加有效地发现、分析和解决——永久地解决。说得更加实际一些,六西格玛帮助管理者回答两个重要问题(支持以数据为基础的决策和解决方案)。

(1) 我真正需要什么数据/信息?

(2) 我们如何利用这些数据/信息以使利益最大化?

3. 主题三:采取的措施应针对过程

无论把重点放在产品和服务的设计、业绩的测量、效率和顾客满意度的提高上或是业务经营上,六西格玛都把过程视为成功的关键载体。六西格玛活动的最显著突破之一是使得领导们和管理者(特别是服务部门和服务行业中的)确信过程是构建向顾客传递价值的途径。而全面质量管理虽然是要求全过程管理,但是重点不突出。

4. 主题四:预防性的管理

预防即意味着在事件发生之前采取行动,而不是事后做出反应。在六西格玛管理中,预防性的管理意味着对那些常常被忽略的经营活动养成习惯、制定有雄心的目标并经常进行评审、设定清楚的优先级、重视问题的预防而非事后补救、询问做事的理由而不是因为惯例就盲目地遵循。真正做到预防性的管理是创造性和有效变革的起点,而绝不会令人厌烦或觉得分析过度。六西格玛正如我们将会看到的,将综合利用工具和方法,以动态的、积极的、预防性的管理风格取代被动的管理习惯。

5. 主题五:无边界的合作

"无边界"是GE公司的前任CEO杰克•韦尔奇经营成功的口号之一。在推行六西格玛之前,GE的总裁们一直致力于打破障碍,但是效果仍没有使杰克•韦尔奇满意。六西格玛的推行,加强了自上而下、自下而上和跨部门的团队工作,改进公司内部的协作以及与供方和顾客的合作,这种合作机会是很多的。每天有大量金钱浪费在组织间缺乏沟通及相互竞争上面,而这些组织本该有共同的目标:为顾客提供价值。

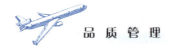

6. 主题六：力求完美，容忍失败

你怎样能在力求完美的同时还能够容忍失败？从本质上讲，这两方面是互补的。不推行新的观念和方法，没有公司能够接近六西格玛水平，而新的观念和方法通常包括一些风险。如果人们看到了接近完美的可能方法，但又太害怕随之而来的错误，他们将永远不会尝试。幸运的是，我们将要讨论的业绩改进技术中，包括大量的风险管理方法，这样挫折或失败的范围就会有所限制。虽然每个以六西格玛为目标的公司都必须力求使其财务结果趋于完美，但同时也应该能够接受并管理偶然的挫折。这些理论和实践使全面质量管理一直追求的零缺陷和最佳效益的目标得以实现。

六西格玛管理是一个渐进过程，它从一个梦想或一个远景开始，接近完美的产品和服务以及极高的顾客满意的目标。这给传统的全面质量管理注入新的动力，也使依靠品质取得效益成为现实。

(二) 六西格玛与精益制造/精益思想的关系

1. 六西格玛思想

六西格玛思想起源于20世纪80年代末期美国摩托罗拉公司。六西格玛建立在许多其他以往先进的管理理念和实践的基础之上，其特点是从顾客的要求出发，以流程为导向。六西格玛改善方法论的典型步骤是 D——定义、M——测量、A——分析、I——改善、C——控制；而用于研发设计的典型步骤是 D——定义、M——测量、A——分析、D——设计、V——验证或 I——识别、D——设计、O——优化、V——验证。

六西格玛侧重以数据说话的观点，在实践中结合了许多传统的统计方法和工具如 QFD（质量功能展开）、FMEA（失效模式及后果分析）、SPC（统计过程控制）、MSA（测量系统分析）、ANOVE（方差分析）、DOE（实验设计）等，通过相关软件如 MINITAB 的使用，大大简化了统计的运算过程，使六西格玛得以广泛地推行。在企业高层领导的强力支持和推动下，借助外部力量培养"黑带"和"绿带"人员，以"黑带"和"绿带"作为火种，领导完成改善项目，达到降低流程的变差和 COPQ（不变质量成本损失）、优化流程、降低成本提高经济效益的目标。同时，通过提高顾客满意度，使企业的整体竞争力得到提高。也就是说，六西格玛所关注的不仅是节流，更强调开源。

2. 精益思想

精益思想起源于20世纪40年代后期的日本丰田汽车公司。丰田在福特汽车公司先进管理方法的基础上，进一步发展了其理念，在组织、管理与用户的关系、供应链、产品开发和生产运作等方面，使工作效率和利润率都得到大幅度的提高，以越来越少的投入获得越来越多的产出，即通过人力、材料、时间、机器和空间资源的最优化利用,满足顾客对产品或服务的要求,并使对顾客的反应时间最短,增值的同时提高生产和管理的柔性。

精益生产的基本思想是减少/消除浪费、降低成本。精益思想的关键出发点是顾客价值。它将浪费定义为:"如果不增加价值就是浪费。"由此将普遍存在的浪费归结为七大类,即过剩生产浪费、过度库存浪费、不必要的材料运输浪费、不必要的动作浪费(寻找零件等)、下一道工序前的等待浪费、由于工装或产品设计问题使零件多次加工处理的浪费、产品缺陷浪费。

精益技术的常用工具有:单件流、拉动系统(看板)、准时生产(JIT)、价值链管理、全面生产维护(TPM)、快速换模(SMED)、生产线均衡、错误防止、工作场所组织(workplace organization)、5S等。现在精益思想被广泛运用于各行各业,如汽车业、航天航空、机械制造、建筑、食品零售、邮政服务等。

3. 六西格玛和精益思想的共同之处

六西格玛思想与精益思想有着许多相似之处,主要表现在如下几个方面。

(1) 两者都需要高层管理者的支持和授权才能保证成功。

(2) 两者都属于持续改进的方法。

(3) 两者都不仅用于制造流程,还可以用于非制造流程。

(4) 两者都强调降低成本、提高效率、减少浪费。

(5) 两者都采用团队的方式实施改善。

(6) 两者都具有显著的财务效果。

(7) 两者都关注顾客的价值和需要。

4. 六西格玛和精益思想的不同之处

与精益思想相比六西格玛更具有系统性,其优点主要体现在以下几个方面。

(1) 学习文化方面。六西格玛的组织是学习型的组织,它很具体地指明在组织内部不同层次的人员需要担任的不同角色。比如 champion, sponsor,以及"黑带"、"绿带"、小组成员等,他们的分工和责任明确,大家各负其责。在这个指导框架下,他们所接受培训的侧重点也有较大差异,所以说六西格玛是更强调管理的哲学。

(2) 流程变革管理方面。六西格玛关注内部流程的卓越性,是一种使管理体系变革的方法。尤其是六西格玛设计(DFSS),它不是停留在对不良流程的修修补补上,而是站在更高的角度,从设计上避免缺陷或浪费的发生,使体系流程更趋合理。

(3) 行为变化方面。六西格玛管理的最终目的是改变每个人的行为方式,与财务核算及激励机制相结合,以主动的管理方式取代被动的工作习惯,在业务上追求完美和精益求精,这是一种企业文化的变革和提高绩效的好方法。

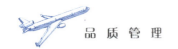

（4）与企业经营战略的联系。六西格玛管理强调关注并优化经营中最重要的核心业务流程，选择项目要与公司的经营战略目标相结合，这样就会使有限的资源产生最大限度的回报，而不是用来解决企业存在的每一个细节问题。

（5）科学性和严谨性。众所周知，六西格玛管理强调用数据说话，同时关注均值和变差。因此可以减少或避免由于主观或所谓权威经验造成的失误，使管理更科学化，容易达成一致意见。精益生产在这方面具有一定的局限性，过分的"精益"生产可能引起的问题比其可能具有的价值更多。

当然，从工具和方法角度看，六西格玛管理与精益思想是具有互补性的，各有其所长。六西格玛管理擅长解决较复杂的问题，比如由于变差引起的稳定性问题、流程最优化问题、新产品设计可靠性等问题，具有数据和事实驱动的特点。随着改善机会的复杂性、范围和难度的增加，其潜在效果也随之增加，比如新产品的开发。而精益思想的特点是快速有效，擅长解决那些无须使用大量统计数据的如减少换模时间、降低库存周转、改善生产场地布局和清洁等方面的问题。两种方法分别适合于解决不同类型的问题，彼此不可替代。

六西格玛的具体实施方法是成立项目小组，由"黑带"或"绿带"担任项目经理，准备用2—4个月时间通过人员的培训和咨询师面对面地指导完成改善项目以获得最优化的效果。而精益思想是在较短时间内通过人员培训，以workshop的形式用1周左右时间快速达到改善目标。

我们不仅要掌握这两种方法，更重要的是要了解什么时候用哪种方法。如果你想消除浪费，提高流程的效率，或者遇到生产线工作量不均衡造成了等待的问题等，可以用精益方法解决问题。但这并不意味着产品的一致性好、无缺陷、参数设置处于最佳状态，或者设计完美。如果你想减少变差，改善性能或设置，生产无缺陷的产品，可以用六西格玛方法进行改善。同理，这也不意味着占用的场地最少和流程生产效率最高。总而言之，精益方法用于减少浪费，六西格玛方法用于减少变差。一旦你了解了这两种方法的特点，就可以用正确的方法解决问题了。精益方法和六西格玛方法就如同一个工具箱中的扳手和钳子，同时运用才能发挥最大效益。通用电气公司以及一些成功企业的经验说明，六西格玛与精益生产方法是相互促进、相互补充的。

在推行六西格玛战略的活动中，如果能将精益方法融合到六西格玛项目DMAIC实施框架中，将会发挥更大的作用。比如在DMAIC五大阶段中，尤其是测量和改善阶段，通过对数据的测量和事实分析可以帮助我们发现并快速消除非增值活动，找到降低库存和缩短供货时间的解决方案，然后进一步用实验设计等方法优化和改善流程以达到更好的结果。

有些公司将这两者看成完全不同和孤立的，这会导致不利的结果：将两种方法向不同的方向推动,把有限的资源和力量分散开来,最后不得不下决心舍弃其一。其实顾客并不真正关心企业采用了哪一种方法,他们关心的只是结果。

(三) 六西格玛与 BRP,ERP 的关系

六西格玛管理提供了企业业务流程优化的一整套方法。企业资源计划系统(ERP)是用信息技术对业务流程的固化,其目的是通过组织内部对各种资源的合理配置来提高企业的运行效率和更好地满足客户需求。由于六西格玛强调对流程的改造,而企业资源计划系统本身是一种软件系统的实施方法,它并不能产生流程改造的目标也没有明确的流程改造的方法,通常与企业的业务流程重组(BPR)关联实施。因此,我们说企业资源计划系统是实现目的的手段。在有些情况下,企业资源计划系统可以成为六西格玛流程改进项目的一个子项目,在改善阶段实施。由于六西格玛为企业资源计划系统的实施提供了明确的前提和量化的目标,因此,企业在企业资源计划系统的投入和使用方面才能有的放矢,才能够产生明确和明显的效果。但并不是所有的六西格玛流程改进项目都有赖于企业资源计划系统或其他形式的 IT 系统来实现。所以,我们应该在任何时候都要记住:IT 是手段而不是目的。

(四) 六西格玛和 ISO9000 的关系

ISO9000、卓越绩效和六西格玛已经成为当今品质管理体系的三大主流。其中,ISO9000 质量体系认证是对企业管理体系的合格评定,是最基础的水平;在此基础上,企业要以顾客需求为导向,通过改进和完善,使质量体系持续有效地运行。

ISO9000 和它的衍生品(QS-9000,TL-9000,AS-9000 等)能给企业提供一个基本的品质保证系统、一个工作程序化的基础。企业通过 ISO9000 认证将是实施六西格玛的一个重要基础。由于企业实施了 ISO9000,才有了对组织的关键业务流程的了解和文档化管理,才打下了通向流程管理的基础。但是 ISO9000 没有强调流程的优化,缺乏与企业的绩效紧密相连的机制,而且通常由外部机构来评定,没有控制的机制,关键是没有形成一个组织内部的行为准则、学习与不断改善的文化。因此,企业需要一个更加先进和强大的管理系统来不断提升企业运作能力。六西格玛则提供了一个 ISO9000 之后企业进一步改善的方向、步骤和系统的方法,它既促进企业改革又能保证在企业各个层面上的持续改善。总而言之,ISO 的各种版本只是为组织提供了一个进入市场的最低标准,而没有提供怎样赢得市场的方法——而这正是六西格玛能带给组织的。

(五) 六西格玛与企业现行品质控制系统的关系

六西格玛是一套持续改进的管理思想,它能够提高品质、减少消耗,六西格玛不是一个标准,而是一种方法、一种文化,也是一种管理哲学,是改革创新的突破性

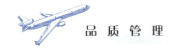

理念。品质控制系统与六西格玛管理法并不冲突,而是相辅相成、相得益彰的。即使有了质量控制系统的企业仍然需要导入新的理念和方法,因为企业的持续发展、持续成功必须不断适应变化。

六、关于六西格玛培训

六西格玛管理在"世界级"企业获得的成功使越来越多的人开始关注六西格玛管理理念和管理模式对提升企业核心竞争力所带来的巨大作用。而在六西格玛成长模型中,人力资源的培养、六西格玛项目的开展与技术方法的应用,以及企业文化的变革,被认为是一个企业成长为六西格玛企业的3个重要维度。以"黑带"、"绿带"的培训形式,结合项目开展六西格玛方法的学习与实践,并通过"黑带"、"绿带"将六西格玛理念与核心价值观传递到企业的各个层次,以促进企业文化的变革,已成为成功的六西格玛管理模式的重要组成部分。

卓越企业的成功,取决于领先一步的速度、资源的最有效利用以及管理的品质。在"6σ"这个古老而神秘的希腊字母下蕴涵着的是一个世界一流企业的优秀管理模式。总结了20年来全面质量管理(TQM)的成功经验,吸纳了近10年来在提高顾客满意度以及企业经营绩效方面新的管理理论和方法,将成功的品质与生产力改进的原则体现在一整套业绩与竞争力提高的管理模式中,使六西格玛管理不仅仅是一种管理理念,而且是一种企业竞争力的度量、一种将顾客满意度与企业经营业绩改进结合起来的管理模式、一套科技含量较高的过程改进方法、一套人力资源培养策略、一种企业文化变革途径,也是提高企业经济效益的一种途径。

企业在推进六西格玛管理中,结合企业六西格玛部署、六西格玛项目的实施、技术方法的应用、企业文化变革而开展的"黑带"与"绿带"培训,是其能否成功地开展六西格玛管理的重要因素之一。从摩托罗拉、通用电气(GE)等公司六西格玛培训的成功经验来看,六西格玛管理的培训可分为以下3个层次。

1. 第一层:企业高层管理层以及六西格玛领航员(champion)的培训

这一层次主要是六西格玛管理理念的导入,使高层管理者对六西格玛管理有清晰的了解。特别是,六西格玛管理是自上而下的一种管理模式(top-down),如果没有高层管理团队的支持,以及六西格玛领航员的很好策划,六西格玛管理是无法在企业中真正获得成功的。

2. 第二层:六西格玛"黑带"(black belt)与"绿带"(green belt)的培训

这是六西格玛培训中投入最多、耗时最长、回报最大的培训。通过对六西格玛管理方法的学习及实践,使"黑带"和"绿带"掌握六西格玛突破方法和技术,体验六西格玛管理理念,实现解决问题的思维方式和行动方法的培训转变,从而使他们成为企业推动六西格玛管理的中坚力量。

3. 第三层:全体员工的六西格玛培训

这一般是由六西格玛"黑带"和"绿带"开展的随着项目的实施而推进的面向全体员工的培训。

六西格玛的"黑带"和"绿带"培训,在六西格玛管理的推进中起着十分重要的作用。其具有以下一些特点。

(1) 结合六西格玛突破过程(DMAIC/DFSS),对解决问题的科学方法进行全面的学习。比如对统计技术的学习,在培训中已涉及 20 余种统计技术的学习与应用,比我们以往开展的任何统计质量管理技术方法培训所涉及的范围要广泛得多,已经基本覆盖了对所有类型数据进行统计分析的方面。除统计技术外,所有被实践证明对提高过程效率、减少浪费等是有效的管理方法,在培训中均有其相应的位置,比如质量功能展开(QFD)、过程流程图(process map)、柏拉图(pareto chart)、因果图(鱼刺图)、因果矩阵(cause-effect matrix)、失效模式与影响分析(FMEA)、测量系统分析(MSA)、过程能力分析(西格玛水平)、图表分析、假设检验、回归分析、试验设计(DOE)、统计过程控制(SPC)、精益生产(lean)、流程再造(BPR)等。这些方法使"黑带"和"绿带"的"工具箱"中装满解决复杂问题所需要的工具。

(2) 除了解决问题所需要的"硬工具"外,大量人文科学的"软工具"在培训中也占有很重要的位置。这与"黑带"/"绿带"在企业中所担当的角色有关。因为,他们是在推进六西格玛管理中实现企业文化转变的骨干,他们应将六西格玛的理念传递到企业的各个层次。因此,他们应具有影响力、亲和力、团队工作能力、沟通能力等。应通过他们的行为,对周围的人们接受六西格玛管理理念产生积极的影响。

(3) 培训内容强调实践性。虽然六西格玛突破工具涉及很多内容,但在培训过程中,更强调工具方法的应用,强调"学会正确的使用",而不是公式的推导。应该说,计算机软件的引入,使许多技术方法的使用得到了极大的简化,使技术方法的学习和使用更加方便。这也是为什么在培训中大量使用计算机的原因。

(4) 强调学习与实践的紧密结合。"带着项目学习"是其培训的一大特点。参加学习的人每人都应有一个明确的项目,一边学习一边"真刀真枪"地实践。在跨度为 4—6 个月的培训中,虽然用于课堂学习的时间不到 1 个月,但学习与实践紧密结合,学到的知识马上用于项目,使培训效果最大限度地发挥出来①。

(5) 学以致用的培训。六西格玛培训教员更像教练。他要十分认同六西格玛

---

① 六西格玛"黑带"培训一般按阶段展开,每一阶段的培训大约为 1 周时间,随后 3 周左右时间用于做项目,在下一次培训时要报告项目实施的情况。比如:进入分析阶段,先用 1 周的时间培训,在随后的 3 周时间内学员将收集数据,并运用所学的统计方法对数据进行分析。在下一次的培训中,学员们将报告分析阶段工作的结果。

管理理念,对推进六西格玛管理怀有一腔热情,对培训内容有深刻的认识,对解决实际问题具有丰富的经验。对学员来说,学习的过程是转变观念的过程,是掌握知识的过程,也是在实践中得到洗礼的提升过程。他要以开放的心态对待学习,而不是固执己见。他要以执著和热情对待项目工作,他要以百折不挠的毅力对待困难。所以,对企业来说,"黑带"和"绿带"是其宝贵的资源。正如许多参加过六西格玛"黑带"和"绿带"培训的人所感受的那样,"随着培训的推进,你会感到大家说话和做事的方式在发生变化"。

现在,很多企业在考虑导入六西格玛管理培训。在导入六西格玛管理的过程中,应该将培训工作放在十分重要的位置,并很好地策划。与过去开展的任何管理方法相比,六西格玛管理的培训模式是最成功的,给企业带来的回报也是最大的,尽管其资源投入也高于其他管理模式的培训。

七、六西格玛管理的工具箱

(一)统计过程控制

统计过程控制(SPC)是由美国休哈特博士于20世纪20年代提出来的,自二战之后,SPC已经逐渐成为西方工业国家进行在线品质控制的基本方法。根据SPC理论,产品品质特性的波动是出现产品品质问题的根源,品质波动具有统计规律性,通过控制图可以发现异常,通过过程控制与诊断理论(SPCD),可以找出异常的原因并予以排除。常用的休哈特控制图有均值-极差控制图、均值-标准差控制图、中位数-极差控制图、单值-移动极差控制图、不合格品率(P)控制图、不合格品数(P_n)控制图、缺陷数(C)控制图、单位缺陷数(u)控制图。SPC方法是保持生产线稳定、减少品质波动的有力工具。

(二)实验设计

实验设计(DOE)是研究如何制订适当实验方案以便对实验数据进行有效的统计分析的数学理论和方法。实验设计应遵循3个原则:随机化、局部控制和重复。随机化的目的是使实验结果尽量避免受到主客观因素的影响而呈现偏差性;局部控制是划分区组,使区组内部尽可能条件一致;重复是为了降低随机误差的影响,目的仍在于避免可控的系统因素的影响。实验设计大致可分为4种类型:析因设计、区组设计、回归设计和均匀设计。析因设计又分为全面实施法和部分实施法。析因实验设计方法就是我们常说的正交实验设计。

实验设计法已有70多年的历史,在美国和日本被广泛应用于农业和几乎所有工业领域,来提高产品品质。著名的参数设计也是在正交实验设计的基础上发展起来的。另外,开展实验设计不但可以找到优化的参数组合,在很多情况下也可以通过设置误差列,进行方差分析,定性地判断环境因素和加工误差等多种误差因素对期望的产品特性的影响,并采取措施消除这些误差因素的影响。实验设计还可应用于企业管理,调整产品结构、制订生产效益更高的生产计划等。

(三) 新七种品质控制工具

新七种品质控制(QC)工具是关联图法、亲和图法(KJ法)、系统图法、矩阵图法、矩阵数据分析法、过程决策程序图法(PDPC法)、箭线图法。

新七种品质控制工具可以应用于产品开发各阶段,特别适用于难以得到充分数据的方案论证和初步设计阶段。新七种品质控制工具的特点是以图形为基础,适于整理不够系统的思路,将各要素间的复杂关系理出头绪,明确地提出问题,找出解决问题的方法和手段,并按时间先后顺序,安排工作计划。

(四) 质量功能展开

质量功能展开(QFD)是把顾客和市场的要求转化为设计要求、零部件特性、工艺要求、生产要求的多层次演绎分析方法。它体现了以市场为导向、以顾客要求为产品开发依据的指导思想。通过质量功能展开可以确定产品研制的关键环节、关键零部件和关键工艺,从而为稳定性优化设计的具体实施指出了方向、确定了对象。它使产品的全部研制活动与满足顾客的要求紧密联系,从而增强了产品的市场竞争力,保证产品开发一次成功。

根据文献报道,运用质量功能展开方法,产品开发周期可缩短三分之一,成本可减少二分之一,品质大幅度提高,产量成倍增加。它在美国民用工业和国防工业已达到十分普及的程度,不仅应用于具体产品开发和品质改进,还被各大公司用作品质方针展开和工程管理目标的展开等。

(五) 故障模式与影响分析

故障模式与影响分析(FMEA)和故障树分析(FTA)均是在可靠性工程中已广泛应用的分析技术,国外已将这些技术成功地用来解决各种品质问题。在2000版ISO9004标准中,已将FMEA和FTA作为对设计和开发以及产品和过程的确认和更改进行风险评估的方法。FMEA和FTA可以应用于过程(工艺)分析和品质问题的分析,品质是一个内涵很广的概念,可靠性只是其中一个方面。

通过影响分析和故障树分析,找出了影响产品品质和可靠性的各种潜在品质问题和故障模式及其原因(包括设计缺陷、工艺问题、环节因素、老化、磨损和加工误差等),经采取设计和工艺的纠正措施,提高了产品的品质和各种抗干扰的能力。根据文献报道,某世界级的汽车公司大约50%的品质改进是通过影响分析和故障树/ETA①来实现的。

---

① ETA是全球最大的成品、半成品制造商,此处我们将其看作一种质量标准。

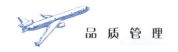

 实训指导

项目名称:减少工艺过程的故障率

项目小组:"黑带"2 人　事业部经理 1 人　项目负责人 1 人　组员 5 人

项目时间:3 个月

改进前状况:由于工艺过程的故障率高达 3 056 ppm,故障本身和排除这些故障给公司造成巨大经济损失。这些故障造成的经济损失高达 779 752 美元/年。

项目实施:此项目是通过 Pareto 分析后确定的。在 Pareto 图一共列出 15 个问题需解决,此项目要解决的问题列第 5 位。第 1—4 位的问题已选为其他的"6sigma"项目。

通过 Pareto,process maping,XY Matrix,PFMEA 分析后,从 6 个子过程中确定 2 个关键子过程;从 20 个潜在因素中,确定 3 个关键因子。过程能力分析显示,该工艺过程只有 4.2σ 的水平。GR&R 分析显示 GR&R 方差贡献达 18%(过高),需对检测人员进行培训,并对测试环境进行改造。经过 Multi-vari,T-test,Matrix 相关回归分析后,确认了关键因子。DOE 分析显示,只有一个因子对过程的故障有显著影响,该因子的贡献率高达 94.8%。该因子的最优值由回归方程确定。

实施"6sigma"后,改进结果如下:故障率从 3 056 ppm 降到 600 ppm,节省成本 609 200 美元/年。

 实训指导

项目名称:对中不良改善

项目小组:"champion"1 人　"MBB"2 人　事业部经理 1 人　项目负责人 1 人　组员 5 人

项目时间:3.5 个月

改进前状况:生产线上装配对中不良率高达 2 800 ppm,这些故障本身和排除这些故障每年损失 505 350 美元。而且生产过程中,员工感到操作困难。

项目实施:此项目也是由 Pareto 分析确定的。对中不良是 Pareto 图上 14 个问题中第 2 位的问题。第 1 位的问题已被选为另一个"6sigma"项目。

过程能力分析显示,此过程只有 4.2σ 的水平。为了解这个问题,首先进行了 process maping,XY Matrix,PFMEA 等分析,从 6 个子过程中,找到 4 个关键的子过程;从 16 个潜在因素中,找到 7 个关键因子。GR&R 分析显示,GR&RR 方差贡献率是 0.34%,这表明此测试系统已达到要求。更进一步经由 I-MR 图,T-test,Chi-Square,Matrix Plot,多重线性回归,ANOVA 等方法分析后,确定 5 个关键因子。再经 DOE 分析,最后确定 3 个对中不良有重要影响的因子,它们的贡献率为 94.5%。这 3 个因子的最优值由 DOE 确定。

改进后的结果如下：对中不良率由 2 800 ppm 降至 690 ppm，每年节约成本 350 490 美元。

第三节　六西格玛与中国企业的发展

六西格玛管理是当今世界品质管理发展的一大趋势，作为以追求顾客满意和卓越管理为导向的现代管理理念，已被国际上众多的优秀企业所争相采用。六西格玛所蕴涵的以追求顾客满意为导向、持续改进的理念、以数据和事实驱动管理、流程持续改善的方法、支持的技术和工具、无边界的合作及崇尚学习的企业文化，等等，都是我国广大企业提高品质管理水平，逐步建立持续改进的卓越经营模式迫切需要的。

一、国内企业目前的现状

经过 20 余年的改革开放，尤其是市场经济的逐步完善，中国的企业开始对各种管理思想和方法进行实践，其中不乏成功有效的例子。但是，中国企业由于宏观政策、制度和人的关系等原因，并没有在管理，特别是在企业运营方面取得大的成效和突破。内部管理在很大程度上还停留在作为一门艺术的阶段，尽管一些高级的品质方法和过程也有局部的应用，但是品质检查仍然是制造业品质管理的主要内容。而整个服务性行业的企业则完全处在凭经验、人员态度或由信息系统来保障服务品质的阶段，没有一个科学、系统的保证服务、产品品质的方法。中国企业亟须形成一个追求管理卓越、实现完美流程的企业文化。

二、六西格玛管理与中国企业

六西格玛随着外资的引进已在中国播种，在通用电气、摩托罗拉、联信和柯达等世界级大公司的中国合资企业中，六西格玛已成为其企业文化的一部分。例如，从事软件生产的希捷技术公司，3 年多来一直在中国使用六西格玛模式。人们普遍认为六西格玛模式将有助于中国企业参与国际市场竞争，使它们争取更多的市场份额和削减制造成本。然而由于六西格玛作为企业成功的竞争优势之一，企业间不愿过多公司宣传或交流这方面的经验和具体实施细节，使得六西格玛在中国一直罩着一层神秘的面纱。在这种情况下，国内企业唯一的选择就是迎头赶上，尽

快开展六西格玛的学习,以争取在新一轮的竞争中立于不败之地。

企业组织和管理者实施任何业务改进的目的只能是,也必须是"获利和持续获利"以及"成功和持续成功"。随着我国加入WTO和世界经济的进步放缓,中国企业和企业管理者所面临的最具挑战性的问题已不是"如何成功",而是"如何持续成功"。六西格玛管理不但告诉我们怎样获得成功,而且可以帮助我们获得保持持续发展的核心能力。人才是企业适应变革和竞争的核心力量。六西格玛不仅为企业提供必需的管理工具和操作技巧,更为企业培养具备组织能力、激励能力、项目管理技术和数理统计诊断能力的领导者。这些将帮助企业降低品质缺陷和服务偏差并保持持久性的效益。

一个组织在接触但不是考虑是否实施六西格玛之前,首先让我们来看一下真正的品质水平意味着什么。在过去的半个世纪中,普遍存在的 3σ 品质水平不再为人们所接受了。事实上,我国的大多数企业运作在 $3-3.5\sigma$ 的水平,这意味着每百万个机会中已经产生 10 000—66 800 个缺陷,对应合格率为93.3%—96%。从企业内部的效率与成本来看,所有的不良品要么成为废品,要么需要返工或在客户现场维修、调换,这些都是企业的成本。美国的统计资料表明,一个 3σ 水平的公司直接与品质问题有关的成本占其销售收入的 15%—30%。而从另一方面看,一个 6σ 水平的公司仅需耗费年销售额的 1.5%来矫正失误。所以提高公司的综合品质水平对于公司的盈利有直接的好处。当然,最为重要的是高品质和稳定的业务流程,这是提高客户满意度的根本要素。

那么,为什么要追求 6σ?停留在 4σ 或 5σ 行不行?毕竟这已是超过 99%的"好"了。用中国邮政的统计资料,如果信件的处理达到 99%(3.8σ)的准确投递率,这表明约每小时要投错或丢失邮件数超过 9 500 件,6σ 意味着这一数字将降到 3.4 件。可见 6σ 并不是不现实的标准。从市场环境来看,世界经济一体化加剧了公司间的竞争,一个停留在 3,4 或 5σ 水平的公司是无法与一个 6σ 水平的公司竞争的。

我国企业借六西格玛之力,不断增强质量竞争力,并取得了明显成效。

1. 六西格玛正成为企业经营变革的驱动力

宝山钢铁股份有限公司从 2002 年开始实施"六西格玛精益运营",在公司内部自上而下建立了推进六西格玛精益运营的三级组织,大力倡导六西格玛在"客户、流程、数据、价值"四方面的理念文化,经过近 2 年的试点和推广,逐步整合公司现有的各种改善渠道,形成以六西格玛精益运营为框架、多层面有机协同的改善管理体系。

2. 六西格玛正成为企业做大做强的阶梯

国内三大电站设备制造基地之一的上海汽轮发电机有限公司,从 2002 年底开始引进六西格玛管理,结合产品特点和企业实际,分析和改进影响公司产出能力的瓶颈及流程中深层次的浪费,减少品质波动,提高满足客户要求的能力,并在精益生产、加快生产周期和压缩库存等方面取得了显著的效果,2003年产销量位居世界同类企业的首位,目前占领了国内最大的市场份额。

3. 六西格玛正成为企业追求卓越品质的有效之路

上海烟草(集团)公司上海卷烟厂2002年导入六西格玛管理后,从测量卷烟生产过程的西格玛水平起步,用科学的数据找到了与国际先进水平之间的差距和改进的空间,然后灵活应用六西格玛的各种方法一个接一个实施改进项目。目前,工厂的生产过程西格玛水平从原来的3.847提升到4.06,工厂利润上升13.7%。上海金亭汽车线束有限公司、梅特勒-托利多仪器(上海)有限公司等许多企业在推进六西格玛管理中也取得了可喜的绩效。

与此同时,在已经实施六西格玛的企业当中,也存在着一些问题和经验值得我们学习借鉴。

1. 缺少激励机制

企业培养出来合格的"黑带"需要很高的成本,如果充分利用他们的知识和才能,可以为企业带来非常可观的效益。尤其在我国目前的状况下,六西格玛专业人才奇缺,所以企业的人力资源部门应为他们合理地规划发展前景并制定合理的激励机制。如果企业培养了很多"黑带",然而他们没有得到充分的重视或重用,使他们看不到希望,人才流失就会成为严重问题。

2. 评审与授权不足

实施六西格玛不是喊口号或者搞运动,需要实际的效果。仅仅培训了人员和选择了项目是远远不够的。在项目执行过程中,"黑带"、"绿带"们会遇到许多问题。比如缺少时间、缺少资金投入、缺少其他部门的配合、缺乏工具和方法的指导、没有得到主管领导的充分支持、改善措施受到流程使用者的抵制而无法实施等。因此需要足够的授权、监督跟踪和指导。否则,虎头蛇尾甚至一无所获的现象是在所难免的。这样的经验教训已经很多。评审工作应该是由"领航员"来完成的。没有不成功的"黑带"、"绿带",只有不成功的"领航员"。

3. 推动与拉动

根据现代科学的管理方法,要求将公司的整体经营目标分解到各个部门,进而具体到每个人,即目标管理,以此作为绩效考核及晋升的依据。反过来说,每个人和每个部门的绩效指标都达到要求,公司的整体经营目标就能完成。为了完成这些指标,往往就需要有科学的、开拓创新的方法,将流程合理化,提高效率,降低成本。以这种需求拉动六西格玛实施才能将被动执行变成积极主动的行为。否则靠以往推动某项活动或运动的传统方法只能做表面文章。

4. 财务支持

六西格玛活动的开展需要财务部门的大力支持。无论在项目的选择还是结束过程都需要财务方面对项目经济效果客观的评估。效益评估容易产生两种误区：过于苛刻或过于宽松。评估过于苛刻的危害是改善效果得不到体现和承认，打击了"黑带"、"绿带"改善活动的积极性，使他们没有成就感，失去持续改善的动力。过于宽松的结果是片面夸大六西格玛的效果，失去真实性。此外，财务评估的及时性也很关键。在项目选择初期如果没有得到经济效果的确认，改善后期可能会发现"黑带"、"绿带"们历尽辛苦改善的项目几乎没有任何经济效果，白白浪费了人力、物力和财力资源。

5. 形式主义或者仅仅使用六西格玛的一些工具

目前很多企业的CEO们都认识到改革的重要性，也听说过六西格玛方法在通用电气公司得到很好的发挥和运用，并获得成功，它能帮助企业达到突破性的效果，于是当作又一次品质运动，跟风似地上了六西格玛。但是由于对六西格玛理念和推进方法缺乏必要的认识，六西格玛活动成为品质部门的工作，针对局部的问题用六西格玛工具进行改善。结果发现效果远远不及当初想象中的那么好，于是认为六西格玛不适合自己公司，于是又再追寻另一条途径。

6. 来自部门间的壁垒或人为的抵触

众所周知，六西格玛的实施不仅局限于品质部门，而是自上而下，在整个企业范围推动的活动。任何变革都不会是一帆风顺的，因为常常会触及个别人的利益，比如工作的舒适程度降低、工作量和难度增加等。变革会逐渐打破部门间的壁垒，更多的横向联合使流程更趋于合理。然而一些人为的障碍和抵触时有发生，提高人员的认识、强调改革的目的性就变得更重要了。

7. 开源与节流并存

六西格玛活动的另一个误区是只关注"节流"，而忽视了"开源"。众所周知，六西格玛要提高产品或服务的品质。受传统的品质管理思想影响，人们通常认为提高品质的同时必然会使成本增加，为了找到品质与成本的平衡点，无须追求 6σ，3σ 或许正合适。这种观点在现在看来是非常落后和不具有竞争力的。事实上随着产品或服务变差的减少，品质成本(COPQ)会大幅度地下降，因为废品、返工、检验等非增值部分都降低了。退一步说，即使有一些资金的投入，如果能够带来更多的效益，远远超过初期投入，又何必固守"节流"呢？

8. 必要的投资

六西格玛是科学和严谨的方法，在运用流程改善方法论的同时，使用了大量统计工具。企业在学习六西格玛时不大可能"自学成才"，在活动初期借助专业咨询公司的帮助是必要的。这是一项高回报率的投资项目。关键问题是如何选择专业的咨询机构。

六西格玛是取得极大的成功,还是惨重的失败,取决于它如何通过企业的体系架构来实施。创建一个成功的六西格玛体系架构是一个不断前进的过程,其目标是将一种品质意识灌输到每个员工的日常工作方式之中。因组织的文化和经营战略目标不同,各组织间的体系架构有着极大的区别。每个组织所创建的体系架构是独一无二的,然而,每个成功的体系架构的创建过程有其共同的因素。这些共同的因素包括成功实施六西格玛的关键驱动因素和关键的结果事项。如果各个关键驱动因素解决了,关键事项也就实现了,那么六西格玛管理就成功实施了。这些关键驱动因素按重要性从高到低的顺序排列如下。

(1) 主管人员领导。

(2) 以顾客为关注焦点。

(3) 战略目标。

(4) 项目选择。

(5) 培训与执行。

(6) 资源。

(7) "黑带"人员的选择。

(8) 测量指标及反馈。

(9) 文化。

(10) 沟通。

(11) 计划。

(12) 结果。

目前,六西格玛在中国企业中的认知度是非常低的。只有极少部分管理者和学术界对此有些认识或有较深度的研究。业界仅有屈指可数的几家公司能提供有限的和有意义的培训,至于能提供六西格玛的全程培训和实施咨询的则更是凤毛麟角。这主要是因为六西格玛咨询服务与一般的咨询服务的最大的区别在于咨询师必须具备实际的实施经验,并至少在"黑带"级别以上。而那种靠新鲜的 MBA 来提供服务的咨询公司是无法满足要求的。除了跨国公司以外,国内的企业真正全面实施六西格玛管理战略的也极少。可以预见,在相当长的时间内,知识与技能的匮乏将是中国企业实施六西格玛管理战略的最大障碍。除了企业传统、管理制度和市场方面的因素外,六西格玛战略在中国的实施还面临一个非常大的挑战,即人才与知识的准备不足。因此,专家称,中国企业能否成功实施六西格玛管理战略,关键在于组织的最高决策层是否坚持不懈。专家同时警告,必须防止把六西格玛管理实施当成又一个质量认证。六西格玛管理实施应该着眼于流程能力、产品质量或客户忠诚度的突破性提高。任何试图把六西

格玛管理实施当成一个品牌、宣传或认证的手段都是浪费资源,并不会取得任何实质性的管理变革。

部分通过六西格玛应用获益的跨国公司

摩托罗拉 Motorola——1987
德州仪器 Texas Instruments——1988
ABB（Asea Brown Boveri）——1993
联信/霍尼韦尔 Allied Signal/Honeywell——1994
通用电气 General Electric——1995
柯达 Kodak——1995
西屋 Westinghouse——1996
西门子 Siemens（partial & manufacturing only）——1997
诺基亚 Nokia——1997
索尼 Sony——1997
花旗银行 Citi Bank——1999
亚马逊网站 Amazon.com——1999
东芝 Toshiba（MI2001）
三星 Samsung
LG

六西格玛：海尔的世界语

仅仅 2 年的时间就创造了一种企业自己的语言,无论是海外的员工还是本土的职员,都能够应用这种语言交流自如。这就是"海尔语"。

旗下拥有 240 多家法人单位,在全球 30 多个国家建立本土化的设计中心、制造基地和贸易公司,全球员工总数超过 5 万人的世界第四大白色家电制造商——海尔集团,2006 年实现全球营业额 1 075 亿元人民币。累累硕果,源于海尔集团通用的"世界语"——六西格玛。

一、海尔集团是如何推广这种"世界语"的呢

2002年,海尔人开始了探索六西格玛管理真谛与企业自身相结合的道路,2004年6月在海尔洗衣机进行试点推广后取得了成功。2005年10月,在扬智咨询公司等专业机构的支持下,海尔集团全面推广六西格玛管理。从制造到销售、从供应商管理到售后服务,海尔集团在各节点、各流程全面推广。从2007年开始进入全面推广期,以六西格玛项目成果为主全面推进和评价。

由于海尔集团和各事业部都建立了较为健全的六西格玛组织结构,加强了六西格玛领导力,很快就形成了六西格玛运营体系和六西格玛企业文化。到目前为止,海尔集团共培养"黑带"22名、"绿带"485名,形成以高层为倡导者、中层与"黑、绿"带为核心的经营团队。同时也开发出具有海尔文化特色的"黄带"教材、"绿带"教材、MINITAB教材等不同层次的六西格玛教材。海尔集团自主开发六西格玛管理系统,对项目进行三级管理:一级管理是对各个事业部项目"阶段别"进度的红绿灯警示管理;二级管理是对各个项目"日别进度"完成的管理;三级管理是对项目明细审批指导的管理。通过三级管理的日清方式,加强集团、倡导者对各个事业部项目进一步的推进,形成集团以品质保障经营公司和海尔大学为集团总推进者和认证机构、本部成立二级推进机构、事业部成立三级推进机构进行管理推进的六西格玛系统。集团以六西格玛公开课方式培养经营人员,事业部以自主培训方式培养人员,形成了一个相互交流、相互支援的学习型组织和文化。

二、六西格玛语言至此成为海尔人交流和探讨问题的一种通用语言

海尔集团六西格玛项目从2004年几十个项目到目前系统上推进的1 000个左右,在扬智咨询公司等机构的顾问协助下,取得了非常可观的财务成果,顾客满意度大幅度提升,供应商质量水平逐步得到改善(C,D类供应商逐渐取消,保留A,B类国际化供应商)。海尔产品整体水平从原来的4.5σ水平提升到5.3σ水平,并取得了中国名牌和世界名牌产品的荣誉称号。2006年海尔首次参加全国优秀六西格玛项目评选,有5个项目获得了"国家级优秀项目"称号和"全国优秀六西格玛推广先进企业"荣誉称号。

当然,海尔在六西格玛本土化推进过程中,也存在一些问题:持续改革意识不强,因此导致了六西格玛在部分阶段推进缓慢;对于人力资源的经营不够系统,集团内部的带级水平不一致,导致集团各下属单位的推进成果差异较大;整个六西格玛变革组织还有待于完善,部分组织及组织职责的正规化还有待于加强……

面对存在的问题,海尔一直在努力克服和不断改进。作为全球高端咨询品牌,扬智公司积极配合海尔的要求提供符合海尔特色的培训和咨询服务,在扬智的顾问建议和辅导下,海尔通过推进在高级经理人培训过程中导入六西格玛倡导者及

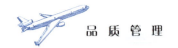

"绿带"培训,在实施中把六西格玛管理能力作为一名高级经理人的必修课程来对待,第1期已经培训完成;组织各下属单位的六西格玛人力进行统一的"绿带"补充教育及统一资格考试;借助集团正在推进流程再造的势头,协助各单位将组织及职责完善下来,逐渐减少多家咨询企业的介入;同时六西格玛管理基础培训项目实施集团内部自主开发、自主教学制度。例如正在实施的集团各下属单位的"绿带"内训项目,又如"黑带"的培养等。通过实施各下属单位的倡导者及流程责任人(部长级别以上)的六西格玛变革管理的培训,提升其对六西格玛管理的参与度及执行力度。

关于国内企业推行六西格玛本土化的问题,海尔集团相关负责人认为:中国企业大多数缺少激励机制、评审与授权不足、缺乏财务支持和科学的财务评估、来自部门间的壁垒或人为抵触、缺乏必要的投资意识和科学的外脑选择等。海尔目前正在改变并杜绝这些问题的存在和发生,开创新的思路和方法,并力争使其成为国内推行六西格玛优秀的企业之一。

案例思考

海尔集团是怎样推行六西格玛管理的?

 思考与问题

1. 实施六西格玛管理的7个步骤是什么?
2. 六西格玛培训的形式是什么?
3. 六西格玛管理有哪些行之有效的管理工具?

第七章 品质资源管理

学习目标和要求

通过本章的学习,要求掌握在企业中如何实施人力资源管理、如何进行设备管理和物资管理、如何管理客户反馈信息和供应商。

知识要点

1. 掌握在企业中实施品质培训管理的方法
2. 了解如何做好设备采购、设备验收、设备使用、设备维护和维修
3. 掌握如何搞好企业仓库管理,特别是四号定位法
4. 了解如何处理客户反馈信息
5. 了解如何实现与供应商之间的双赢关系

第一节 人力资源开发

一、人力资源开发概论

人力资源开发是企业通过培训合理使用人才、合理安排报酬等方法,提高员工工作能力,充分调动员工的工作积极性及创新能力,并最终达到提高企业整体活力的活动。

人力资源开发的作用大致可以体现在以下几个方面。

(1) 增强员工对新技术、新知识、新工艺的适应能力,提高员工的创新能力。
(2) 培养员工正确的工作态度,调动员工的工作热情。
(3) 使员工自觉遵守本企业的行为准则。

(4) 有利于培养人才、发掘人才,为企业的持续发展提供人才保障。

(5) 增强员工的团队意识和企业的凝聚力。

(6) 有利于对外塑造一个良好的企业形象。

人力资源开发主要包括以下 4 个方面的内容。

(1) 知识开发:不断更新员工的知识构成。

(2) 技能开发:使员工掌握可用于实际操作的新技术、新工艺、新方法。

(3) 态度开发:培养员工正确的工作态度,使员工能自觉地将工作动机与企业目标结合起来。

(4) 行为并发:使员工的行为符合本企业行为准则的要求。

二、人力资源开发的步骤

人力资源开发的步骤可用图 7-1 表示。

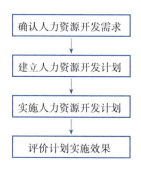

图 7-1 人力资源开发的步骤

某中型外企实施人力资源开发的典型过程

一、确定人力资源开发需求

(1) 人力资源部根据公司的组织目标,设计合理的"人力资源开发自查表"(见表 7-1)、"人力资源开发调查表"(见表 7-2),由各部门发到每一层员工,以供自查。

(2) 各部门根据员工自查、现场调查等方法收集相关信息,结合本部门情况确定对不同员工的人力资源开发需求,编制"人力资源开发需求表"(见表 7-3)上报人力资源部。

二、建立人力资源开发计划

人力资源部根据各部门反馈的人力资源开发需求,进行充分的实地考证,拟订人力资源开发计划,编制相应的"人力资源开发计划表"(见表7-4)。

三、实施人力资源开发计划

人力资源部负责分步骤实施人力资源开发计划,包括选择合适的人力资源开发方法、媒体,以及监督人力资源开发计划的有效实施。

四、评价计划实施效果

人力资源部通过分析有关资料、考核、现场抽查、征询客户意见等方法,对人力资源开发计划的实施效果作出评价,并提出改进意见(见表7-5),以供今后参考。

表7-1　人力资源开发自查表

姓名		岗位		职务		
项目				评分		

1. 优秀　2. 良好　3. 一般　4. 较差　5. 差

表7-2　人力资源开发调查表

姓名		岗位		职务	
工作标准					
工作完成情况					

(续表)

姓 名		岗 位		职 务	
存在不足					
原因分析					
开发需求					

表 7-3　人力资源开发需求表

姓 名		岗 位		职 务	
项　目			开 发 需 求		

表 7-4　人力资源开发计划表

姓 名		岗 位		职 务	
开 发 需 求			开 发 计 划		
备注：					

表 7-5 人力资源开发评价表

抽查部门		抽查员工	
抽查资料		观察现场	
项目	评价		
人力资源开发需求			
人力资源开发计划			
人力资源开发效果			
改进意见			

三、人力资源开发方法

（一）马斯洛的需求层次论

马斯洛需求层次论（见图 7-2）的主要内容包括以下几个方面。

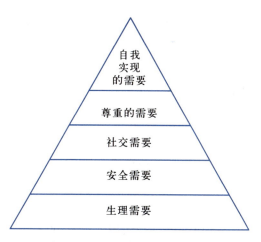

图 7-2 马斯洛的需求层次论

1. 生理需要

生理需要主要包括各项基本的生存需要，如衣、食、住、行等。在中国逐渐开放与导入市场经济后，绝大多数人的生理需要都能得到充分的满足。

2. 安全需要

安全需要主要涉及身体健康、经济保障以及职业稳定的期望等不确定因素的心理偏好。诸如人寿与健康保险、股票与债券、房地产投资、保险带与安全气囊、防盗与防火设备等,都是安全需要引发购买的典型例子。

3. 社交需要

在社交需要层次,人们开始希望拥有爱与被爱、感情与归属感。他们渴望得到朋友、家人、同事的认同与关怀,并且向往在社会群体中找到适合自己的位置。

4. 尊重的需要

尊重需要具体包括人们对个人影响力、成就感、工作胜任程度、独立性以及自信心的强烈渴求。这个层次的需要是与社会需要紧密联系的,人们除了要求被社会所接受外,更希望自己能够脱颖而出并获得他人的认同。

5. 自我实现的需要

这一层次需要表示人们期望走向成熟以充分发挥自己各方面的潜能,实现自己的全部愿望,最终走向成功。

马斯洛的需求层次论给了人们有益的提示:不同的人处在不同的生命周期和事业周期需要是不同的。因此,组织实施人力资源开发,必须将员工的需求与组织目标结合起来,按照员工所处不同需求层次采取不同的激励措施,充分调动员工的积极性,使员工在逐步实现个人目标的同时为实现组织目标做出最大的贡献。

(二)员工培训

员工培训是指以企业为主体,有计划地组织员工从事学习和训练,提高员工知识和技能,改善员工态度和行为,增进员工绩效,使企业发展目标和员工个人发展目标能够共同实现的活动。员工的培训方法很多,各种培训方法都有其优缺点和适应范围。培训方法得当与否,直接关系到培训活动的有效性,所以在员工培训活动中选择恰当的培训方法十分关键,下面介绍一些常见的培训方法。

1. 适宜知识类培训的直接传授培训方式

直接传授培训方式是指培训者直接通过一定途径向培训对象发送培训中的信息。这种方法的主要特征就是信息交流的单向性和培训对象的被动性。其具体形式主要有以下几种。

(1)讲授法。讲授法即教师按照准备好的讲稿系统地向受训者传授知识,它是最基本的培训方法。讲课教师是讲授法成败的关键因素。这类方法适用于各类学员对学科知识、前沿理论的系统了解。主要有灌输式讲授、启发式讲授、画龙点睛式讲授3种方式。

(2)专题讲座法。专题讲座法形式上和课堂教学法基本相同,但在内容上有所差异。课堂教学一般是系统知识的传授,每节课涉及一个专题,接连多次授课;

专题讲座是针对某一个专题知识,一般只安排一次培训。

适用范围:管理人员或技术人员了解专业技术发展方向或当前热点问题等方面知识的传授。

(3) 研讨法。研讨法即在教师引导下,学员围绕某一个或几个主题进行交流、相互启发的培训方法。

适用范围:适宜各类学员围绕特定的任务或过程独立思考、判断评价问题的能力及表达能力的培训。主要有集体讨论、分组讨论、对立式讨论3种研讨形式。

2. 以掌握技能为目的的实践性培训法

实践法是通过让学员在实际工作岗位或真实的工作环境中,亲身操作、体验,掌握工作所需的知识、技能的培训方法,具有经济、实用、有效等优点。

(1) 工作指导法。又称教练法、实习法,这种方法是由一位有经验的工人或直接主管人员在工作岗位上对受训者进行培训。负责指导的教练的任务是教给受训者如何做,提出如何做好的建议,并对受训者进行激励。这种方法的优点是应用广泛,可用于基层生产工人,或用于各级管理人员的培训。

(2) 工作轮换。这种方法是让受训者在培训期内变换工作岗位,使其获得不同岗位的工作经验。

(3) 特别任务法。企业通过为某些员工分派特别任务对其进行培训,此法常用于管理培训。

(4) 个别指导法。这种指导制度和我国以前的"师傅带徒弟"或"学徒工制度"类似。目前我国仍有很多企业在实行这种帮带式培训方式,其主要特点在于通过资历较深的员工的指导,使新员工能够迅速掌握岗位技能。

3. 适宜综合性能力提高和开发的参与式培训

参与式培训法是调动培训对象积极性,让其在培训者与培训对象双方互动中学习的方法。这类方法的主要特征是:每个培训对象积极参与培训活动,从亲身参与中获得知识、技能和正确的行为方式,开拓思维,转变观念。

(1) 自学。自学适用于知识、技能、观念、思维、心态等多方面的学习。自学既适用于岗前培训,又适用于在岗培训。

(2) 案例研究法。案例研究法是一种信息双向性交流的培训方式,它将知识传授和能力提高两者融合到一起,是一种非常有特色的培训方法。可分为案例分析法和事件处理法两种。

案例分析法。又称个案分析法,它是围绕一定的培训目的,把实际中真实的场景加以典型化处理,形成供学员思考分析和决断的案例,通过独立研究和相互讨论的方式,来提高学员分析及解决问题的能力的一种培训方法。

事件处理法。让学员自行收集亲身经历的案例(自编案例),将这些案例作为

个案,利用案例研究法进行分析讨论,并用讨论结果来警戒自己,预防日常工作中可能出现的问题。学员间通过彼此亲历事件的相互交流和讨论,可使企业内部信息得到充分利用和共享,同时有利于形成一个和谐、合作的工作环境。

(3) 头脑风暴法。头脑风暴法也可称为"研讨会法"、"讨论培训法"或"管理加值训练法"等。头脑风暴法的特点是培训对象在培训活动中相互启迪思想、激发创造性思维,它能最大限度地发挥每个参加者的创造能力,提供解决问题的更多、更佳的方案。

(4) 模拟训练法。模拟训练法是以工作中的实际情况为基础,将实际工作中可利用的资源、约束条件和工作过程模型化,学员在假定的工作情境中参与活动,学习从事特定工作的行为和技能,提高其处理问题的能力。

基本形式:由人和机器共同参与模拟活动;人与计算机共同参与模拟活动。

(5) 敏感性训练法。敏感性训练法又称 T 小组法,简称 ST(sensitivity training)法。敏感性训练要求学员在小组中就参加者的个人情感、态度及行为进行坦率、公正的讨论。相互交流对各自行为的看法,并说明其引起的情绪反应。

它适用于组织发展训练、晋升前的人际关系训练、中青年管理人员的人格塑造训练、新进人员的集体组织训练、外派工作人员的异国文化训练等。这种方法可以提高学员的人际关系敏感性,促进团体的合作。

(6) 管理者训练计划法。管理者训练计划(manager training plan,MTP)法,是产业界最为普遍的对管理理人员的培训方法。这种方法旨在使学员系统地学习、深刻地理解管理的基本原理和知识,从而提高他们的管理能力。这种方法适用于培训中低层管理人员掌握管理的基本原理、知识,提高管理能力。

4. 行为调整和心理训练的培训方法

(1) 角色扮演法。角色扮演法是在一个模拟真实的工作情境中,让参加者身处模拟的日常工作环境之中,并按照他在实际工作中应有的权责来担当与实际工作类似的角色,模拟性地处理工作事务,从而提高处理各种问题的能力。这种方法适宜对各类员工开展以有效开发角色的行为能力为目标的训练。

(2) 行为模仿法。行为模仿是通过向学员展示特定行为的范本,由学员在模拟的环境中进行角色扮演,并由指导者对其行为提供反馈的训练方法。这种方法适宜对中层管理人员、基层管理人员、一般员工的培训。

(3) 拓展训练。拓展训练用于提高人的自信心,培养把握机遇、抵御风险的心理素质,保持积极进取的态度,培养团队精神等。它以外化型体能训练为主,包括:拓展体验、挑战自我课程、回归自然活动。

(三) 人员的合理使用

企业的基本生产条件是劳动力、信息、资金、劳动工具和劳动对象,也就是通常所说的生产要素。只有这些要素有机结合并得到不断的协调发展,才能使企业高效运行,生产出高品质的产品以满足和适应社会对商品的不断发展的需求。

人员是企业一切活动的主体,合理使用人员有利于提高企业的管理水平,有利于进一步提高员工的整体素质,从而可以不断增强新产品的研究开发能力、加大产品科技含量、提高劳动生产率、提高设备使用率、节约材料与能源消耗、降低成本、减少生产过程中的环境污染,等等。相反,人员使用不当,有的人没事做,该做的事情没有人做;在人员使用上该用的不用,不该用的滥用;事情人人负责,出了事情又人人不负责,相互推诿。可以想象这样的企业不可能有长久的生命力。

所以,合理使用人员对企业的生存和发展具有至关重要的意义,只有做到人尽其才,才可能做到才尽其用,才能使企业得到长期的可持续的发展。

实训指导

某跨国公司用人案例

在一个著名的跨国集团进行管理咨询时,碰到这样一件事,当时他们正在招聘一名品质保证(QA)人员。报名的人很多,其中有一位是国有大企业的总工程师。在 HR 经理与总经理商定人选时,总经理作出这样的决定:把这位总工招来从事一般 QA 人员工作,但待遇与 QA 部主管相同。在交谈中了解到这位总经理作出以上决策的动机是:人才难得,这种人迟早有用得着的地方。这位总工程师上班两个月后,有一天我们与他共事时,顺便问了一下他工作的情况,这位总工露出不满情绪,他说公司的待遇、条件虽然不错,但个人专长难以发挥,更让人感到压抑的是公司的主管都在防着他,害怕他有一天抢去他们的职位;一个月后我们再到该企业时,听说这位总工在不久前已主动辞职了。

这位总经理最后没有留住人才,主要原因是大材小用。从以上这个案例中,我们体会到合理使用人才的重要性。

合理使用人才,应掌握以下原则。

1. 合适偏高原则

合适偏高原则主要要注意以下几个方面。

(1) 感到有奔头。

(2) 更加努力提高自己。

(3) 更加负责。

2. 照顾个人专长

照顾个人专长主要要注意以下几个方面。

(1) 积极投入。

(2) 自觉。

在使用人才方面,特别要注意避免如下误区。

1. 大材小用

这方面可以细分为以下几点。

(1) 工作压抑。

(2) 工作缺乏压力。

(3) 人力成本加大。

(4) 人力资源浪费。

2. 小材大用

这方面可以细分为以下几点。

(1) 吃力。

(2) 恐惧。

(3) 失去信心。

(4) 造成工作环境的不协调。

(四) 创建企业文化

企业文化是一个企业的"性格",是企业在长期生产经营过程中形成的价值观、经营思想、群体意识和行为准则的总和。企业文化涉及范围很广,包括:企业提倡什么、企业不提倡什么,员工的综合素质,员工所处的环境,怎样分配资源,组织机构,各项规章制度,绩效评价方法与报酬政策等等。不同企业的文化内容也不尽相同。

 实训指导

良好的企业文化对人力资源开发会产生如下正面影响。

1. 通过企业文化的滋润,激发员工的工作热情、调动员工的积极性

总部设在美国硅谷的天腾公司的企业文化是奉献、努力、创造、发展、自尊、自觉、自律。天腾公司为了体现自己的企业文化,采用"以人为本"的特定管理模式:公司努力为员工提供足够的资源、良好的福利,员工围绕公司的经营方针、目标,自由发挥他们的创造力。公司规定,员工只要能够拿出相应的工作成果,便可以自行安排工作时间。在福利方面,公司规定每位员工都有公司股票的优先认股权;员工每4年有6个星期的带薪假期;公司还建造了游泳池、篮球场、运动跑道以及练习瑜伽气功和有氧健身房的场所;公司定期为加班员工举行周末烧烤,每周五傍晚还有一次全公司的啤酒会,等等。员工从公司的工作方式、福利、团体交流中,在物质和精神上得到满足,从而激发员工的工作热情、调动员工的工作积极性。

2. 通过企业文化的潜移默化,规范每个成员的行为

青岛海尔集团采取"日清管理法"(又称 OEC 管理法),全面地对每人、每天所做的事进行控制和清理,做到"日事日毕,日清日高",目标分解到每个员工身上,通过"日清管理法",使每个员工的目标每日都有新的提高,从而达到充分发挥人力资源的目的。

3. 激发员工对社会的奉献精神

瑞士 ABB 公司有一条不成文的规定,即凡是对人类构成威胁的产品或配件,不论其利润多高,ABB 公司都拒绝生产,例如核武器中的配件。

通过对员工灌输上述企业文化,使员工感到自己不但在为公司工作,更重要的是在为人类的进步工作,从而产生自我实现感、高尚感,调动其工作的积极性。

 思考与问题

1. 企业应怎样合理使用人才?
2. 企业开发人力资源有哪些方法?
3. 创建企业文化对人力资源开发有哪些影响?

第二节 设 备 管 理

一、设备采购

设备采购不当会给企业带来先天缺陷,并自始至终影响产品品质。因而,把握设备采购的原则至关重要。采购设备时,可遵循如下原则。

(1) 生产需要性。应满足生产需要,如扩大生产、更换设备等。

(2) 性能适宜性。设备精度、使用可靠性、技术指标及型号满足企业需求。

(3) 物理状态适宜性。设备体积、大小、所占空间、环境要求等适合企业所需。

(4) 零部件耐用性。设备购置时应考虑零部件抗磨损、抗腐蚀性能。

(5) 设备可维修性。零部件应容易更换,设备便于维护、拆卸、组装。

(6) 节能降耗性。节省原材料,电、气、水、油能耗较低。

(7) 环保性。易于达到清洁生产、绿色生产的要求。

(8) 安全性。有人身安全防范设施、人身健康控制设施。

(9) 设备成套性。易于控制品质、缩短投产时间。

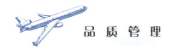

二、设备验收

设备验收是对采购的设备依据技术指标、工艺要求等方面进行全面检测、验证,以达到生产所需、产品品质的要求。验收一般分以下4个部分进行。

(1) 设备接收确认(AQ)。

(2) 设备安装确认(IQ)。

(3) 设备运行确认(OQ)。

(4) 设备工艺确认(PQ)。

此外,设备验收还要做到以下4个确认。

1. 设备接收确认

设备接收确认是在设备接收时所进行的确认。包括以下几方面。

(1) 包装确认。设备包装符合运输要求、无破损、不损伤设备表面及精密仪器仪表。

(2) 设备确认。设备名称、规格、型号、生产厂家、新旧程度是否符合合同要求。

(3) 设备部件确认。设备零部件、备品备件、检测仪器仪表、辅助零部件等是否符合合同要求。

(4) 文件资料确认。各种技术资料、图纸、说明书等文件资料是否符合合同要求。

2. 设备安装确认

设备安装确认是在设备安装完成后所进行的确认。包括以下几方面。

(1) 安装技术确认。安装过程、安装位置、安装环境是否符合相关技术标准、图纸或说明书。

(2) 能耗系统确认。设备运行所需能耗系统如电、水、气是否符合设备设计标准。

(3) 辅助系统确认。设备运行所需辅助系统如通风装置、空气过滤装置、冷却装置是否符合设备设计标准。

3. 设备运行确认

设备运行确认是对设备初始运行技术状态所进行的确认。包括以下几方面。

(1) 检测仪表精度确认。检测仪表精度应符合生产厂家所提供的技术标准。

(2) 设备功能确认。设备各项功能应符合相关的技术标准。

(3) 安全装置确认。应符合相关设计标准。

(4) 断电/修复功能确认。应符合相关技术标准。

4. 设备工艺确认

设备工艺确认是对设备产出产品品质所进行的确认。设备工艺确认一般至少应在完全一致的工艺条件下实施 3 批,以验证其结果的重现性和稳定性。设备工艺确认的一般步骤为以下三步。

(1) 制定生产工艺流程。

(2) 确定检验检测方法及产品品质技术标准。

(3) 实施取样确认。

设备验收应留下原始记录、并依据原始记录编制验收报告,最终形成验收结论。

三、设备使用

人员操作不当或机台任务安排不合理,都有可能带来品质问题,影响设备精度、性能和使用寿命。因此,合理使用设备,对产品品质至关重要,企业应在设备使用方面注意以下几点。

1. 建立健全设备各技术标准

(1) 设备的操作应有《设备操作规程》。可包括设备操作步骤、操作标准、操作示意图、负荷能力、防护工具、辅配工装夹具等。

(2) 设备的维护应有《设备维护规程》。

(3) 设备的维修应有《设备维修手册》。

2. 注重人员培训,适者上岗

(1) 管理层应培训设备品质意识。

(2) 设备操作员工应培训《设备操作规程》,并力争做到操作、检验合一。

二三类受培训人员应进行适宜方式的考核,实行适者上岗。

四、设备维护

设备维护得当,可改善设备技术状态、保证设备正常运行、延长设备使用寿命、提高产品品质。

设备维护,有它的层次性和系统性,典型的设备维护方式可分为四级。

(1) 日常维护。

(2) 一级维护。

(3) 二级维护。

(4) 三级维护。

此外，设备的四级维护规则包括以下几方面。

1. 日常维护（例行维护）

日常维护的主要执行内容包括：

(1) 外部局部清洁、清洗。

(2) 零部件润滑、紧固松动螺丝螺帽。

(3) 检查零部件运行状况。

日常维护的特点为：

(1) 保养项目少。

(2) 保养部位较少。

(3) 保养部位大多在设备表面。

日常维护的频度可分为两类：

(1) 需每日进行。

(2) 需要交接班进行。

日常维护的执行人员为操作员工。

日常维护的监督方式分为：

(1) 自检。

(2) 互检。

(3) 不定时抽检。

注意事项：

日常维护应设置"设备日常保养项目表"。

2. 一级维护

一级维护主要执行内容包括：

(1) 设备外部进行大面积清洗、润滑、紧固。

(2) 对部分零部件进行拆卸、清洗。

一级维护的特点为：

(1) 保养项目多。

(2) 保养部位较多。

(3) 保养项目都具有非技术特性。

一级维护的频度可分为两类：

(1) 每月一次或两次。

(2) 视生产情况、设备状况、人员配备情况而定。

一级维护的执行人员可由操作员工担当。也可由专业技术人员协助。

一级维护的监督方式是互检。

一级维护的注意事项为：

（1）指定具体责任人员。

（2）设置目标-激励机制。

3．二级维护

二级维护的主要执行内容包括：

（1）设备内部局部进行清洗、润滑、紧固。

（2）对局部零部件进行检查、调整。

二级维护的特点为：

（1）保养项目多。

（2）保养部位较多。

（3）保养项目多为技术保养。

二级维护的频度可分为两类：

（1）半年一次或两次。

（2）视设备状况、人员配备情况而定。

二级维护的执行人员可由专业技术人员担当。也可由操作人员配合。

二级维护的监督方式为自检。

二级维护的注意事项为：

（1）指定具体责任人员。

（2）设置目标-激励机制。

4．三级维护

三级维护的主要执行内容包括：

（1）对设备主体进行检查、调整。

（2）更换磨损零件。

（3）对主要零件磨损情况进行测量、鉴定。

三级维护的特点为：

（1）保养项目全面、彻底。

（2）技术保养。

三级维护的频度可分为两类：

（1）每年一次或两次。

（2）视设备状况、人员配备情况而定。

三级维护的执行人员由专业技术人员担当。

三级维护的监督方式为自检。

三级维护的注意事项为：

（1）指定具体责任人员。

（2）设置目标-激励机制。

(3)依据设备技术参数、技术标准进行维护、测定。
(4)保留维护记录。

五、设备维修

出现设备精度下降、运行失常等现象,如不及时对设备进行修理,将影响产品数量、品质及产品成本,并加大设备损耗。

设备维修的方案有多种,如:设备状态监测维修制、设备预防维修制、设备事后故障维修制。

一般来说,企业的设备往往数量较多、精密程度不一。如果都采取设备状态监测维修制,势必加大工作量,造成人力、物力的浪费;而如果都采取设备故障事后维修,则又可能影响生产进度、缩短设备使用寿命、降低产品品质。因此,有必要对设备进行分类管理,对不同类型的设备采用不同的维修方案。

通常来说,可将企业设备分为 A,B,C 三类(见表 7-6 设备分类评分标准)。

表 7-6 设备分类评分标准

序号	项目	评分标准	分值
1	故障时对其他设备的影响程度	影响公司整个生产进度	5
		影响公司局部生产进度	3
		只影响本设备	1
2	故障时有无代用设备或替换设备	无代用,机台数1—2台	5
		有代用,但影响整个车间计划	3
		有代用,机台数较多	1
3	工作负荷情况	三班开动(几乎24小时)	5
		二班开动(16小时)	3
		一班开动(8小时)	1
4	加工对象	关键零件、精密部件加工设备	5
		一般精加工、半精加工设备	3
		粗加工设备	1

(续表)

序号	项 目	评 分 标 准	分值
5	故障时对人及环境的影响	故障时易燃、易爆之设备	5
		故障时影响周边设备运转之设备	3
		无特殊影响之设备	1
6	设备总值	30万元以上(含30万元)	5
		10万—30万元(含10万元)	3
		10万元以下	1

设备评分为各项分值之乘积	
有一个5分值或100分值以上	A类设备(重点设备)
100—27分值	B类设备(一般设备)
27分值以下	C类设备(次要设备)

(一) A类设备的维修

1. A类设备的维修方案

A类设备(重点设备)维修方案：宜采用设备状态监测维修制。

2. A类设备的维修特点

采用先进的设备状态监测技术、诊断技术，来监测设备运行状态有无异常或故障，在必要时进行维修。

3. A类设备的操作要点

在对A类设备进行维修操作时，要注意编制设备监测项目表。"设备监测项目表"内容可包括：监测项目、频度、手段、技术标准。

(二) B类设备维修

1. B类设备的维修方案

B类设备(一般设备)维修方案：宜采用设备预防维修制。

2. B类设备的维修特点

依据设备特点、生产计划安排，对设备采取定期维修。如有些企业对设备进行的年度"大修"，就属于这种维修方案。

3. B类设备的操作要点

在对B类设备进行维修操作时要注意准确估算"定期"时间。

"定期"过短则形成过剩维修，"定期"过长则达不到"预防"的目的。

（三）C类设备维修方案

C类设备（次要设备）维修方案：宜采用事后故障维修制。

 思考与问题

1. 设备应当怎样进行分类？
2. 在设备的采购、验收、使用、维护和维修环节都有哪些要求，具体做法是什么？

第三节 仓库管理

企业中，仓库是物资的集散地。物资的进出、流动、交接都离不开仓库。一个有适宜储存环境的仓库，才能使物资在储存期间保持正常品质；对仓库分区合理、保持通道畅通，才能做到物资合理堆放、进出有序；同样，只有账、物、卡、证的一致，才能够避免超储存、呆滞、损亏现象的出现。

搭建一个仓库只需砖、瓦、水泥等简单的建筑材料，但管好一个仓库则需要精心设计、合理规划，只有这样，才能保证产品品质的要求。

做好仓库管理，应做到以下几个方面。

(1) 进出验收、品质第一。
(2) 分类储存、环境适宜。
(3) 合理分区、明确标识。
(4) 账物一致、卡证对应。
(5) 定期盘点、杜损防积。

一、物资验收

物资验收，应做到进出验收、品质第一。

物资的验收工作，是做好仓库管理的基础。一般来说，仓库物资的验收主要包括以下4个方面。

（一）品名、规格

出入库的物资是否与相关合同、订单或单据的品名、规格相一致。

（二）数量

明确出入库物资的计量单位，物资进出仓库前应严格点数或过磅。

（三）品质

品质第一，检验物资品质是否符合相关规定之标准。

(1) 进库物资,凡是仓库管理员能检验的,由仓库管理员负责检验;凡是需要由品检部门或相关部、科检验的,仓库管理员只有在接到相关物资检验合格证明时,方可入库。

(2) 出库物资,也应检验其品质,确保做到不良品不投入使用或不流向市场。

（四）凭据

单据不全不收、手续不齐不办。

(1) 入库要有"入库单"(采购订单)及物资检验合格证明。

(2) 出库要有"出库单"(提货单)。

二、物资储存

物资储存应做到分类储存、环境适宜。

不同物资有其独特的物理、化学性质,对储存环境也有不同的要求。如对有毒、易爆等危险物资,就可以实行专品专库管理,防止产生不良后果。而有些物资需要做好防水、防尘、防爆、防潮、防腐等防护措施,以免物资损坏或变质。

要做到这一点,应对企业所有物资进行统计分析、归纳分类,然后再进行分类储存,如可将仓库分为:毒品库、易燃易爆品库、工具用品库、常用物资品库。而常用物资品库又可分为:原材料库、半成品库、成品库。

三、物资标识

物资标识应做到合理分区、明确标识。

一个仓库往往放置有成千上万种体积不一、轻重不等、包装各异的物资,给存取、进出带来了不便,增加了业务量、浪费了时间,甚至会出现许多差错。但如果将仓库合理分区、明确标识,那存取方便快捷、进出物流有序将不再只是纸上谈兵。

实践出真知。合理分区、明确标识,有一整套科学的方法可以借鉴。

（一）分类分区

根据物资类别,合理规划物资摆放的固定区位(见图7-3)。

（二）四号定位

按区号、架号、层号、位号对物资进行统一编号,并与账、卡上的编号对应。

(1) 区号:仓库平面分类分区,每分区给予一编号,如 A 区。

(2) 架号:区内放物品架,每一架给予一编号,如 h 架。

(3) 层号:物品架横向分为层,每一层给予一编号,如 3 层。

(4) 位号:物品架纵向分为位,每一位给予一编号,如 5 位。

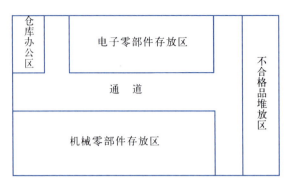

图 7-3 分类分区图

例如，放于 A 区 b 架 3 层 5 位物资编号为 A-b-3-5。

（三）立牌立卡

对定位编号之各类物资建立物料牌或物料卡。

（四）五五摆放

依据各类物资之性质和形状以五为计量基数，做到五五成行、五五成方、五五成串、五五成包、五五成堆、五五成层等。这样做，能使物资整齐美观，便于清点，更便于堆放。

四、物资建账

物资建账应做到账物一致、卡证对应。

仓库管理中通常所称的"账、物、卡、证"分别指的是：

（1）账：仓库物资档案。

（2）物：仓库储存物资。

（3）卡：明确标识于物资所在位置而便于存取的牌卡。

（4）证：出入库的原始凭据、品质合格记录等。

物资出入库，必须严格检查有关单据和审批手续，如"领料单"、"采购单"、"送料单"等，经核实合乎相关规定后方可进出。物资进出，应及时在卡上进行标识，并予以入账，务必做到账、物、卡、证的一致。

每日下班前，应整理好原始凭据，并据账对卡，以便及时掌握和反映账物的对应情况，遇突发事件可及时处理。

五、物资盘点

物资盘点应做到定期盘点、杜损防积。

企业仓库物资流动性较大，为及时掌握物资变动情况，避免物资短缺、丢失或超储积压,应进行定期盘点。

定期盘点一般每月进行一次,可由仓管人员会同相关部、科人员进行,对仓库内物资进行全面的清点。

盘点时应从两个方面入手:数量和品质。检查账物卡是否一致,即可以知道物资数量损益情况;检查物资保存情况,必要时检测物资相关性能,即可知道物资品质情况。

盘点后应编制盘点表,据实上报盘点情况,如有问题应分析原因、追究责任,必要时还需采取相应的纠正方案。

 思考与问题

1. 怎样做好物资验收?
2. 什么是"四号定位法"? 它有什么作用?
3. 库存物资应当怎样盘点?

第四节　反馈信息管理

美国一个超级市场的门口放着一块牌子,上书"本商场的原则之一:用户永远是正确的;原则之二:如果用户错了,请参照原则一;原则之三:发生原则一、原则二不适用之情况,请阁下辞职"。

企业竞争日趋激烈,同一行业企业提供给客户的同类产品的基本效用和功能不会有太大的差异,技术水平的差距正逐步缩小,因而,谁能读懂客户,谁能抓住客户的心,谁就能拥有客户。

海尔集团有个客户反映洗衣机质量不好。经了解,才知道他的洗衣机经常被堵住。原来,他经常用洗衣机洗红薯。海尔集团认为这是一条非常宝贵的信息,说明用户有这个需求,而不能指责用户不懂。于是,海尔集团开发出一种既可以洗衣又可以洗红薯的洗衣机,投放到市场后,很受欢迎。

一、客户反馈什么信息

能提供信息的"客户"有多种,如市场、行业最新动态,代理商,消费者等,而提供的信息可包括:

(1) 抱怨。
(2) 品质(产品质量、服务质量等)投诉。

(3) 合理化建议。

(4) 某一产品功能或改进需求。

(5) 售后服务需求。

二、客户反馈信息处置

以客户为导向,就要重视客户信息。企业应设立客户信息处理中心或指定某部门(如技术部或销售部)专职处理客户信息。

针对不同类别的信息,分别予以不同的处理方法。

(一) 客户抱怨、品质投诉

(1) 登记备案。

(2) 采取应急措施,妥善解决客户投诉、抱怨事宜。

(3) 贴于厂部公告栏,收集各方面反馈信息。

(4) 组织相关部门、人员,找出问题原因。

(5) 针对问题原因,研究制订纠正方案。

(6) 检验纠正方案实施效果。好,则复函客户,告知纠正结果;不好,则予以重新立案,并提升问题级别。

(二) 其他信息

(1) 登记备案。

(2) 组织相关部门、人员,探讨客户信息及反馈信息的价值。

(3) 贴于厂部公告栏,收集各方面反馈信息。

(4) 针对可利用的方面,研究制订出运用方案。

(5) 投入人力、物力、财力,实施运用方案。

(6) 检验实施运用方案之效果。复函与客户联系。

实训指导

××有限公司客户反馈信息处理程序

一、目的

确保提供最大限度服务以满足用户要求。

二、范围

本程序适用于客户投诉的处理。

三、职责

(1) 销售部负责客户投诉的归口管理。

(2)品质工程(QE)部门负责分析客户投诉原因、解决方案及方案实施的跟进工作。

四、内容

(1)销售部负责收集、登记客户投诉信息,填制"客户投诉处理单"。

(2)销售部根据具体情况,及时采取应急措施,妥善给予客户满意的反馈,包括:

① 客户退货,确因品质问题,给予退换。

② 客户售后服务投诉,应调派专人专程进行上门服务,确保客户满意。

③ 客户产品品质投诉,应调派专人专程进行上门服务、调查,分析原因,给予妥善及时的处理,确保客户满意。

(3)销售部将"客户投诉处理单"及时反馈至品质工程部门。

(4)品质工程部门组织相关部门、人员对客户投诉进行技术分析,调查原因,编制相应的解决方案及实施计划。当问题原因不确定或出现重大异常现象,由品质工程部门呈报总经理,适时成立专题研究小组,商讨对策。

(5)落实纠正方案实施部门、完成期限。

(6)品质工程部门负责对方案实施结果进行验证,验证内容包括:

① 不合格是否完全消除或减至可行性最低程度。

② 是否能够确保不合格不再发生(即纠正和预防措施的有效性)。

(7)实施效果好,则予以结案;若实施效果不好,则予以重新立案,并上报至总经理。

(8)销售部将实施结果复函客户。

五、表格

见表7-7客户投诉处理单。

表7-7 客户投诉处理单

客户名称		联系电话(地址)	
产品名称、规格、型号		受理时间	
抱怨内容: 销售科:			
应急措施: 销售科科长:			

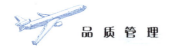

(续表)

原因分析：				
				QE：
处理结果/纠正措施：				
				责任部门主管：
责任部门	改善负责人	改善完成日期	验证负责人	验证结果

 思考与问题

1. 客户反馈信息包括哪几类？
2. 客户反馈的信息应该如何处理？

第五节 供应商管理

采购供应不只是采购部门的事，其活动还要分配到各有关部门去实施，采购供应涉及研发（R&D）、工艺（PE）、品质控制（QC）、品质管理（QA）、生产、财务等许多部门（见表7-8）。作为一名品质经理，有必要了解采购工作的管理。

表7-8 采购供应主要活动的分配

采购的主要活动	技术部	采购部	品检部	品管部	仓 库
1. 制定采购质量政策	△	△	○	★	
2. 编制采购技术文件	★	△	△	△	
3. 选择供应商	○	★	△	△	
4. 货品验收	△	△	★	△	
5. 仓储和发放			△	○	★
6. 供需策略		★			

(续表)

采购的主要活动	技术部	采购部	品检部	品管部	仓 库
7. 对供应商的监督		△	△	★	
8. 交付产品的评价		★	△	○	○
9. 对供应商的支援	△	△	△	★	
10. 供应商能力评价	△	△	△	★	

注：★表示主办单位，△表示协办单位，○表示有关单位。

一、与品管部有关的采购活动

（一）与品质控制（QC）有关的活动

（1）货品验收。

（2）针对供应商来料不合格向其发出纠正措施要求并进行跟踪验证。对供应商回复纠正措施的速度和态度进行评价。

（3）定期对各供应商进厂物资品质状况进行统计、分析，作为评价供应商综合能力的一部分，为保留或更换供应商提供决策依据。

（4）向供应商派驻检验员，进行货源处验证。

（二）与品质保证/管理（QA）有关的活动

（1）对供应商质量体系进行现场调查审核。对于重要物资供应商，在选择时，应对供应商的质量体系进行审核。对于合格供应商，也应定期对其质量体系进行评审以保证其持续地提供合格产品。审核的结果可以作为评价供应商综合能力的依据之一。

（2）对供应商进行支援。对供应商的支援是多方面的，一般由品质保证部门出面组织。对供应商进行支援包括帮助其建立品质体系，帮助其进行产品认证（如CE,UL认证），与供应商共同解决品质问题，对供应商进行现场诊断等等。

二、供应商的选择和评价

（一）采购物资的分类

根据采购物资对产品品质的影响程度，对采购物资进行分类。分类的目的是决定对采购活动控制的方式和程度。

按采购物资对产品品质的影响程度，将其分为以下3类。

(1) 重要物资：直接影响最终产品使用或安全性能，可能导致顾客投诉的物资。

(2) 一般物资：不影响使用性能或即使稍有影响但可采取措施予以弥补的物资。

(3) 辅助物资：包装材料及在生产过程中起辅助作用的物资。

(二) 采购活动控制的方式和程度

采购物资的类别不同，采购活动控制的方式和程度也不同。组织应对各类控制方式和程度作出规定。

(1) 对重要物资，在选择评定时，一般要进行书面调查、现场能力评估、样品测试、小批量试用。而对一般物资，则只需进行书面调查、样品测试即可。

(2) 对重要物资，可能要求供应商随发运的货物提交品质控制记录，而对一般物资，无此要求。

(3) 对重要物资，可能要求供应商应进行100%检查，而一般物资只需进行批次抽检。

(4) 在进料的抽样检查方案中，重要物资的合格质量水平——接收质量限制（AQL）值小一些，一般物资的合格质量水平——AQL值大一些。

(三) 供应商的书面调查

企业可以拟定一些调查表要求候选供应商填写，并可附带要求提供企业介绍、产品目录、产品鉴定资料以及认证证书复印件等文件。

调查表样式见表7-9、表7-10。

调查表也可由企业调查人员调查后填写。

调查的内容包括：人员状况，专业技术能力，设备情况，材料供应状况，品质控制情况，财务及信用状况，管理的制度化、规范化。

表7-9 供应商能力调查表（生产企业型供应商填写）

请贵企业认真、如实地填写本表，加盖公章后及早寄回本公司，谢谢！
如为选择项目，请在方框内打√。

1	企业名称：
2	负责人或联系人姓名：
3	地址： 邮编：
4	电话： 传真：
5	企业成立时间：
6	主要产品：

(续表)

7	职工总数： 其中技术人员： 人；工人： 人
8	年产量/年产值(万元)：
9	生产能力
10	样机/样品、样件生产周期：
11	生产特点：□成批生产 □流水线大量生产 □单台生产
12	主要生产设备：□齐全、良好 □基本齐全、尚可 □不齐全
13	使用或依据的产品、质量标准： a. 国际标准名称/编号： b. 国家/行业标准名称/编号： c. 供应商企业标准名称/编号： d. 其他
14	工艺文件：□齐备　□有一部分　□没有
15	检验机构及检测设备：□有检验机构及检验人员，检测设备良好 □只有兼职检验人员，检测设备一般 □无检验人员，检测设备短缺，需外协
16	测试设备校准状况：□有计量室 □全部委托外部计量机构
17	主要客户(公司/行业)：
18	主要原材料来源：
19	新产品开发能力： □能自行设计开发新产品 □只能开发简单产品 □没有自行开发能力
20	国际合作经验：□外资企业 □合资企业 □给外企提供产品 □无对外合作经验
21	职工培训情况：□经常、正规地进行 □不经常开展培训
22	是否通过产品或体系认证：□是(具体内容) □否
企业负责人签名盖章： 日期： 年 月 日		

表7-10 供应商能力调查表(商业/服务型供应商填写)

由采购部调查并填写。如为选择项目，请在方框内打√。

1	供应商企业名称：
2	负责人或联系人姓名：
3	地址： 邮编：

(续表)

4	电话： 传真：	
5	供应商企业成立时间：	
6	经销的主要产品：	
7	职工总数：	
8	年销售量/年销售额(万元)：	
9	固定资产：	
10	能否及时满足样品供应：□能 □不能 □其他	
11	商业信誉的评价：□差 □一般 □好	
12	商业态度的评价：□差 □一般 □好	
13	供应商经销产品的产地 | 产品 | 产地 | 产品 | 产地 | 产品 | 产地 | 产品 | 产地 | |---|---|---|---|---|---|---|---| | | | | | | | | | | | | | | | | | | | | | | | | | | | | | | | | | | | |	
14	供应商主要客户(公司/行业)：	
15	国际合作经验：□外资企业 □合资企业 □给外企提供产品 □无对外合作经验	
16	职工培训情况：□经常、正规地进行 □不经常开展培训	
17	经销的产品是否通过产品或体系认证：□是(具体内容) □否	
调查人签名：		日期： 年 月 日

(四)供应商的评价方法

1. 样品检验

对于一个新的候选供应商,可以先采购其少量样品,进行全性能或部分重要性能的测试和检验(样品的检验一般由工程部门或品质部门进行),作出合格与否的评价,以便初步判断该企业的产品在质量上能否接受。

如果不能完全依靠检测决定其性能,还可以将样品装在部件或最终产品上进行试运行或试用,以便观察其性能和效果。这种方法特别适用于候选供应商是国外企业,对它进行第二方审核或现场调查比较困难的情况。

样机或样品检测后应做出评价表,评价表样式见表7-11。

表7-11 样品确认联络单

供应厂商		样品名称		物料标号		
规格型号		样品数量		质量保证书		□有 □无
送样单位		送样日期		要求确认完成日期		
送样人		确认次数:□首次 □其他				
样品说明:						
确认原因: □新供应商 □新产品零件(物料)(产品编号:　　　　) □代用物料 □零件规格变更 □其他:						
检验分析:(附:□检验/试验记录 □其他:　　　　)						
检验部门		检验员		检验日期		
确认结果: 　　　　□合格 　　　　□不合格						
确认部门主管/日期			确认部门经理/日期			
使用说明:新品种由工程部确认;其余由IQC确认。						

注:本表1—5行由送样单位填写,其余由确认单位填写。

2. 小批试用

对于重要物资,一般还需进行小批量试用。采购部采购小批量物料,品管部对小批量物料进行入厂检测并出具检验报告。检验合格的物料,由技术部门(RAD)

或工艺部门(PE)组织生产部试用并出具"小批量试用报告"。试用后的(半)成品,由品管部进行检测并出具相应测试报告。

对有些物资,还需进行中批量、大批量试用。

3. 业绩评定

对某些已有多年合作关系的供应商,可根据其近几年供货的业绩表现加以评价,以便决定是否可以纳入合格供应商的范围。

对于合格供应商,也应进行业绩评定,以便在调整合格供应商名单时决定该企业是否可以继续保留为合格的供应商。

业绩评定的项目一般包括:质量、价格、交货期、配合度。业绩评定的表格样式见表7-12。

表7-12 年度业绩评定项目及比重

项目	比重	计算方法	考核单位
质量 X	40%	质量得分 $X=[1-(进料不合格批数/总进料批数)]×40$	品管部
交货期 Y	20%	交货期得分 $Y=[1-(逾期批数/总进料批数)]×20$	采购部
价格 Z	30%	比目标价格低:30分 与目标价格相同:20分 比目标价格稍高:10分 大大超过目标价格:0分	采购部
配合 W	10%	态度积极,能及时解决问题:10分 有时配合:5分 不配合:0分	采购部、品管部
总分 $S=X+Y+Z+W$			

4. 现场调查

(1)调查的内容。对供应商进行现场调查,调查内容的深度和广度应与采购的物资对最终产品的影响相一致。调查的内容一般包括:

① 企业概况:企业历史、行业中的地位;产品品种规格;生产能力;职工人数和素质;技术装备、环境、效益等。

② 管理人员水平:管理人员的构成与素质;管理人员工作经验是否丰富;管理人员工作能力的高低。

③ 专业技术能力:设计、工艺技术人员构成与素质;产品的研发能力;设计程

序和设计评审情况;技术文件的完整、正确与统一,等等。

④ 工序控制情况:工艺纪律与劳动纪律,工作次序和生产次序;机器设备的新旧、性能,设备的维护、保养、检查;质量控制点的运行情况;不合格品的控制和管理等。

⑤ 材料供应状况:其产品所用原材料的供应来源;其材料的供应渠道是否畅通;其原材料的品质是否稳定;供应商原材料来源发生困难时,其应变能力的高低等。

⑥ 品质控制能力:其品管组织是否健全;品管人员素质的高低;检验仪器是否精密及维护是否良好;检验记录、报告和品质档案是否齐全;检验状态的标记、记录和可追溯性如何;品质异常的处理;质量体系文件及其实施情况;品质信息管理和协调情况;统计技术是否科学以及统计资料是否翔实等。

⑦ 财务及信用状况:每月的产、销售额;来往的客户;来往的银行;经营的业绩及发展前景等。

⑧ 管理规范制度:管理制度是否系统化、科学化;工作指导规范是否完备、是否具有可操作性;执行的状况是否严格。

(2) 调查前准备工作。在现场调查前,应就上述内容拟定评分表,并针对评分表,制定出评分标准。应注意的是:针对不同的采购物资、不同的供应商,应该有不同的评分标准,不能搞一刀切。比如生产电脑磁头的生产厂家和生产纸箱的工厂,其对车间洁净程度的要求必然不同。

在现场调查前,应编写现场调查计划并组成调查组。调查组成员一般包括采购部、品管部、生产技术部、产品研发部等部门的代表。应将现场调查计划提前发给供应商。到达厂家后,应按照首次会议—现场调查—末次会议的程序开展工作。

此外,在现场调查前还应召开首次会议。首次会议,主要是向供应商介绍现场调查的时间安排、调查内容、进行方式。首次会议,一般应控制在15分钟之内。首次会议后,应按照既定的计划实施现场调查。

(3) 调查结束后的工作。现场调查结束后,召开末次会议,向供应商通报调查结果,对调查中发现的不合格项目,向供应商提出明确的改善要求。

现场调查结束后的1周内,应完成现场调查评价报告,应复印一份现场调查评价报告给供应商。现场调查中的纠正措施要进行跟踪验证。

对供应商的现场调查可采取对供应商的质量体系进行正规的第二方审核的方式进行。第二方审核的重要依据是合同,合同中可以规定双方基本上按ISO9001标准进行审核,但可以对ISO9001的要求进行剪裁。另外可以增加一些评审内容,如交货期、价格、付款方式、财务及信用状况等。第二方审核的具体做法可参考第三方审核。

三、供应商的监督

供应商的情况是动态变化的,因此选定供应商厂家后并非万事大吉,还需要进行必要的后续监督。监督的方式有:货源处验证、临时监察、定期进行现场评价(或第二方质量管理体系审核)、定期进行业绩评定、纠正处理监督、变更通报等。

(一)货源处验证

派驻品质监督员,进行货源处验证。

(二)临时监查

去供应厂家进行临时监查,这项监查一般在供应商试做的新产品通过认可后进行,以及在产品出现品质问题,尤其是供应商的检查结果与客户的检查结果差异较大的时候进行。

临时监查,主要是监督检查供应商对该产品的图纸、技术要求理解无有偏差,测量基准与检测方法有无不妥,关键工序和特殊工序的控制情况。尤其要留意供应商检查人员的检查方法,很多时候就是因为供需双方检查方法的不同而导致检测结果的不同。

(三)定期进行监督性现场评价(或第二方质量管理体系审核)

监督评价的过程与选择供应商时的初次现场评价相似,但在评价内容上有很大的精简,重点验查以下内容。

(1)上次评价时发现的不合格项的纠正情况。

(2)质量管理体系是否发生变化以及这些变化对质量管理体系运作的有效性有否影响。

(3)质量管理体系中关键项目的执行情况。

(四)定期进行业绩评定

定期业绩评定由 IQC 和采购部等部门共同进行。

(五)纠正处理监督

企业把接收检验和生产使用中发现的问题以及从用户方面反映的意见等品质信息汇总、整理,并向供应商反馈,要求供应商采取纠正措施。纠正措施的验证可以通过对供应商下一批来料进行检测的方式进行,必要时要在供应商的现场进行验证。

(六)变更通报

供应商的生产条件或生产方式发生重大变化时,应要求供应商及时报告。

四、对供应商的支援

企业应把供应商看成是其延伸的部分,与供应商建立相互信任、相互合作的关系,要树立帮助供应商就是提升自己的思想。

对供应商的支援包括:品质教育培训;品质管理咨询;设计、工艺、测试仪表等方面的支援;帮助供应商导入先进的管理模式(如ISO 9000,ISO14000 等);共同研讨问题(与供应商共同进行现场诊断,找出问题的根源,提出整改措施并跟踪验证)。

思考与问题

1. 应当如何选择和评价供应商?
2. 怎样对供应商进行后续监督?怎样建立互利合作关系?

第八章 品质环境管理

学习目标和要求

通过本章的学习,要求掌握5S管理的内容、目标和作用,5S的推行步骤,目视管理与定置管理的概念与推行。

知识要点

1. 掌握5S管理的内容和要求
2. 掌握5S管理的执行技巧
3. 掌握目视管理与定置管理的推行程序

第一节 5S 管 理 概 述

一、5S的起源

5S起源于日本,是指在生产现场中对人员、机器、材料、方法等生产要素进行有效的管理,这是日本企业独特的一种管理办法。

1955年,日本的5S的宣传口号为"安全始于整理,终于整理整顿"。当时只推行了前两个S,其目的仅是为了确保作业空间和安全。后因生产和品质控制的需要而又逐步提出了3S,也就是清扫、清洁、素养,从而使应用空间及适用范围进一步拓展,到了1986年,日本的5S的著作逐渐问世,从而对整个现场管理模式起到了变革的作用,并由此掀起了5S的热潮。

日本企业将5S运动作为管理工作的基础,推行各种品质的管理手法,第二次世界大战后,产品品质得以迅速地提升,奠定了日本经济大国的地位,而在丰田公司的倡导推行下，5S对于塑造企业的形象、降低成本、准时交货、安全生产、高度的标准化、创造令人心旷神怡的工作场所、现场改善等方面发挥了巨大作用，逐渐被各国的管理界所认识。随着世界经济的发展，5S已经成为工厂管理的一股新潮流。

根据企业进一步发展的需要，有的公司在原来5S的基础上又增加了节约（save）及安全（safety）这两个要素，形成了7S；也有的企业再加上习惯化（shiukanka）、服务（service）及坚持（shikoku），形成了10S。

二、5S的内容

5S是整理（seiri）、整顿（seiton）、清扫（seiso）、清洁（seikeetsu）和素养（shitsuke）这5个词首字母的缩写。因为这5个词日语中罗马拼音的第一个字母都是"S"，所以简称为5S，开展以整理、整顿、清扫、清洁和素养为内容的活动，称为5S活动（见表8-1）。

表8-1　5S

中文	日文	英文	典型例子
整理	Seiri	organization	倒掉垃圾、长期不用的东西放仓库
整顿	Seiton	neatness	30秒内就可找到要找的东西
清扫	Seiso	cleaning	谁使用谁负责清洁（管理）
清洁	Seiketsu	standardization	管理的公开化、透明化
素养	Shitsuke	discipline and training	严守标准、团队精神

（一）整理

把要与不要的人、事、物分开，再将不需要的人、事、物加以处理，这是开始改善生产现场的第一步。其要点是对生产现场的现实摆放和停滞的各种物品进行分类，区分什么是现场需要的、什么是现场不需要的；其次，对于现场不需要的物品，诸如用剩的材料、多余的半成品、切下的料头、切屑、垃圾、废品、多余的工具、报废的设备、工人的个人生活用品等，要坚决清理出生产现场，这项工作的重点在于坚决把现场不需要的东西清理掉。对于车间里各个工位或设备的前后、通道左右、厂房上下、工具箱内外，以及车间的各个死角，都要彻底搜寻和清理，达到现场无不需要之物。坚决做好这一步，是树立好作风的开始。日本有的公司提出口号：效率和安全始于整理！

(二) 整顿

把需要的人、事、物加以定量、定位。通过前一步整理后,对生产现场需要留下的物品进行科学合理的布置和摆放,以便用最快的速度取得所需之物,在最有效的规章、制度和最简捷的流程下完成作业。

(三) 清扫

把工作场所打扫干净,设备异常时马上修理,使之恢复正常。生产现场在生产过程中会产生灰尘、油污、切屑、垃圾等,从而使现场变脏。脏的现场会使设备精度降低、故障多发,影响产品质量,使安全事故防不胜防;脏的现场更会影响人们的工作情绪,使人不愿久留。因此,必须通过清扫活动来清除那些脏物,创建一个明快、舒畅的工作环境。

(四) 清洁

整理、整顿、清扫之后要认真维护,使现场保持完美和最佳状态。清洁,是对前3项活动的坚持与深入,从而消除发生安全事故的根源。创造一个良好的工作环境,使职工能愉快地工作。

(五) 素养

素养即修养,努力提高人员的素养,养成严格遵守规章制度的习惯和作风,这是5S活动的核心。没有人员素质的提高,各项活动就不能顺利开展,开展了也坚持不了。所以,抓5S活动,要始终着眼于提高人的素质。

5S活动是一种人性素质的提高、道德修养的提升,最终目的在于教育人、育新人。

三、5S 的目标

5S的目标是通过消除组织的浪费现象和推行持续改善,使得公司管理维持在一个理想的水平,通过整理、整顿、清扫、清洁、素养这5个"S"综合来推行,如果这个5"S"各有侧重、相辅相成,改善效果就会更佳。5S重点在素养,整理、整顿、清扫、清洁的对象是"场地"、"物品"。素养的对象则是"人",而"人"是企业最重要的资源,我们可以从"企业"的"企"字中分析人在企业中的重要,所谓"企"字是由"人"和"止"组成,"人"走了企业也就停"止"了,所以在企业经营中,人的问题处置得好,人心稳定,企业就兴旺发达。

在5S活动中,我们应不厌其烦地教育员工做好整理、整顿、清扫工作,其目的不只是希望他们将东西摆好、设备擦干净,最主要的是通过细琐单调的动作,潜移默化,改变他们的思想,使他们养成良好的习惯,进而能依照规定的事项(厂纪、厂规,各种规章制度,标准化作业规程)来行动,变成一个有高尚情操的真正优秀的员工(见表8-2)。

表8-2 5S推行目的与活动例表

	概 要	目 的	活 动 例 子
整理	△发生源对策 △层别管理	△没有无用品、多余的物品 △尽可能地减少半成品的库存数量 △减少架子、箱子、盒子等	△清除无用品,采取发生源对策 △明确原则,果断消除无用的物品 △防止污染源的发生 △推进组织编排系统,确保空间并逐渐扩大
整顿	△有效、整齐地保管物品 △无寻找时间	△做到必要时能立即取出需要的物品 △决定合理的存放布局,以便充分地利用狭窄的场所 △在提高工作效率的同时创造安全的工作环境	△高性能地保管和布局 △创造整洁的工作环境,创造高性能的(质量、效率、安全)物品存放的方法和布局 △彻底进行定点存放管理,减少寻找物品的时间
清扫	△清扫、点检 △环境的近况	△维护机修设备的精度,减少故障的发生 △创造清洁的工作场所,早些发现设备的不完善 △及时采取措施的体制	△通过高性能的要求,清洁化,实现无垃圾、无污垢 △维持设备的高效率,提高产品的质量 △强化对发生源的储备对策
清洁	△一目了然的管理 △标准化的管理	△创造一个舒适的工作环境 △持续不断地整理、整顿,以保持或保障安全、卫生	△强化公用设备的维护和管理 △努力使异常现象明显化并通过观察而进行管理
素养	△培养良好的习惯 △创造有规律的工作环境	△创造能赢得顾客信赖的关系	△创造距离良好的工作场所 △培养各种良好的礼节,养成遵守集体决定事项的习惯

由此可见:一个企业,只有全面地推行5S,才能取得显著的成效,从而提高管理水平。

 思考与问题

当今社会,无论在公司,还是在社会生活中,"素养"越来越受到重视,"文化素养"往往成为评价一个人层次高低的重要标准。你认为从业人员应该具备哪些良好的素养呢?

四、推行 5S 活动的目的和效用

推行 5S 活动可以使员工作业出错机会减少,不良品下降、品质上升;可提高士气;可避免不必要的等待和查找,提高工作效率;可使资源得以合理配置和使用,减少浪费;整洁的作业环境能给客户留下深刻印象,提高公司整体形象;使通道畅通无阻,各种标识清楚显眼,人身安全有保障;可为其他管理活动的顺利开展打下基础。总体来说,全面推行 5S 管理活动有以下八大目的(见图 8-1)。

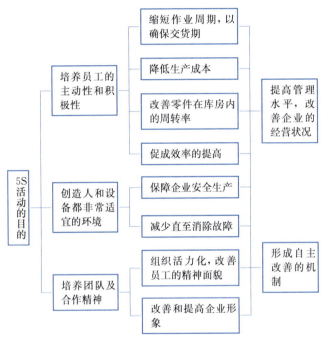

图 8-1　5S 活动的目的

(一) 缩短作业周期,确保交货

推行 5S,通过实施整理、整顿、清扫、清洁来实现标准的管理,企业的管理就会一目了然,使异常的现象明显化,人员、设备、时间就不会造成浪费。企业生产能相应地变得顺畅,作业效率必然就会提高,作业周期也相应地缩短,从而确保交货日期万无一失。

(二) 降低生产成本

一个企业通过实行或推行 5S,能极大地减少人员、设备、场所、时间这几个方面造成的浪费,从而降低生产成本,改善和提高企业形象。

(三) 改善零件在库周转率

需要时能立即取出有用的物品,供需间物流畅通,就可以极大地减少那种寻找所需物品时所耗费的时间。因此,推行5S管理活动能有效地改善零件在库房中的周转率。

(四)促成效率的提高

良好的工作环境和工作氛围,再加上很有修养的合作伙伴,员工们可以集中精神、认认真真地干好本职工作,这必然能大大地提高效率。试想,如果员工们始终处于一个杂乱无序的工作环境中,情绪必然就会受到影响。情绪不高、干劲不大,又哪来的经济效益?所以推行5S管理是促成企业效率提高的有效途径之一。

(五)保障企业安全生产

整理、整顿、清扫,必须做到储存明确,工作场所内应保持宽敞、明亮,通道随时都是畅通的,地上不能摆设不该放置的东西,工厂生产秩序有条不紊,意外事件的发生自然就会相应地大为减少,安全就有了保障。

(六)减少直至消除故障,保障品质

优良的品质来自优良的工作环境。工作环境只有通过经常性地清扫、点检和检查,不断地净化工作环境,才能有效地避免污损或损坏机械,维持设备的高效率,提高生产品质。

(七)改善员工的精神面貌,使组织活力化

推行5S管理可以明显地改善员工的精神面貌,使组织焕发一种强大的活力。员工都有尊严和成就感,对自己的工作尽心尽力。

(八)改善和提高企业形象

整齐、整洁的工作环境,容易吸引顾客,让顾客心情舒畅;同时,由于口碑的相传,企业会成为其他公司的学习榜样,从而能大大提高企业的威望。

实训指导

推行5S的五大效用

(1) 5S管理是最佳推销员(sales)——被顾客称赞为干净整洁的工厂会使客户有信心,乐于下订单;会有很多人来厂参观学习;会使大家希望到这样的工厂工作。

(2) 5S管理是节约家(saving)——能降低不必要的材料、工具的浪费;减少寻找工具、材料等的时间;提高工作效率。

(3) 5S管理对安全有保障(safety)——宽广明亮、视野开阔的作业场所;遵守堆积限制,危险处一目了然;走道明确,不会造成杂乱情形而影响工作的顺畅。

(4) 5S管理是标准化的推动者(standardization)——"三定"、"三要素"原则规范作业现场,大家都按照规定执行任务,程序稳定,品质稳定。

(5) 5S管理形成4个满意(satisfaction)——即投资者满意、客户满意、雇员满

意、社会满意。

 思考与问题

讨论：作为一个企业，怎样做方能达到使投资者满意、让客户放心、雇员满意，最终达到让社会满意的程度？

五、5S与其他管理活动的关系

也许很多人会问，5S既然如此重要，那它与TQM、全员生产性维护（TPM）又有什么关系呢？

5S是管理的基础，是全年生产性维护的前提，是TQM的第一步，也可以再深一层地说，它是推行ISO9000的结晶。公司任何的活动，如果有了5S的推动，就能收到事半功倍的效果，5S都推行不了的企业，一定无法成功地进行其他活动。

（一）营造整体氛围

一个企业，无论是导入全面的质量管理，还是要推动ISO认证、TPM管理，在导入这些办法的契机中，如果没有先行掀起5S、推行5S，或推行其他方法的活动，就很难起到良好的效果。推动5S可以营造一种整体的氛围，一种让一个组织或一个企业的每一个人都养成一种习惯并积极地参与，每一件事情都有标准的良好氛围，企业去推行ISO，再去推动TQM，或推动TPM，就能很容易地获得员工的支持与配合，也有利于调动员工的积极性来形成强大的推动力。

（二）体现效果，增强信心

推动5S与其他管理活动如ISO，TQM，TPM的关系可以造成一种企业发展的合力，也可以增强员工对企业的信心。大家都知道，实施ISO，实施TQM或者是TPM的活动，它的效果是一种隐蔽和长期性的，一时难以看到的，而加上5S的推动，这些活动的效果则是立竿见影的，如果在推行ISO，TQM，TPM的活动的过程中，先导入了5S，就可以通过在短期内获得显著效果来增强企业员工的信心。

（三）5S为相关活动打下坚实的基础

5S是现场管理的基础，5S水平的高低代表着现场管理水平的高低，而现场管理的水平高低则制约着ISO，TPM，TQM活动能否顺利地推动或推行。所以只有通过5S的推行，从现场管理着手，改进企业的体制，才能够起到事半功倍的效果。

由此可见，在实施ISO，TPM，TQM的企业中推行5S的活动，等于为相关活动提供了肥沃的土壤、提供了强而有力的保障。

第二节 5S 执行技巧

掌握了 5S 管理的基础知识,尚不具备推行 5S 管理活动的能力。因推行步骤、方法不当导致事倍功半,甚至中途夭折的事例并不鲜见。因此,掌握正确的步骤、方法是非常重要的。

一、5S 管理推行步骤

(一)成立推行组织

成立推行组织阶段的工作可以细化为以下几个方面。

(1)成立推行委员会及推行办公室。

(2)确定组织职责。

(3)确定委员的主要工作。

(4)划分编组及责任区。

在这一阶段建议由企业主要领导出任 5S 活动推行委员会主任职务,以示对此活动之支持。具体安排上可由副主任负责活动的全面推行。

(二)拟定推行方针及目标

方针制定:推动 5S 管理时,制定方针作为导入的指导原则。下面是方针制定的几个具体例子。

例 1:推行 5S 管理、塑中集一流形象。

例 2:告别昨日,挑战自我,塑造捷虹新形象。

例 3:于细微之处着手,塑造公司新形象。

例 4:规范现场现物,提升人的品质。

方针的制定要结合企业具体情况,要有号召力。方针一旦制定,要广为宣传。

目标制定:先予设定期望的目标,作为活动努力的方向及便于活动过程中成果的检查。下面是目标制定的几个具体例子。

例 1:第 4 个月各部门考核 90 分以上。

例 2:有来宾到厂参观,不必事先临时做准备。

目标的制定也要同企业的具体情况相结合。

(三)拟定工作计划及实施方法

拟定工作计划及实施方法阶段的工作可以细化为以下几个方面。

(1)拟订日程计划作为推行及控制的依据。

(2)收集资料及借鉴他厂做法。

第八章 品质环境管理

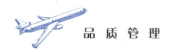

(3) 制定5S管理活动实施办法。

(4) 制定要与不要的物品区分方法。

(5) 制定5S管理活动评比的方法。

(6) 制定5S管理活动奖惩办法。

(7) 其他相关规定(5S管理时间等)。

大的工作一定要有计划,以便大家对整个过程有一个整体的了解。项目责任者要清楚自己及其他担当者的工作是什么及何时要完成,相互配合造就一种团队作战精神。

(四) 建立评价标准

建立科学的评价标准,才能保证整个计划的完成。

(五) 教育

教育分为每个部门对全员进行教育和新进员工的5S管理训练两部分。

1. 每个部门对全员进行教育

其具体内容包括以下几个方面。

(1) 5S管理的内容及目的。

(2) 5S管理的实施方法。

(3) 5S管理的评比方法。

2. 新进员工的5S管理训练

教育是非常重要的,让员工了解5S管理活动能给工作及自己带来好处。主动地去做,与被别人强迫着去做其效果是完全不同的。教育形式要多样化,讲课、放录像、观摩他厂案例或样板区域、学习推行手册等方式均可视情况加以使用。

(六) 活动前的宣传造势

5S管理活动要全员重视、参与才能取得良好的效果。其具体措施可包括以下几个方面。

(1) 最高主管发表宣言(晨会、内部报刊等)。

(2) 海报、内部报刊宣传。

(3) 宣传栏宣传。

(七) 实施

实施阶段的工作可细化为以下几个部分。

(1) 前期作业准备:方法说明会、道具准备。

(2) 工厂"洗澡"运动(全体上下彻底大扫除)。

(3) 建立地面画线及物品标识标准。

(4) "三定"、"三要素"活动的展开。

(5) 定点摄影。

(6) 做"5S管理日常确认表"及实施。

(7) 红牌作战。

(八) 查核

查核阶段的工作可细化为以下几个部分。

(1) 现场查核。

(2) 5S管理问题点质疑、解答。

(3) 举办各种活动及比赛(如征文活动等)。

(九) 评比及奖惩

依5S管理活动竞赛办法进行评比,公布成绩,实施奖惩。

(十) 检讨与修正

各责任部门依缺点项目进行改善,不断提高,可采用QC方法和IE方法。

在5S管理活动中,适当导入QC方法、IE方法是很有必要的,这样能使5S管理活动推行得更加顺利、更有成效。

(十一) 纳入定期管理活动中

在最后一个阶段,工作可以细化为以下两个部分。

(1) 标准化、制度化的完善。

(2) 实施各种5S管理强化月活动。

需要强调的一点是,企业因其背景、架构、企业文化、人员素质的不同,5S在推行时可能会有各种不同的问题出现,推行办要根据实施过程中所遇到的具体问题,采取可行的对策,才能取得满意的效果。

 实训指导

失败之后从头来

2001年底,某服装企业决定推行5S活动,并落实了专门人员来开展这项工作。由于5S对中国企业来讲是个新事物,刚开始时工作并不顺利。在长达1年多的时间里没有出现预期的效果,管理者认为这不是长久之计,要想达到目标,首先得通过学习来提高自身的素质,只有对5S的理解非常透彻了,才能带领大家去干好这项工作。

于是一方面派人特地到图书馆、书店去寻找5S方面的书籍进行学习;另一方面组织相关人员到管理较好的单位去学习取经。经过一段时间的精心准备,借鉴其他公司的成功经验,并结合本公司的实际情况,公司于2003年初设置了推行委员会,成立了5S工作小组。

根据以前的经验,管理者清楚地认识到,要想顺利推行5S,最关键就是要做到

人人重视、全员参与。所以第一步就是要加强宣传,通过进行5S知识培训、举行5S知识竞赛等一系列活动使广大员工逐步接受5S。

同时,5S工作组还制定了考核方法。每天由小组成员在现场进行巡视,对一些有违5S管理的行为加以指正并记录,汇总到每月1次的检查中进行综合考评,与经济利益挂钩,实行奖罚制度,并将考评结果在网上公布。

另外,企业还进行年度排名,对于5S工作的先进单位进行奖励。此外,企业还加大在基础设施方面的投入,包括建立宣传栏、在道路上绘制停车线、修补破损路面、增加隔离栏等。

"人心齐,泰山移",在企业领导的大力支持下,在小组成员的努力工作下,在全体员工的积极配合下,此服装企业的5S活动已经有声有色地开展起来。

实施5S管理,需要每个人和自己头脑中的习惯势力作最坚决、最彻底的斗争。它强调全员参与意识,有健全的组织,形成团队作战,才能将5S的功效发挥到极限,才能将5S的生命延长到极致,企业的管理水平和管理素质也才能与时俱进,永远站在变革的最前列。

二、5S管理执行技巧

5S在推行过程中还需要很多技巧。例如展开清洁活动还必须推进"透明管理",很多公司喜将物品放在有锁的柜子内或密封的架子上。这样一来,人们不打开就看不到里面放了什么。因为不引人注意,所以这些地方经常乱七八糟地搁置一些物品,这种"眼不见为净"的自欺欺人行为如果要杜绝,就必须推进"透明"管理,即拆除那些不透明的金属板,改为安装玻璃;实在不行的,也应该安装一个透明的检查窗口。

在具体实施5S时,必须分步骤进行。比如在整理时,重点是区分工作区的必需品和非必需品。经过了必要的教育,领导小组就应该带领组员到现场,将目前所有的物品整理一遍,并调查它们的使用周期,将这些物品记录起来,再区分必需品和非必需品。同时,还要向作业者进行确认说明。因为现场的作业者是岗位的主人,他可以做好该岗位的工作,也能使该岗位的工作走向不好的方向。再说,也只有该岗位的作业者最清楚他的岗位的需求,只有他们才知道某些设定的不完善或不适用的地方。所以,在区分必需品和非必需品时,应先向作业者询问确认清楚,并说明一些相关的事情。

接下来,就应该将非必需品从岗位上撤走,而且要迅速地撤下来,决不能以"等明天"的心态对待。撤走了非必需品,并不是万事大吉了。对现场的必需物品该怎样摆放?是否阻碍交通?是否阻碍作业者操作?拿取方便吗?必须根据实际条件、作业者的作业习惯、作业的要求,合理地规定摆放必需品的位置和场所。

在说明时,必须注意原则性的问题。有些作业者开始时会有些不太适应或自认为是不对的,但对于有必要实行的规定,一定得让他实施。告诉他在实施的过程中可以提出意见,改善这个规定,但是不能擅自取消。就是说,对基本要求必须实施强制手段,在完善改进的领域里可以采取民主的手法,强制加民主可以让工作进行得更顺利。

接下来,应当清扫并在地板上划出区域线,明确各责任区和责任人。因为工厂的范围很大,所以必须划分责任区和明确责任人。只有规定了责任范围和责任人,工作才能贯彻下去。不要相信"人是自觉的"谎言,人有很多种天性,惰性就是其中的一种。

我们可以用下面的流程简单表达推进清洁的整个步骤。

巡查零部件仓库和各生产线,摄下或拍下不合理的现象→检讨布局→区分工具架、私人物品、不用的物品,将多余零件放回仓库→清扫落在地板上的物品→回收空箱、包装纸等。

通过以上 4S(整理、整顿、清扫、清洁)的手段,使人们达到工作的最基本要求——素养,直至全员成为习惯。所以 5S 可以理解为:通过谁都能做到的整理、整顿、清扫、清洁,而达到作为最终精神上的"清洁"。

素养是一个相对抽象的名词,那么怎样才算是做到有素养呢?很多公司把素养具体化为两大方面:一是按标准规定要求作业(工作上),二是良好的个人素养和职业道德。

这两方面基本体现在《礼仪规范》、《员工手册》、《5S 手册》及一些制度办法中。

要提高素养,可以先制定相关的规章制度。规章制度是员工的行为准则,是让人们达成共识、形成企业文化的基础。制定相应的《语言礼仪》、《电话礼仪》、《行为礼仪》及《员工守则》等,能够保证员工达到素养最低限度的要求。对于员工,尤其是新进公司的员工,形同一张白纸,"近朱者赤,近墨者黑",及时进行强化教育是非常必要的。要培养员工的责任感,激发热情。几千年的文化积淀,中国人有自己的传统思想和行为。"各人自扫门前雪,莫管他人瓦上霜"的利己思想是其中消极的一种,这就需要改变员工的这种潜意识,培养对公司的责任感。从员工个人来讲,当你做好 4S 时,发现原来对你的工作很有帮助,你就会认同这些做法,而每天都遵守这些做法,可以使你工作更轻松高效,成为一个出色的员工;当上司觉得你很优秀时,就会出现晋升的机会,或者给你更多的机会让你去做你更想做的工作。从而你能掌握更多的技能、具备更高的素养,逐步迈向成功。

 思考与问题

结合自身情况,谈谈你对 5S 活动的认识和体会。

三、推行5S可结合目视管理

（一）目视管理的含义

目视管理是利用形象直观、色彩适宜的各种视觉感知信息来组织现场生产活动，达到提高劳动生产率的目的的一种管理手段，也是一种利用人的视觉进行管理的科学方法。

（二）目视管理的目的

把工厂潜在的大多数异常状况显在化，变成谁都一看就明白的事实。

（三）目视管理的特点

(1) 以视觉信号显示为基本手段，大家都能看得见。

(2) 以公开化、透明化为基本原则，尽可能地将管理者的要求和意图让大家看得见，借以推动自主管理、自主控制。

(3) 现场工作人员可以通过目视方式，将自己的建议、成果、感想展示出来，与领导、同事、工友进行相互交流。

所以说，目视管理是一种以公开化和视觉显示为特征的管理方式，亦可称为"看得见的管理"和"一目了然的管理"，这种管理方式可以贯穿于各个管理领域当中。

（四）常见的目视管理应用

(1) 用显著的彩色线条标注某些最高点、最低点，使操作人员一眼可见。

(2) 在通道拐弯处设置反射镜，防止撞车。

(3) 绿灯表示"通行"，红灯表示"停止"。

(4) 用小纸条挂在出风口显示空调、抽风机是否在工作。

(5) 用色笔在螺丝螺母上做记号，确定固定的相对位置。

(6) 关键部位给予强光照射，引起注意。

(7) 以顺序数字标明检查点和进行步骤。

(8) 用图示、相片作为操作指导书，直观易懂。

(9) 使用一些有阴影、凹槽的工具放置盘，使各类工具、备件的放置方法、位置一目了然、各就各位。

(10) 用"一口标准"的形式指示重点注意事项，悬挂于显要位置，便于员工正确作业。

(11) 以图表的形式反映某些工作内容或进度状况，便于人员了解整体工作状况和跟进确认。

(12) 设置"人员去向板"，方便工作安排。

（五）目视管理的作用

（1）迅速快捷传递信息。目视管理依据人类的生理特性，充分利用信号灯、标示牌、符号、颜色等方式发出视觉信号，鲜明准确地刺激神经末梢，快速传递信息。

（2）目视管理能将潜在问题和浪费形象直观地显现出来。不管你是新人还是其他部门的员工，一看就懂，一看就会明白问题所在。这是目视的独到之处。

（3）客观、公正、透明化，有利于统一认识、提高士气，上下一心去完成工作。要做的理由（why）、工作内容（what）、担当者（who）、工作场所（where）、时间限制（when）、程度把握（howmuch）、具体方法（how）等5W2H内容一目了然，能够促进大家协调配合、公平竞争。

（4）促进企业文化的形成和建立。目视管理通过对员工的合理化建议展示、优秀事迹和先进人物表彰、公开讨论栏、关怀温情专栏、企业宗旨方向、远景规划等健康向上的内容，使全员形成较强的凝聚力和向心力，建立优秀的企业文化。

（六）目视管理的类别

1. 红牌

红牌适用于5S中的整理，是改善的基础起点，用来区分日常生产活动中非必需品。挂红牌的活动又称红牌作战。

2. 看板

看板是使用物品、放置场所等基本状况的表示板，用于具体位置在哪里、做什么、数量有多少、谁负责管理等等重要项目记入，让人一看就明白，适用于看板作战。

3. 信号灯

生产现场第一线的管理人员必须随时知道作业者和机器是否在正常开动和作业，信号灯是工序内发生异常时用于通知管理人员的工具。信号灯有很多种类：

（1）发音信号灯。适用于物料请求通知。当工序内物料用完时，该工序的信号灯亮起，扩音器马上通知搬送人员供应。

（2）异常信号灯。适用于品质不良及作业异常等异常发生场合。多用于大型工厂的较长流水线。一般设置红黄等两种信号灯，由员工控制。当发生零部件用完、品质不良及机器故障等异常时，由员工摁亮黄灯通知管理人员前来处理；当发生停线等重大问题时，摁亮红灯通知。红灯点亮时，生产管理人员和厂长都要停下手中工作前往调查处理。异常被排除后，管理人员熄灭红黄灯，继续正常生产。

（3）运转指示灯。显示设备运转状态，机器设备的开动、转换、停止状况，停止时还显示停止原因。

（4）进度灯。多见于组装生产线（手动线或半自动线），各工序之间间隔为1—

2分钟的场合,用于组装节拍的控制,保证产量。但是节拍间隔有几分钟的长度时,用于让作业者自己把握进度,防止延迟。进度灯一般分10等分,准度要求较高。

4. 操作流程图

操作流程图是描述工序重点和作业顺序的简要指示书,有时也称"步骤图"。用于指导生产作业。步骤图一般放在人多的显著位置,让人一眼看得到。

5. 提醒板

提醒板用于防止遗漏。健忘是人的本性,不可能杜绝,我们只有通过一些自主管理的方法来减少遗漏或遗忘。

提醒板一般来说,纵轴表示时间,横轴表示日期,纵轴的时间间隔通常为1个小时,1天用8个时段区分。每一个时间段记录正常、不良及次品情况,让作业者自己记录:无异常(○)、要注意(△)、发生异常(×)。

提醒板1个月统计1次,在每月例会中总结,与前一个月比较是否有进步,并确定下个月的目标。

6. 区域线

对半成品放置场所、通道等区域用线条区分划出,区域线用于整理、整顿中。

7. 警示线

警示线在仓库或其他物品放置场所表示最大最小的在仓量,用于看板作战中。

8. 告示板

及时管理(just in time,JIT)推行运用的道具。

9. 生产管理板

生产管理板是揭示生产线生产状况、进度的表示板,记入生产实绩、设备开动率、异常原因(停线、故障)等,用于看板管理。

 思考与问题

企业应当怎样进行看板管理?

第三节 定置管理

定置管理也称为定置科学或定置工程学。

一、定置管理的含义

定置管理起源于日本,由日本青木能率(工业工程)研究所的艾明生产创导者青木龟男始创。他从20世纪50年代开始,根据日本企业生产现场管理实践,经过潜心钻研,提出了定置管理这一新的概念,后来又由日本企业管理专家清水千里在应用的基础上,发展了定置管理,把定置管理总结和提炼成为一种科学的管理方法,并于1982年出版了《定置管理入门》一书。此后,这一科学方法在日本许多公司得到推广应用,都取得了明显的效果。

定置管理是对生产现场中的人、物、场所三者之间的关系进行科学的分析研究,使之达到最佳结合状态的一种科学管理的方法,它以物在场所的科学定置为前提,以完整的信息系统为媒介,以实现人和物的有效结合为目的,通过对生产现场的整理、整顿,把生产中不需要的物品清除掉,把需要的物品放在规定位置上,使其随手可得,促进生产现场管理文明化、科学化,达到高效生产、优质生产、安全生产。

定置管理中的"定置"不是一般意义上字面理解的"把物品固定地放置",它的特定含义是:根据生产活动的目的,考虑生产活动的效率、品质等制约条件和物品自身的特殊的要求(如时间、品质、数量、流程等),划分出适当的放置场所,确定物品在场所中的放置状态,作为生产活动主体人与物品联系的信息媒介,从而有利于人、物的结合,有效地进行生产活动。对物品进行有目的、有计划、有方法的科学放置,称为现场物品的"定置"。

定置管理是5S活动的一项基本内容,是5S活动的深入和发展。

二、开展定置管理的步骤

开展定置管理应按照以下6个步骤进行。

(一)进行工艺研究

工艺研究是定置管理开展程序的起点,它是对生产现场现有的加工方法、机器设备、工艺流程进行详细研究,确定工艺在技术水平上的先进性和经济上的合理性,分析是否需要和可能用更先进的工艺手段及加工方法,从而确定生产现场产品制造的工艺路线和搬运路线。工艺研究是一个提出问题、分析问题和解决问题的过程,包括以下3个步骤。

1. 对现场进行调查,详细记录现行方法

通过查阅资料、现场观察,对现行方法进行详细记录,由于是为工艺研究提供基础资料,所以,要求记录详尽准确。由于现代工业生产工序繁多、操作复杂,如用文字记录现行方法和工艺流程,势必显得冗长繁琐。在调查过程中可运用工业工程中的一些标准符号和图表来记录,则可一目了然。

2. 分析记录的事实,寻找存在的问题

对经过调查记录下来的事实,运用工业工程中的方法研究和时间研究,对现有

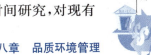

的工艺流程及搬运路线等进行分析,找出存在的问题及其影响因素,提出改进方向。

3. 拟订改进方案

提出改进方向后,定置管理人员要对新的改进方案作具体的技术经济分析,并和旧的工作方法、工艺流程和搬运线路作对比。在确认是比较理想的方案后,才可作为标准化的方法实施。

(二) 对人、物结合的状态分析

人、物结合状态分析,是开展定置管理中最关键的一个环节。在生产过程中必不可少的是人与物,只有人与物的结合才能进行工作。而工作效果如何,则需要根据人与物的结合状态来定。人与物的结合是定置管理的本质和主体。定置管理要在生产现场实现人、物、场所三者最佳结合,首先应解决人与物的有效结合问题,这就必须对人、物结合状态进行分析。在生产现场,人与物的结合有两种形式,即直接结合和间接结合。直接结合是指需要的东西能立即拿到手,不存在由于寻找物品而发生时间的耗费。如加工的原材料、半成品就在自己岗位周围,工检量具、贮存容器就在自己的工作台上或工作地周围,随手即得。间接结合是指人与物呈分离状态,为使其结合则需要信息媒介的指引。信息媒介的准确可靠程度影响着人和物结合的效果。

按照人与物有效结合的程度,可将人与物的结合归纳为 A,B,C 3 种基本状态。

A 状态,表现为人与物处于能够立即结合并发挥效能的状态。例如,操作者使用的各种工具,由于摆放地点合理而且固定,当操作者需要时能立即拿到或做到得心应手。

B 状态,表现为人与物处于寻找状态或尚不能很好发挥效能的状态。例如,一个操作者想加工一个零件,需要使用某种工具,但由于现场杂乱或忘记了这一工具放在何处,结果因寻找而浪费了时间;又如,由于半成品堆放不合理,散放在地上,加工时每次都需弯腰,一个个地拣起来,既影响了工时,又提高了劳动强度。

C 状态,是指人与物没有联系的状态。这种物品与生产无关,不需要人去同该物结合。例如,生产现场中存在的已报废的设备、工具、模具,生产中产生的垃圾、废品、切屑等。这些物品放在现场,必将占用作业面积,而且影响操作者的工作效率和安全。

因此,定置管理就是要通过相应的设计、改进和控制,消除 C 状态,改进 B 状态,使之都成为 A 状态,并长期保持下去。

(三) 开展对信息流的分析

信息媒介就是人与物、物与场所合理结合过程中起指导、控制和确认等作用的信息载体。由于生产中使用的物品品种多、规格杂，它们不可能都放置在操作者的手边，如何找到各种物品，需要有一定的信息来指引；许多物品在流动中是不回归的，它们的流向和数量也要有信息来指导和控制；为了便于寻找和避免混放物品，也需要有信息来确认，因此，在定置管理中，完善而准确的信息媒介是很重要的，它影响到人、物、场所的有效结合程度。

人与物的结合，需要有 4 个信息媒介物。

第一个信息媒介物是位置台账，它表明"该物在何处"，通过查看位置台账，可以了解所需物品的存放场所。

第二个信息媒介物是平面布置图，它表明"该处在哪里"。在平面布置图上可以看到物品存放场所的具体位置。

第三个信息媒介物是场所标志，它表明"这儿就是该处"。它是指物品存放场所的标志，通常用名称、图示、编号等表示。

第四个信息媒介物是现货标志，它表明"此物即该物"。它是物品的自我标志，一般用各种标牌表示，标牌上有货物本身的名称及有关事项。在寻找物品的过程中，人们通过第一个、第二个媒介物，被引导到目的场所。

因此，称第一个、第二个媒介物为引导媒介物。再通过第三个、第四个媒介物来确认需要结合的物品，称第三个、第四个媒介物为确认媒介物。人与物结合的这 4 个信息媒介物缺一不可。建立人与物之间的连接信息，是定置管理这一管理技术的特色。是否能按照定置管理的要求，认真地建立、健全连接信息系统，并形成通畅的信息流，有效地引导和控制物流，是推行定置管理成败的关键。

(四) 定置管理设计

定置管理设计，就是对各种场地（厂区、车间、仓库）及物品（机台、货架、箱柜、工位器具等）进行科学、合理定置的统筹安排。定置管理设计主要包括定置图设计和信息媒介物设计。

1. 定置图设计

定置图是对生产现场所在物进行定置，并通过调整物品来改善场所中人与物、人与场所、物与场所相互关系的综合反映图。其种类有室外区域定置图，车间定置图，各作业区定置图，仓库、资料室、工具室、计量室、办公室等定置图和特殊要求定置图（如工作台面、工具箱内，以及对安全、质量有特殊要求的物品定置图）。定置图绘制的原则有以下 5 点。

(1) 现场中的所有物均应绘制在图上。

(2) 定置图绘制以简明、扼要、完整为原则，物形为大概轮廓、尺寸按比例，相对位置要准确，区域划分清晰鲜明。

(3) 生产现场暂时没有，但已定置并决定制作的物品，也应在图上表示出来，

准备清理的无用之物不得在图上出现。

(4) 定置物可用标准信息符号或自定信息符号进行标注,并均在图上加以说明。

(5) 定置图应按定置管理标准的要求绘制,但应随着定置关系的变化而进行修改。

2. 信息媒介物设计

信息媒介物设计,包括信息符号设计和示板图、标牌设计。在推行定置管理、进行工艺研究、各类物品停放布置、场所区域划分等都需要运用各种信息符号表示,以便人们形象地、直观地分析问题和实现目视管理,各个企业应根据实际情况设计和应用有关信息符号,并纳入定置管理标准。在信息符号设计时,如有国家规定的(如安全、环保、搬运、消防、交通等)应直接采用国家标准。其他符号,企业应根据行业特点、产品特点、生产特点进行设计。设计符号应简明、形象、美观。

定置示板图是现场定置情况的综合信息标志,它是定置图的艺术表现和反映。标牌是指示定置物所处状态、标志区域、指示定置类型的标志,包括建筑物标牌,货架、货柜标牌,原材料、在制品、成品标牌等。它们都是实现目视管理的手段。各生产现场、库房、办公室及其他场所都应悬挂示板图和标牌,示板图中内容应与蓝图一致。示板图和标牌的底色宜选用淡色调,图面应清洁、醒目且不易脱落。各类定置物、区(点)应分类规定颜色标准。

(五) 定置实施

定置实施是理论付诸实践的阶段,也是定置管理工作的重点。其包括以下3个步骤。

1. 清除与生产无关之物

生产现场中凡与生产无关的物,都要清除干净。清除与生产无关的物品应本着"双增双节"精神,能转变利用便转变利用,不能转变利用时,可以变卖,化为资金。

2. 按定置图实施定置

各车间、部门都应按照定置图的要求,将生产现场、器具等物品进行分类、搬、转、调整并予定位。定置的物要与图相符,位置要正确,摆放要整齐,贮存要有器具。可移动物,如推车、电动车等也要定置到适当位置。

3. 放置标准信息名牌

放置标准信息名牌要做到牌、物、图相符,设专人管理,不得随意挪动。要以醒目和不妨碍生产操作为原则。总之,定置实施必须做到:有图必有物,有物必有区,有区必挂牌,有牌必分类;按图定置,按类存放,账(图)物一致。

(六) 定置检查与考核

定置管理的一条重要原则就是持之以恒。只有这样,才能巩固定置成果,并使之不断发展。因此,必须建立定置管理的检查、考核制度,制定检查与考核办法,并按标准进行奖罚,以实现定置的长期化、制度化和标准化。

定置管理的检查与考核一般分为两种情况。

(1) 定置后的验收检查,检查不合格的不予通过,必须重新定置,直到合格为止。

(2) 定期对定置管理进行检查与考核。这是要长期进行的工作,它比定置后的验收检查工作更为复杂、更为重要。

定置考核的基本指标是定置率,它表明生产现场中必须定置的物品已经实现定置的程度。

其计算公式是:定置率=实际定置的物品个数(种数)/定置图规定的定置物品个数(种数)×100%。

思考与问题

企业应当怎样开展定置管理?

第九章 品管圈

 学习目标和要求

通过本章的学习,要求掌握品管圈活动的意义、规则和运作技巧。

 知识要点

1. 掌握品管圈活动的定义和意义
2. 掌握品管圈活动规则
3. 掌握品管圈的运作原理和应尽的职责

第一节 品管圈简介

品管圈(quality control circle,QCC)活动是基于尊重人性的观点,建立轻松愉快工作现场的管理方式。过去的管理观念认为,人性大多厌恶工作、逃避责任,因此要施加压力或强制监督,这样才能达成目标,依此观念所建立起来的组织制度,员工只有一个命令或一个动作的被动行为,无法发挥个人才能。在激烈竞争的今日,这种管理无法面面俱到,已经渐感乏力。只有靠集体的努力,共同发挥才能,聚集成一股巨力,才能在现场发挥最大的效果,于是日本品管权威石川馨博士以人性向善的观点,创始品管圈活动。它能一改过去的习惯,变成尊重人性,树立人人都想做好事情的理念,让员工有热心参与的力量,完成所交付的任务,在工作中获得更大的满足感与成就感(见图9-1)。

一、品管圈活动的定义

(一)品管圈活动的本质

所谓品管圈是指同一工作现场的人员自动自发地进行品质管理活动所组成的

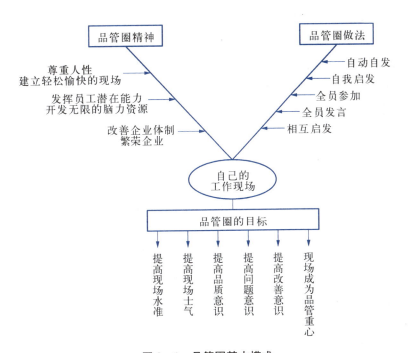

图 9-1 品管圈基本模式

小组。这些小组是作为全面质量管理活动的一环,在自我启发、相互启发的原则下,活用各种统计方法,以全员参加的方式不断地进行维护及改善自己工作现场的活动。

(二)品管圈活动的基本概念

品管圈起源并风靡于日本企业,我国香港、台湾地区称为品管圈,内地称为质量管理小组或 QC 小组。

品管圈是组织内一种特殊的较为活泼的活动形式,是由工作性质相同、相近或互补的人员组成一个小圈子,圈员集思广益,按照一定的程序,应用各种改善方法,努力协作,解决工作中待解决的课题或出现的问题。

品管圈给组织的高、中、基层人员尤其是后者提供了发挥能力的另一个舞台。

一个企业中,可以有若干个品管圈,并有一个机制对品管圈进行注册、管理、督导,定期召开成果发表会,这是企业推行 QCC 活动的一般模式。

品管圈通常有两种类型:一类是依据课题选择圈员成立起来的,可称为课题型品管圈;一类是依据人员的工作性质、兴趣等因素成立起来的,可称为人员型品管圈。

(三)品管圈的主要活动

(1)以现场主管或班长为中心,并由所属全员参加,以自主活动的方式组成现场永久性的活动小组。

(2) 品管圈活动作为全面品质管理的一环,在现场实行品质管理的活动。

(3) 全员研究各种改善方法、自我启发的小组活动。

(4) 透过定期或不定期圈会,自动自发地处理现场的问题,活用品管及改善方法,进行对自己工作现场的管理及改善的小组活动。

(5) 定期举行公司、工厂、部门、班组等的成果发表会,并参加外界的品管圈大会,如品管圈交流会、观摩会、研究会等,相互交换意见,相互启发,以提高现场人员的水准。

(四)品管圈活动对现场人员的好处

(1) 在现场一起工作的同事有相互切磋、一起学习的时间,使自己能不断地进步。

(2) 大家一起来动脑,把自己的构想创意在现场实现,使自己每天工作的现场变得更加完善。

(3) 能获得上司的尊重及相互尊重,大家一起建立愉快的工作现场。

(4) 能培养现场人员自己做企划、自动自发处理事情的风气。

(5) 能发挥现场人员的综合能力,创造出一个较轻松愉快,能使生产力更高、效果更好的工作环境。

(6) 能使我们的工作更有意义。

(五)品管圈活动的十大快乐

(1) 获得自信心的快乐。

(2) 获得他人赞赏的快乐。

(3) 自己的能力能充分发挥的快乐。

(4) 自己的真正实力能被认可的快乐。

(5) 自己能不断成长、充实的快乐。

(6) 自己的潜在能力能实现的快乐。

(7) 与大家一起协力合作的快乐。

(8) 与他人建立友谊的快乐。

(9) 在优秀公司内工作,有机会参加品管圈活动的快乐。

(10) 满足物质生活需求的快乐。

第二节　品管圈活动规则

一、品管圈的编组

(一)品管圈编组的目的

(1) 使方针、目标贯彻到现场作业者。

(2)确定品管圈在组织中的位置。

(3)推进自主自发的管理活动。

(4)提高圈的品质意识、问题意识、改善意识。

(二)品管圈的编组原则

(1)目标相同——能进行永续性活动。

(2)工作场所相同——能共同建立轻松愉快的工作现场。

(3)工作性质相同——能大家一起做改善活动。

(4)人数以 3—7 人为宜,最多也不要超过 10 人,使圈会能顺利进行。

二、品管圈的产生

(一)圈长的产生

圈长是推行品管圈活动的原动力,是整个圈的灵魂人物,所以圈长的选定非常重要。课题型品管圈的圈长往往由指定人员担任,人员型品管圈圈长往往通过推选产生。圈长的产生一般应满足以下原则。

(1)刚开始推行品管圈活动时,最好是以最基层的监督者——班长为圈长。

(2)品管圈活动已稳定下来时,互相推选有领导能力、具有实力者为圈长。

(3)品管圈活动已趋于成熟,圈员水准也相当高时,可以采用每期轮流当圈长。

(二)圈名的决定

圈名形式可丰富多样,最好能反映本圈的文化特性、活动特点,并能激发圈员的工作热情。如:"同心圈"、"踏实圈"、"冲浪圈"、"超越圈"、"QQ 圈"、"No.1 圈"、"Bright Boys 圈"等。

(三)圈员的确定

圈员人数以 3—10 人为佳。圈员范围可为同一部门,也可跨部门。跨部门品管圈通常是课题型品管圈,或者不同的部门人员因关系密切、目标一致而自发组成的品管圈。

品管圈初成立时,应选择那些性格较外向、敢于畅所欲言并具进取精神的圈员,以利于搞活圈子气氛,以后可逐步吸收圈员。

三、圈会的举行

品管圈活动能否顺利进行,主要取决于能否透过充分地交换意见提高全员的参与意识。

（一）圈会的任务

(1) 由圈员全员的意思决定品管圈活动的进行方向。

(2) 通过圈会达成圈员相互的意见调整、思想疏通。

(3) 通过圈会充分发挥圈员的能力。

（二）圈会的形式

圈会形式可以多种多样，包括日常管理圈会、启发学习圈会、改善活动圈会、增进感情圈会等。

（三）圈会的周期

各圈自定，一般每月 2 次左右，或每周 1 次，每次 1—2 小时。课题实施期间随机活动。

（四）圈会的准备

圈长尽早拟好会议计划，圈员必须事先充分准备好参加圈会。

会议计划应包含以下 7 项：理由（why）、主题（what）、出席者（who）、时间（when）、场所（where）和方法（how），详见表 9－1：

表 9－1　圈会会议计划

项　目		内　容	事　例
为何（why）	理由	会议目的	为选取活动定题目
什么（what）	主题	议题	活动题目的选定
谁（who）	人	出席者	圈员全员、上司
何时（when）	时间	月　日	年月日时分
何处（where）	场所	会议场所	会议室
如何（how）	方法	会议的进行方法	讨论方式（头脑风暴法）

(1) 圈长最迟在会议 3 天前做好准备。

(2) 圈长必须明确会议计划。

(3) 圈长必须先确认出、缺席者，听取缺席者意见。

(4) 查检前次的调查事项。

（五）圈会的场所

开会场所尽量选接近工作现场、气氛良好的地方或圈会室。

（六）圈会的进行方式

1. 圈会程序

圈会必须全员努力，准时举行，程序包括以下几项。

（1）圈会的目的。

（2）前次调查事项、保留事项。

（3）活动进行状况及问题的提出。

（4）各项题目的讨论。

（5）决议事项的确认。

（6）工作分配。

（7）结论。

（8）下次圈会的预定。

（9）圈会记录。

2. 主持圈会的注意事项

主持人在主持圈会时应注意以下几个方面。

（1）造成全员都能轻松发言的气氛。

（2）有必要由圈员检讨的议题优先讨论。

（3）一个议题充分讨论有结果后，再进行下个议题。

（4）讲求效率，在预定时间内结束。

3. 圈会进行时应注意事项

（1）不要迟到。

（2）出席者对问题要确实把握。

（3）不要只对特定的人来谈。

（4）不要个人攻击。

（5）不要感情用事。

（6）不要固执地坚持不现实的意见。

（7）多听取他人的意见，不要只主张自己的意见。

（8）对不发言的人不要任其缄默。

（9）尊重有创造性的意见。

（10）明确圈会的开始与结束时间。

（11）遵守预定时间。

4. 会后注意事项

（1）圈员需认真实施所分担的工作。

（2）圈长随时掌握活动实施情况，必要时给予应有的帮助。

（3）把决议事项向缺席圈员说明，并转达分担的工作使其了解。

（4）与需要配合的其他单位联系。

（5）向上级呈阅圈会记录。

（6）请求上级协助解决困难。

(7) 请辅导员帮忙。

（七）圈会会议记录的写法

圈会的记录一般有以下两种。

第一种，依照会议程序的记录方式。

下面是一个具体圈会会议记录的实例。

 实训指导

××小组第N次会议记录

(1) 时间：　　年　　月　　日　　时　　分

(2) 地点：

(3) 出席人员：

(4) 列席人员：

(5) 主席：

(6) 主席报告：（若主席及记录轮流担任，则小组长宣布开会后，向大家介绍主席及记录）

(7) 上次会议决议事项执行情形追查报告。（小组长要确实追查，并询问大家有无意见。）

(8) 讨论事项。

① 议题的决议（用条文式或图表等简明表示）。

② 记录要点：什么问题，用什么样的解决方法，谁去做，何时完成。

(9) 临时动议。有关品管小组活动问题的建议。

(10) 研讨时间。为提高工作品质及解决问题能力所需要的教育训练。

(11) 辅导员指导。针对本次议题结论及活动方法提出建议及鼓励。

(12) 下次会议时间及地点。（主席或记录轮流或互选时，应先确定，以便轮值主席准备。）

(13) 结论确认（主席复述决议事项及负责人、完成日期等）。

(14) 散会。

记录散会时间

主席签名：　　　　　　　记录签名：

第二种，简便的记录方式。

(1) 记录时间、地点、出席人员、列席人员、主要议题和决定。

(2) 也可用表格填记。配合活动步骤设计表格，如表9-2所示。

表 9-2　圈会的记录表格

问　　题	解决方法	何人负责	何时完成	追　　查

第三节　品管圈的运作

一、确定适当的主题

每个品管圈都有一定的范围,应该选择通过本圈努力可以达到的目标作为活动的主题。不要好高骛远。要既能创造实绩,又能带给圈员成就感。目前国内有种说法,即宜选择"小、实、活、新"的课题,这种说法值得借鉴。当然对于那些专门组织人力、财力、物力的大课题又另当别论了。

主题分以下两类。

(1) 课题类的主题。比如"决定在本部门内推行 5S"、"决定把目标管理模式导入本部门"等。

(2) 问题类的主题。比如"努力解决 A 工序返工率过高的现象"、"寻求×××大型设备经常漏油的解决方案"等。

二、按照科学的程序

确定了主题,需要采取步骤去达成它。为了避免主题"流产",这些步骤应该是科学的、严密的。下面推荐两种比较经典的也是常用的程序。

(一) PDCA 程序

PDCA 程序比较适用于课题类的主题。

(二) 问题、原因、措施、验证的程序

此程序是 PDCA 程序的简化,比较适用于问题类的主题。其具体步骤可表示为:发现问题→寻找原因→采取措施→验证效果。

三、采用必要的工具

在分析问题及制定措施时,有必要采用一些较为简便明了的统计方法。比如寻找产品品质缺陷时可选用排列图,分析问题原因时可选用因果图。

四、进行适当的记录

每个品管圈最好安排一位记录员,或者由圈长兼任。设计一些适合于本圈使用的记录表格形式,如"圈会记录表"、"课题进度跟踪表"等。

五、作出总结

经过每位圈员的共同协作和努力,最终达到预期的效果(或非预期效果)后,应该进行总结。如写出"冲浪圈 No.9901 成果总结"或"解决原材料标准不完善的问题"等总结报告。总结报告不宜拖沓冗长,宜生动活泼,尽量多采用表格、图片。若可制成幻灯片则用于成果发表会时效果尤佳。

总结报告可以包括下述内容:说明主题,为什么选择该主题;所设定的目标;每阶段的情况(切忌叙述每次活动的流水账);所取得的成果及仍存在的问题。

第四节　品管圈活动应尽的职责

一、圈员的职责

圈员的职责是透过日常的品管圈活动努力提高生产力,维持及改善品质,使自己的工作现场变得轻松愉快、生活得更有意义。其具体职责可以表现为以下几个方面。

(1) 热心参加圈会,积极参与活动。
(2) 圈会时活跃地发言,协助圈长营造活泼的开会气氛。
(3) 热心地分担所分配的实施项目。
(4) 靠圈员自己的力量,建立良好的人际关系。
(5) 透过品管圈活动消灭不良,保证品质。
(6) 确保现场的安全及自己的安全。
(7) 遵守作业标准实施作业。
(8) 造成轻松愉快而有人生意义的工作现场。

二、圈长的职责

圈长的职责具体表现为以下几个方面。

(1) 领导品管圈活动。

(2) 决定品管圈活动的方向。

(3) 建立圈员协助、全员参加、全员发言、全员分担的体制。

(4) 建立全体圈员的良好人际关系。

(5) 与其他圈保持良好的关系。

(6) 协助圈员会议、推行委员会等活动。

(7) 指导圈员掌握有关技术、改善方法、统计方法等。

三、部门主管的职责

部门主管的职责具体表现为以下几个方面。

(1) 培养圈员积极自主的活动气氛。

(2) 提供明确的目标和具体的方针。

(3) 积极说服高层,促其鼎力支持品管圈活动。

(4) 对于活动进行状况能完全了解。

(5) 协助选定有意义的活动题目。

(6) 尽力援助品管圈,解决困难。

(7) 经常表扬推行品管圈有功人员以激励士气,并对活动结果给予适当评价。

四、高层管理者的职责

企业高层管理者在品管圈活动中的职责可表现为以下几个方面。

(1) 正确理解品管圈活动的意义。

(2) 培养品管圈活泼的环境。

(3) 明确品管圈活动的具体方针(高层对品管圈所期待的是什么)。

(4) 正确评价品管圈活动,并多加称赞。

(5) 不要以有形成果为重点,应以如何使品管圈活动能永续为重点来培育及评价品管圈。

五、品管圈辅导员

(一) 辅导员职责

(1) 实施圈长与圈员的品管教育培训。

(2) 培养圈员自动自发参与圈会的风气。

(3) 促使品管圈活动与部门内的日常业务完全连接。

(4) 充分掌握圈员对于品管圈活动的想法和做法。

(5) 正确地指导圈员应用品管手法,以提高活动能力。

(6) 选定活动改善的问题。

(7) 对于品管圈本身无法处理的问题给予协助和精神上的鼓励。

(8) 辅助品管圈活动的持续性和永久性。

(9) 协助圈会顺利进行。

(二) 辅导员需具备的基本条件

(1) 对品管圈活动有充分了解。

(2) 对品管圈活动要有兴趣和热心。

(3) 要有温和的性情。

(4) 要有容纳的肚量。

(5) 要有丰富的知识和强烈的责任感。

(6) 善于表达思想、有灵敏的反应。

(三) 辅导时机

(1) 活动遇到困难。

(2) 活动没有进展。

(3) 未能达到预期的工作进度或目标。

(4) 未能充分发挥圈员的能力。

(5) 行为表现不适当、不负责任或意气用事。

(6) 圈员彼此间不能和睦相处。

(四) 辅导的要领

(1) 避免空洞的理论,积极寻求实际可行的具体方案。

(2) 把品质圈的困难视为自己的困难,以同处困境的心情谋求解决途径。

(3) 认定人有自主的能力,采用启发方式,不应采用大刀阔斧的手段。

(4) 以人性向上的善性,引导活动进入理性的境界,并激励圈员提高辨别是非的能力。

(5) 不让圈员以为是在"指示"他们做什么,应让他们有共同从事一项建设性改革的感觉。

(6) 耐心地倾听圈员说明的问题点和原因,让对方知道你对他们的尊重和关心,由此引发圈员尊重自己,并体会人生的意义和真实感。

(7) 尊重圈员的个性和自主性,辅导其建立自信与自爱,进而培养和睦友善的人际关系。

(8) 不用"命令"、"要求"与"企盼"等词汇,也不强迫对方一定要如何做,让圈员自行作最后决定。

 思考与问题

1. 品管圈活动的特点是什么?
2. 品管圈成员应尽到什么职责?

第十章 ISO9000 族标准概述

学习目标和要求

通过本章的学习,要求掌握 ISO9000 族标准的概念和构成、它的特点和益处以及在企业中如何推行和认证。

知识要点

1. 掌握 ISO9000 族标准的概念和构成
2. 掌握 ISO9000 族标准的特点和推行认证方法

第一节 ISO 组织和 ISO9000 简介

一、ISO 组织和 ISO9000 来历

ISO 是国际标准化组织的简称,该组织的英文全称是 International Organization for Standardization。

ISO 是世界上最大的国际标准化组织之一,它成立于 1947 年 2 月 23 日,总部现设在瑞士的日内瓦,其前身是 1928 年成立的"国际标准化协会国际联合会(ISA)"。ISO 的成员由来自世界上 100 多个国家和地区的标准化团体组成,每一个国家/地区只能有一个机构,代表中国参加 ISO 的国家机构是中国国家技术监督局(CSBTS)。ISO 与国际电工委员会(IEC)有密切的联系,国际电工委员会(IEC)也是比较大的标准化组织,主要负责电子、电工领域的标准化活动,而 ISO 负责除此之外的很多其他领域的标准化活动(如产业、工业、银行等领域),这两个组织是作为一个整体担负着制定全球协商一致的国际标准的任务。

ISO 的宗旨是"促进标准化及其相关活动的发展,以便于商品和服务的国际交换,在智力、科学、技术和经济领域开展合作"。ISO 的主要功能是为人们制定国际标准达成一致意见提供一种机制,其主要机构及运作规则都在一份名为"ISO/IEC 技术工作导则"的文件中予以规定。ISO 通过它的 2 856 个技术机构开展技术活动,其中技术委员会(TC)共 185 个、分技术委员会(SC)共 611 个、工作组(WG) 2 022 个、特别工作组 38 个,各会员国以国家为单位参加这些技术委员会和分委员会的活动。通过这些工作机构,ISO 每年制定和修订大量国际标准,标准的内容涉及广泛,从基础的紧固件、轴承各种原材料到半成品和成品,其技术领域涉及信息技术、交通运输、农业、保健和环境等。每个工作机构都有自己的工作计划,该计划列出需要制定的标准项目(试验方法、术语、规格、性能要求等)。目前,ISO 已经发布了一万多个国际标准,如 ISO 公制螺纹、ISO A4 纸张尺寸、ISO 的集装箱系列(目前世界上 95%的海运集装箱都符合 ISO 标准)、ISO 的胶片速度代码、ISO 的开放系统互联系列(OS2 广泛用于信息技术领域)和有名的 ISO9000 质量管理系列标准。ISO 制定出来的国际标准除了有规范的名称之外,还有编号,编号的格式是:ISO+标准号+[杠+分标准号]+冒号+发布年号(方括号中的内容可有可无),例如:ISO8402:1987,ISO9000-1:1994 等,分别是某一个标准的编号。

ISO9000 族标准是国际标准化组织颁布的在全世界范围内通用的关于品质管理和品质保证方面的系列标准。该标准系统总结了各先进工业国的品质管理经验,吸收了各国品质标准的精华,它不仅一举解决了企业如何建立国际通用品质管理体系问题,更主要是解决了在合同环境下,如何评价企业品质管理体系并取得客户信任的问题,它为促进国际贸易和企业管理带来了明显成效。它的产生把世界的品质管理扩展到一个新的发展阶段,使世界性的品质运动和品质管理工作朝着程序化和标准化的方向发展,这是人类社会的一个巨大进步,同时也证明了现代市场经济和企业经营国际化发展的必然趋势。因此,该标准一诞生,立即受到各国普遍的关注并深受企业欢迎,形成了世界范围内的 ISO9000 族热潮,迄今为止全世界绝大多数国家已等同或等效地采用了它,ISO9000 族展示了其巨大的生命力。

ISO9000 族标准主要是为了促进国际贸易而发布的,是买卖双方对品质的一种认可,是贸易活动中建立相互信任关系的基石。众所周知,对产品提出性能、指标要求的产品标准包括很多企业标准和国家标准,但这些标准还不能完全解决客户的要求和需要。客户希望拿到的产品不仅要求当时检验是合格的,而且在产品的全部生产和使用过程中,对人、设备、方法和文件等一系列工作都提出了明确的要求,通过工作品质来保证产品实物品质,最大限度地降低它隐含的缺陷。现在许多国家把 ISO9000 族标准转化为自己国家的标准,鼓励、支持企业按照这个标准来组织生产,进行销售。而作为买卖双方,特别是作为产品的需方,希望产品的品质

当时是好的,在整个使用过程中,它的故障率也能降低到最低程度。即使有了缺陷,也能给用户提供及时的服务。在这些方面,ISO9000族标准都有规定要求。符合ISO9000族标准已经成为在国际贸易上需方对供方的一种最低限度的要求,就是说要做什么买卖,首先看你的品质保证能力,也就是你的水平是否达到了国际公认的ISO9000品质保证体系的水平,然后才继续进行谈判。一个现代的企业,为了使自己的产品能够占领市场并巩固市场,能够把自己产品打向国际市场,无论如何都要把品质管理水平提高一步。同时,基于客户的要求,很多企业也都高瞻远瞩地考虑到市场的情况,主动把工作规范在ISO9000这个尺度上,逐步提高实物品质。由于ISO9000体系是一个市场机制,很多国家为了保护自己的消费市场,鼓励消费者优先采购获得ISO9000认证的企业产品。可以说,通过ISO9000认证已经成为企业证明自己产品品质、工作品质的一种护照。

ISO9000族标准经历了"1987版"、"1994版"、"2000版"和"2005版"4个版本,"2000版"就是2000年发布的ISO9000族第3版。2000版ISO9000族标准较"1994版"更完善、更科学,适用性更广泛,它由以下4项核心标准组成。

(1) ISO9000:2000《品质管理体系——基础和术语》,表述品质管理八项原则及80个有关术语。

(2) ISO9001:2000《品质管理品质体系——要求》,规定品质管理体系要求,用于证实组织具有提供满足顾客要求和适用法律法规要求的产品的能力,目的在于增进顾客满意,是认证的依据。

(3) ISO9004:2000《品质管理体系——业绩改进指南》,提供如何提高品质管理体系的有效性和效率两个方面的指南,目的在于促进组织业绩改进和使顾客及相关方满意。

(4) ISO19011:2000《品质和环境审核指南》,提供品质和环境管理体系审核的指南。

二、ISO9000在中国

随着社会主义市场经济体制的逐步建立,我国经济增长方式由粗放经营向集约经营转变,品质问题已成为我国经济能否又快又好地发展的一个关键。我国政府历来十分重视品质问题,领导人曾多次指出,速度是个战略问题,品质也是个战略问题;产品品质代表了一个国家的形象、一个民族的精神。要发展经济,要提高经济增长的品质和效益,产品品质是关键,品质是企业永恒的主题。国家技术监督局作为统一管理、组织协调全标准化、计量和品质工作的政府部门,近几年来通过加强对品质工作的宏观指导,强化产品品质国家监督抽查,大力宣传GB/

T19000－ISO9000 标准，积极开展品质认证，引导企业加强标准化、计量等技术基础工作，有效地促进了产品品质、工程品质、服务品质。国务院发布的《质量振兴纲要》中明确要从宣传、教育、法律、制度、政策等各方面采取进一步有效措施，推动我国产品品质、工程品质和服务品质跃上一个新的台阶。贯彻 ISO9000 系列标准，就是我国实现品质振兴的重要措施之一。

为适应经济发展和国际贸易需要，我国已将 ISO9000 系列标准等同转化为中国国家质量标准，即 GB/T19000－ISO9000 系列标准。这套标准在我国贯彻实施已有多年并取得了一定成效。随着对外开放的步伐加快，这套系列标准必将在我国社会主义市场经济体制建立过程中和经济增长方式的转变中，发挥越来越大的作用。

首先，贯彻 ISO9000 系列标准适应了国际贸易发展需要，已成为防止贸易壁垒的重要条件。目前 ISO9000 系列标准已成为欧洲 CE 条例的重要组成部分，由此而进一步引起各经济集团的高度重视。ISO9000 系列标准贯彻与否，已越来越成为国际贸易的重要条件。因此，已在国际贸易中成为重要一员的我国，也必然要把贯彻 ISO9000 系列标准作为发展国际贸易、防止非关税贸易壁垒的重要内容。

其次，贯彻 ISO9000 系列标准，适应了我国社会主义市场经济发展的需要，成为规范市场行为的重要依据。买卖双方是市场的主体，主体间的行为应该规范。我国在培育市场体系的过程中，对市场主体间发生的市场行为，需要按国际准则和国际惯例加以规范。第二方加强对第一方品质体系的评价，以及信任某一第三方机构所认证的品质体系，越来越成为我国社会主义市场经济发展中规范市场行为的重要内容。ISO9000 系列标准正是在第一方、第二方和第三方三者之间实施品质体系评价的重要依据。

最后，贯彻 ISO9000 系列标准，适应了我国建立现代企业制度的需要，成为规范企业品质管理的重要准则。我国正在推行现代企业制度，使企业真正成为自主经营、自负盈亏、自我发展、自我约束的经济实体。作为这样一种性质的经济实体，迫切需要按 ISO9000 系列标准的要求提高自身的整体管理素质，这是我国企业发展和提高产品品质、服务品质的重要基础。

三、ISO9000 的特点和益处

ISO9000 族标准从产品生产到服务事业皆能涵盖，为各项行业的管理模式所适用。它的特点和益处体现在以下几个方面。

（1）ISO9000 族标准是一套系统性的标准，涉及的范围、内容广泛，且强调对各部门的职责权限进行明确划分、计划和协调，从而使企业能有效地、有秩序地开展

各项活动,保证工作顺利进行。

(2) 强调管理层的介入,明确制定品质方针及目标,并通过定期的管理评审达到了解公司的内部体系运作情况,及时采取措施,确保体系处于良好的运作状态的目的。

(3) 强调纠正及预防措施,消除产生不合格或不合格的潜在原因,防止不合格的再发生,从而降低成本。

(4) 强调不断的审核及监督,达到对企业的管理及运作不断地修正及改良的目的。

(5) 强调全体员工的参与及培训,确保员工的素质满足工作的要求,并使每一个员工有较强的品质意识。

(6) 强调文件化管理,以保证管理系统运行的正规性、连续性。如果企业有效地执行这一管理标准,就能提高产品(或服务)的品质,降低生产(或服务)成本,建立客户对企业的信心,提高经济效益,最终大大提高企业在市场上的竞争力。

第二节 ISO9000 的实施与认证

"认证"一词的英文原意是一种出具证明文件的行动。"ISO/IEC 指南 2:1986"中对"认证"的定义是:"由可以充分信任的第三方证实某一经鉴定的产品或服务符合特定标准或规范性文件的活动。"举例来说,对第一方(供方或卖方)生产的产品甲,第二方(需方或买方)无法判定其品质是否合格,而由第三方来判定。第三方既要对第一方负责,又要对第二方负责,不偏不倚,出具的证明要能获得双方的信任,这样的活动就叫做"认证"。这就是说,第三方的认证活动必须公开、公正、公平,才能有效。这就要求第三方必须有绝对的权力和威信,必须独立于第一方和第二方之外,必须与第一方和第二方没有经济上的利害关系,或者有同等的利害关系,或者有维护双方权益的义务和责任,才能获得双方的充分信任。那么,这个第三方的角色应该由谁来担当呢? 显然,非国家或政府莫属。由国家或政府的机关直接担任这个角色,或者由国家或政府认可的组织去担任这个角色,这样的机关或组织就叫做"认证机构"。

现在,各国的认证机构主要开展如下两方面的认证业务。

(1) 产品品质认证。产品品质认证包括合格认证和安全认证两种。依据标准中的性能要求进行认证叫做合格认证;依据标准中的安全要求进行认证叫做安全认证。前者是自愿的,后者是强制性的。现在,全世界各国的产品品质认证一般都依据国际标准进行认证。

(2) 品质管理体系认证。这种认证是由西方的品质保证活动发展起来的。

随着品质保证活动的迅速发展,各国的认证机构在进行产品品质认证的时候,逐渐增加了对企业的品质保证体系进行审核的内容,进一步推动了品质保证活动的发展。

自从1987年ISO9000系列标准问世以来,为了加强品质管理,适应品质竞争的需要,企业家们纷纷采用ISO9000系列标准在企业内部建立品质管理体系,申请品质体系认证,很快形成了一个世界性的潮流。到2000年底为止,全世界已有100多个国家和地区等同采用ISO9000族标准,130多个国家和地区推行质量管理体系标准,其中有50多个国家和地区,根据ISO标准开展了第三方评定和注册服务工作,已有400多家品质管理体系认证机构在开展认证服务工作,在世界范围内已发出了40多万张ISO9000品质管理体系认证证书。不仅制造业这样做,服务行业(如金融、保险、房地产、酒店、旅游、交通、教育、卫生保健、行政管理、社会公益事业)和软件行业都在大力推进品质管理体系认证工作。目前全球正以每月递增2 000家组织通过品质管理体系认证的速度推进,以便在激烈的市场竞争中掌握主动权,为社会提供更好的服务。

这期间,我国经主管部门认可了品质管理体系认证注册机构80多家,约有近4万多个组织持有近4万多张品质管理体系注册证书。这些组织和证书包括了39个行业,分布在全国34个省、市、自治区和海外。第一个国际多边承认协议和区域多边承认协议也于1998年1月22日和1998年1月24日先后在中国广州诞生。签署了互认协议的17个国家包括:中国、日本、澳大利亚、新西兰、加拿大、美国、法国、英国、瑞典、西班牙、意大利、瑞士、丹麦、芬兰、挪威、荷兰、德国。从此,凡经签署多边互认协议的国家认可的认证机构签发的注册证书,上述国家均不歧视地接受(通行)。另外,中国还加入了国际认证联盟,联盟成员之间的认证证书也相互承认。这意味着,中国的企业正在走向世界,ISO9000系列标准在中国的发展前景令人乐观。

对于一个即将推行ISO9000族标准的企业来讲,ISO9000族标准的确非常全面,它规范了企业内从原材料采购到成品交付和售后服务的所有过程,牵涉到企业内从最高管理层到最基层的全体员工。

企业家也许会想,这么全面而复杂的体系,推行起来一定非常困难吧!不可否认,推行ISO9000是有一定难度,但是,只要企业领导真心实意地将推行ISO9000作为提升企业管理业绩的重要措施而不只是摆摆样子,将它作为一项长期的发展战略,稳扎稳打,按照企业的具体情况进行周密的策划,ISO9000终究能在企业里生根结果。

简单地说,推行ISO9000有如下5个必不可少的过程:知识准备→立法→宣传→贯彻执行→监督、改进。每个企业领导可以根据本企业的具体情况,对上述5

个过程进行规划,按照一定的推行步骤,引导企业逐步迈入ISO9000的世界。以下是企业推行ISO9000的典型步骤,可以看出,这些步骤中完整地包含了上述5个过程。

(1) 企业原有品质体系识别、诊断。
(2) 任命管理者代表、组建ISO9000推行组织。
(3) 制定目标及激励措施。
(4) 各级人员接受必要的管理意识和品质意识训练。
(5) ISO9001标准知识培训。
(6) 品质体系文件编写(立法)。
(7) 品质体系文件大面积宣传、培训、发布、试运行。
(8) 内审员接受训练。
(9) 若干次内部品质体系审核。
(10) 在内审基础上的管理者评审。
(11) 品质管理体系完善和改进。
(12) 申请认证。

企业在推行ISO9000之前,应结合本企业实际情况,对上述各推行步骤进行周密的策划,并给出时间上和活动内容上的具体安排,以确保得到更有效的实施效果。

企业经过若干次内审并逐步纠正后,若认为所建立的品质管理体系已符合所选标准的要求(具体体现为内审所发现的不符合项较少时),便可申请外部认证。因为进行品质认证,是稳定提高产品品质、增强企业市场竞争能力的有效途径。认证的程序一般包括:企业向认证机构提交申请;认证前检查与准备;组织现场迎审;正式现场审核;审核结果宣布;获取证书。

 思考与问题

1. 应用ISO9000族标准与其他管理思想有什么不同?
2. 企业怎样才能避免被ISO标准束缚了手脚?

第十一章 质量管理原则和体系基础

 学习目标和要求

通过本章的学习,要求掌握八项质量管理原则的含义和实际应用、质量管理体系的基础和主要的质量管理术语。

 知识要点

1. 掌握质量管理原则的含义和应用措施
2. 掌握主要的贸易术语

第一节 质量管理八项原则

八项质量管理原则是在总结质量管理实践经验和理论研究的基础上提出来的最基本、最通用的一般规律,通过密切关注顾客和其他相关方的需求和期望来改进组织的总体业绩。通过组织的领导作用和全员参与,八项基本原则可以成为组织文化的重要组成部分。

一、八项质量管理原则产生的背景和作用

(一) 产生背景

还是在 1995 年,ISO/TC176 在策划 2000 版 ISO9000 族标准时,在第二分技术委员会 SC2 里专门成立一个工作组——WG15,征集世界上最受尊敬的一批质量管理专家的意见,并在此基础上编写了"ISO/CD19004-8《质量管理原则及其应用》"一文,提出了八项质量管理原则。

1996 年该文件在 ISO/TC176 的特拉维夫年会上征求意见,得到普遍的赞同。

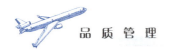

WG15 为确保此文件的权威性和广泛一致性,又在 1997 年的哥本哈根年会上对八项质量管理原则的正文(不包括应用指南)进行投票,在 36 个投票国中有 32 个赞成,4 个反对。但反对意见不是不同意这八项质量管理原则,而是认为文件不像技术报告的格式,这表明八项质量管理原则实际上是得到全体投票国的赞成。WG15 在取得如此重大成果后宣布解散。

(二)八项质量管理原则的作用

八项质量管理原则是自 1987 年以来,从全世界的广大组织推行 ISO9000 族标准的实践中总结出来的理论,考虑了大多数国家质量标准的有关内容,是一项重要的技术成果。八项质量管理原则确定了 ISO9000 族标准的理论基础之一,成为贯穿 ISO9000 族标准的八根红线。具体说来,八项质量管理原则的作用是:

(1)指导 ISO/TC176 编制 2000 版 ISO9000 族国际标准和相关文件。

(2)指导组织的管理者建立、实施、改进本组织的质量管理体系。

(3)指导广大的审核员、咨询师和质量管理工作者学习、理解和掌握 2000 版 ISO9000 族标准。

二、八项质量管理原则的理解与操作

(一)原则一:以顾客为关注焦点

组织依存于其顾客。因此,组织应理解顾客当前的和未来的需求,满足顾客要求并争取超越顾客期望。

这是质量管理的核心思想。因为任何组织都依存于顾客,顾客是每一个组织生存的基础。不论组织是制造业的企业,还是服务业或软件业的企业,以及政府机关、学校、法院、检察院、人民团体等事业单位,都需要有顾客接受其产品或服务,才会去生产产品或提供服务,才有交换和收入,才能生存和发展下去,否则就得关闭或撤销。因此,一个组织必须把顾客作为日常生产、活动和工作时时刻刻关注的焦点,时刻关注着顾客的动向,理解、识别和确定顾客当前和未来的需求,以及对现有产品的满意程度。目的是可以根据顾客的要求和期望做出改进,以取得顾客的信任,从而稳定地占有市场,并能根据市场的变化动向作出快速反应,进而更多地占有市场。要实施本原则,组织需展开以下活动。

1. 识别和确定组织的外部顾客和内部顾客

组织的外部顾客是指不是本公司的组成部分,但是受本公司活动影响的个人或组织,即公众。内部顾客既是本公司的组成部分,又是受本公司活动影响的人,例如下一道工序的员工,实施下个程序或过程的部门,或进行下个活动的同事,有时还可能是组织的上级公司或上级。识别和确定外部顾客和内部顾客也就是说识别和确定谁接受你销售或放行的产品、谁接受你提供的服务或下交续办的事情。

2. 全面了解顾客的需求和期望(包括当前的和未来的)

顾客要求是顾客当前的、明示的需求,而顾客期望则是顾客隐含的(心里想的、尚未表露的)或未来的需要。顾客的需求和期望主要表现在对产品的特性要求方面。比如产品的符合性、可靠性、交付能力、售后服务、价格和寿命期内的费用,等等。这些要求和期望为组织的活动提供了目标。

3. 确保组织的各项目标(包括质量目标能体现顾客的需求和期望)

组织制定质量方针和质量目标要与组织宗旨相适应,以增强顾客满意为目的,确保体现顾客的需求和期望,也就是将顾客最关心的因素转化为组织的质量目标。

4. 确保顾客的需求和期望在整个组织中得到沟通

组织应当把质量目标分解到相关职能和层次,通过内部沟通程序,将反映顾客需求和期望的质量要求和相关信息在组织内部进行沟通,达到充分理解。

5. 满足顾客要求并争取超越顾客的期望

通过宣传和沟通,组织应当能够使千方百计满足顾客要求和法律法规要求成为全体员工的日常行动。但人的需要是不断发展的,原有的需要满足后,又会产生新的需要。顾客期望,即顾客隐含的或未来的需要,就是新的需要。因此,组织要及时地调整自己的经营策略,采取必要措施以适应市场的变化,满足顾客不断发展的需求和期望,并且超越顾客的需求和期望,使自己的产品处于领先的地位。

6. 测量顾客的满意程度并采取相应的活动和措施

组织应当策划和开展监视和测定顾客满意度的过程和活动,并对监测得到的信息和数据,运用统计技术进行分析,以测量质量管理体系业绩,找出顾客不满意之处及其原因,以便采取措施持续改进业绩。

7. 处理好与顾客的关系,力求顾客满意

组织与顾客通常是以产品为纽带而产生多方面的关系,其中最基本的关系是组织依存顾客而存在的商品交换关系。所以组织应当策划和开展确定、评审与产品有关的要求的过程和活动,特别需要策划和有效安排与顾客沟通的过程和活动,设身处地地仔细分析来自市场和顾客的信息,包括顾客抱怨,以便确保真正理解顾客当前的和未来的需求,以增强顾客满意。

8. 确保兼顾其他相关方的利益,使组织得到全面、持续的发展

其他相关方包括组织的员工、所有者或投资者、供方或投资伙伴、债务方、银行、工会、政府和社区社会。每个组织都有若干不同的相关方,每个相关方都会对组织提出不同的需求和期望,组织也会为所有相关方带来不同的利益。对此,组织均应给予考虑并采取相应的措施,兼顾所有相关方的需求和期望,让他们满足各自的需求和期望,而组织也能获得全面、持续的发展。

对企业外部而言，客户就是市场。"以顾客为关注焦点"原则的实施，始终关注顾客要求并及时、始终加以满足，既能使组织及时抓住市场机遇，作出快速而灵活的反应，从而能提高市场占有率、增加收入、提高经济效益，又能提高顾客对组织的忠诚度，还能在方针和战略形成、目标制定和运作管理等方面使全组织了解顾客及其相关方的需求，确保有关的目标和指标直接与顾客的需求和期望相联系，改进组织满足顾客的需求和期望的业绩。

对企业内部而言，也应该以市场关系对下一道工序负责、服务，比如，供应部将按计划采购的原料移交车间生产使用，那么供应部采购的原料一定要满足生产车间的需求，在移交过程中要严格按质量管理体系运行。

（二）原则二：领导作用

领导者建立组织统一的宗旨及方向。他们应当创造并保持使员工能充分参与实现组织目标的内部环境。

这里的领导者是指一个组织的最高管理者，他们在组织中起着重要作用。他们的职责和权限集中一点就是在最高层指挥和控制组织，关键是如何高水平指挥和控制自己的组织？

领导要在考虑组织和所有者、员工、顾客、合作伙伴、行业、社会等各类相关方的需求后制定方针，作出规划，确定有挑战性的目标，使员工理解并动员他们去实现这个目标。领导要赋予职责和权限，提供资源，激励员工为实现目标和持续改进做贡献。简要地说，作为一个组织的领导，应该提出目标，落实职能，提供资源，促进参与，检查绩效，组织实施改进。领导并不需要事必躬亲，但这几个方面必须亲自负责。关键是通过其领导作用及所采取的各项措施，创造一个能使全体员工充分参与的良好的内部环境，因为只有在这种环境下，才能确保质量管理体系得以有效运行。

我们已经知道，组织的员工是组织的内部顾客，所以，"领导作用"的质量管理原则的目的，在一定意义上可以认为是通过使内部顾客满意，而营造一个优良的质量管理环境。为此，组织的最高管理者需策划并采取以下措施。

1. 考虑所有相关方的需求和期望

为使所有相关方满意，需要考虑如何满足和制定相应的政策和策略。

2. 为本组织的未来描绘清晰的远景，制定质量方针和质量目标

组织的最高管理者要通过制定组织的质量方针来清晰地描述组织未来的远景。

3. 在整个组织及各级、各层次制定富有挑战性的目标

最高管理者需要根据顾客和相关方的需求和期望以及市场的变化，从上到下、从下到上讨论制定可测量的、经过努力可以实现的、具有挑战性的并能使组织获益

的质量目标,并把质量目标展开到组织的各部门、各层次。

4. 在组织各级创造并坚持一种共同的价值观

一个组织要生存与发展,要在竞争中取胜,不仅需要具备一定的物质优势,而且还要具备一种精神优势,即培养、建设具有自身特色的组织文化。组织的主体是人,而组织活力的源泉在于组织成员的积极性、智慧和创造力。只有用组织文化这种群体意识去统一组织成员的思想行为,才能振奋起组织成员爱组织、爱集体、爱岗位的主人翁责任感和自豪感,从而增强组织的内聚力和外引力,使组织立于不败之地。

5. 使全体员工工作在一个比较宽松、和谐的环境之中,建立信任,消除忧虑

一个组织的优良的内部环境是靠领导者来创立、倡导、培养和营造的。领导者可以通过营造向心环境、顺心环境、荣感环境、民主环境来实现组织环境的优化;可以通过尊重人才、双向沟通达到相互信任,消除疑虑,建立人人平等的工作环境。

6. 为员工提供所需的资源、培训及在职责范围内的自主权

要做到人尽其才,才尽其用,必须使每个员工责、权、利相结合,并且提供适宜的工作环境、设施和设备,提供使之提高技能的培训,使员工愿意为实现组织的目标而工作。

7. 激发、鼓励并承认员工的贡献

建立激励机制以鼓励员工多做贡献,最大限度地调动每个人的积极性。

8. 提倡公开和诚恳的交流和沟通

在组织内建立适当的沟通过程,可以运用多种多样规范化的沟通程序和方法,提倡公开和诚恳的交流和沟通。

9. 实施为达到目标所需的发展战略

"领导作用"原则的实施,由于创造并保持了一个比较宽松、和谐和有序的环境,规定了工作准则,因此,全体员工能够理解组织的目标并动员起来去实现这些目标,所有活动能以一种统一的方式加以评价、协调和实施。领导者可以通过推广先进经验促进持续改进。

(三) 原则三:全员参与

各级人员是组织之本。只有他们的充分参与,才能使他们的才干为组织带来收益。

全体员工以及他们的积极性是每个组织的根本,产品是员工劳动的结果。组织的质量管理不仅需要发挥领导作用,而且要依赖全员的参与。只有当每个人的能力、才干得到充分发挥时,才能为组织带来最大的收益。所以要对员工进行质量意识、职业道德、以顾客为关注焦点的意识和敬业精神的教育。首先使员工了解他们在组织中的作用及他们工作的重要性,明白为了完成目标自己要做些什么,激发

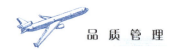

他们的积极性和责任感；然后给予机会提高他们的知识、能力和经验，让员工具备足够的知识技能，对组织的成功负有使命感，渴望参与持续改进并努力做出贡献，既知道本职工作的目标，也知道应该如何去完成，这样才能实现充分参与，全身心地投入，使他们的才干为组织带来收益。组织应用"全员参与"这条原则的主要目的也就是给予每位职员参与的机会与权利，分工明确，资源共享，为组织创造更好的形象。

因此，一个组织的管理层应学会适度的集权和分权，并应能够做到以下几点。

（1）使员工了解他们贡献的重要性和在组织中的作用。对员工进行职业道德教育，使员工理解自身贡献的重要性及其在组织中的作用，即清楚自己的职责、权限以及工作的内容、要求、程序，理解其活动的结果对下一步工作的贡献和影响。

（2）教育员工要识别影响他们工作的制约条件。员工对每项工作要了解将会遇到的阻力和影响，了解应如何克服阻力和影响，以便取得理想的结果。

（3）在本职工作中，让员工有一定的自主权，并承担解决问题的责任。员工所赋予的职责和权限要适当，既能解决各种问题，又能承担相应的责任。

（4）将组织的总目标分解到职能部门和层次，让员工看到更贴近自己的目标，激励员工为实现目标而努力，并评价员工的业绩。

（5）启发员工积极寻找机会来提高自己的能力、知识和经验。

（6）在组织内部，提倡自由地分享知识和经验，使先进的知识和经验成为共同的财富。

"全员参与"原则的实施，就是把全体员工动员起来，使他们积极参与，投入对业绩负有责任的工作，树立起工作责任心，并且主动地、积极地去寻找改进机会，实现承诺，从而实现组织的方针和目标。

（四）原则四：过程方法

将活动和相关的资源作为过程进行管理，可以更高效地得到期望的结果。

"过程方法"的定义是：系统识别和管理组织所应用的过程，特别是这些过程之间的相互作用，称为"过程方法"。其中，"过程"是指"一组将输入转化为输出的相互关联或相互作用的活动"。

过程方法的优点是能对诸过程的系统中单个过程之间的联系以及过程的组合和相互作用进行连续的控制。由于每个过程考虑其具体的要求，所以资源的投入、管理的方式和要求、测量方式和改进活动都能互相有机地结合并作出恰当的考虑和安排，从而可以有效地使用资源、降低成本。因此，ISO9000族标准鼓励在建立、实施质量管理体系以及改进其有效性上采用过程方法，通过满足顾客要求，增强顾客满意。

运用过程方法的目的是获得持续改进的动态循环，并使组织的总体业绩得到显著提高。过程方法通过识别组织内关键的过程,随后加以实施和管理并不断进行持续改进,更高效地得到期望的结果,以使顾客满意。

过程方法要求组织对其所有的过程要有一个清晰的理解。过程包括一个或多个将输入转化为输出的活动。通常,一个过程的输出直接成为下一个过程的输入。但有时多个过程之间形成比较复杂的过程网络。这些过程的输入和输出与内部和外部的顾客相连接。在应用过程方法时,必须考虑运用 PDCA 循环对每个过程,特别是关键过程的要素,包括输入、输出、活动、资源、管理和支持过程,进行识别和管理。

质量管理体系是通过一系列的过程来实施的,质量策划就是要通过识别过程,确定过程的输入和输出,及将输入转为输出所必需的各项活动、职责和义务、所需的资源、活动间的接口等,以实现过程的增值,获得预期的结果。产品实现是质量管理体系的一个过程,其中又有诸如设计开发、采购、顾客财产、过程控制等不同的子过程。而为了支持产品实现过程,还需要测量、提供资源等过程,它们之间有联系,也有相互制约,共同形成一个过程网络。每个组织都处在一个过程网络之中。因而,一个组织运用过程方法,识别和管理组织错综复杂的过程网络,应能够做到以下几点。

(1) 识别质量管理体系所需要的过程①,包括管理活动、资源管理、产品实现和测量有关的过程,确定这些过程的顺序和相互作用。

(2) 确定每个过程为取得所期望的结果所必须开发的关键活动,并明确为了管理这些关键过程的职责和义务。

(3) 确定对每个过程的运行实施有效控制的准则和方法,并实施对过程的监视和测量,包括测量关键过程的能力,为此可采用适当的统计技术。

(4) 对这些过程的监视和测量的结果进行数据分析,发现改进的机会,并采取措施,包括提供必要的资源,实现持续的改进,以提高过程的有效性和效率。

(5) 评价过程结果可能产生的风险、后果及对顾客、供方及其他相关方的影响。

(6) 尽量确保过程增值。

组织采用了过程方法,对质量管理体系所需过程的各要素进行了管理和控制,通过使用有效的资源,可获得改进的、一致的和可以测量的结果,使组织具有降低成本并缩短周期的能力。

(五)原则五:管理的系统方法

将相互关联的过程作为系统加以识别、理解和管理,有助于组织提高实现目标的有效性和效率。

质量管理体系的构成要素是过程。一组完备的相互关联或相互作用的过程的

---

① 这里的过程都是泛指质量管理体系所需的过程。

有机组合就构成了一个系统。系统的功能是由结构决定的。构筑体系的基础是过程网,过程网的结构是决定体系功能的关键。过程网的结构确定必须围绕组织的总体目标的实现,从整个体系着眼优化结构,从而实现系统的目标。系统的有效性和效率不仅取决于系统的结构,而且还在于必须从系统的全局来评价和实施这些过程,追求整体优化而不是局部优化。所以,为实现设定的目标,将相互关联或相互作用的过程作为系统加以识别、理解和管理,可以帮助组织提高实现目标的有效性和效率。这就是一种系统管理方法。

以过程方法为基础,针对给定的目标,识别、理解并管理一个由相互关联的过程所组成的体系有助于提高组织的有效性和效率。2000 版 ISO9001 标准从 4 个方面规定了质量管理体系的过程网络,这 4 个方面是管理职责、资源管理、产品实现和测量、分析和改进。每个方面都包含了若干个要求,使各要求间的相互关系非常明确,有利于各个过程彼此协调一致,能最有效地取得期望的结果。一个组织成功运用系统管理方法,应做到以下几点。

(1) 以过程方法建立体系并以最有效的方法实现目标。

(2) 了解质量管理体系所需过程之间的相互依存关系。

(3) 确定体系内特定活动的目标,以及这些活动应该如何运作。

(4) 对体系进行测量、评估和持续改进。

系统方法实际上可包括系统分析、系统工程和系统管理三大环节。它从系统地分析有关的数据、资料或客观事实开始,确定要达到的优化目标;然后通过系统工程,设计或策划为达到目标而应采取的各项措施和步骤,以及应配置的资源,形成一个完整的方案;最后在实施中通过系统管理而取得高有效性和高效率。管理的系统方法,是围绕某一个设定的方针和目标,确定实现它的关键活动,识别由这些活动构成的过程,分析这些过程之间的相互作用和相互影响的关系,按照某种方式或规律将这些过程有机地组成一个系统,管理这个系统,使之能协调地运行。

系统方法和过程方法,都是以过程为基础,都要求对各个过程之间的相互作用进行识别和管理。但系统方法着眼于整个系统和实现总目标,使得组织所策划的过程之间相互协调和相容。过程方法关注的是过程控制和运作,着眼于具体过程,对其输入和输出、相互关联和相互作用的活动进行连续的控制,以实现每个过程的预期结果。

(六) 原则六:持续改进

持续改进整体业绩应当是组织的一个永恒目标。

"以顾客为关注焦点"的原则告诉我们,组织依存于顾客,因此,组织应当理解顾客当前的和未来的需求,满足顾客要求并争取超越顾客期望。但是,顾客的需求和期望是不断变化的,顾客的要求是动态进步的,体系停滞在一个水平上,势必会带来顾客的不满意。因此要持续改进，不断提高满足要求的能力。这是一个永恒的主题，永无止境。

质量管理体系的充分性是相对的，从不够充分到比较充分，再到很充分也是持续改进的过程。持续改进从概念上不是指预防发生错误，而是在现有水平上不断提高，关注的是提高产品质量、改善服务、减少特性变差、减少浪费、减少成本、提高有效性和效率等。持续改进不是抽象的，而是有一定的方法，如失效模式分析、实验设计、统计过程控制、价值工程等，在实施中是通过使用质量方针、目标、审核结果、数据分析、纠正和预防措施以及管理评审，促进质量管理体系的持续改进。改进的领域如提高人力资源素质（包括智力、体力、性格）、减少非增值空间、提高作业节拍、开发更有效的生产周期体系、提高产品质量水平、改善工作环境等。持续改进实际上是组织建立一个自我完善、自我改进的运行机制的过程，从而不断地满足顾客要求，提高组织整体业绩。而质量管理体系提供了持续改进的框架，也就是我们常说的"PDCA"循环：策划、实施、检查、改进（即新的策划），此框架又是实施、检查、改进（再新的策划），如此循环往复，周而复始，旨在保证组织提供始终满足顾客要求的产品，向组织的相关方和顾客提供信任。PDCA循环就通过这些步骤实施改进，不仅适用于产品实现过程，也适用于支持过程。组织运用"持续改进"的原则以提高组织业绩、增强竞争能力，应做到以下几点。

（1）在整个组织内采用始终如一的方法来推行持续改进，即持续改进成为一种制度，是组织的一个永恒的目标。

（2）持续改进包括：了解现状；建立目标；寻找、评价和实施解决办法；测量、验证和分析结果，把更改纳入文件等。

（3）为了保证持续改进得以实施，为员工提供关于持续改进的方法、工具和手段的培训。例如，统计技术、统筹方法的培训。

（4）建立一种激励制度，使产品、质量管理体系所需过程和质量管理体系的持续改进成为组织内每个员工的目标。

（5）应为跟踪持续改进规定指导和测量的目标。也就是说，这些目标可以引导持续改进的实施、作为测量持续改进结果的准则、为跟踪持续改进指明方向，以使持续改进总体业绩成为组织的一个永恒目标。

（6）识别并通报持续改进的情况，承认改进的结果，并对改进有功的员工通报表扬和奖励。主动地、积极地寻找持续改进的机会，坚持持续改进，通过战略和业务规划把各项持续改进集中起来，形成更有竞争力的业务计划，制定现实而富有挑战性的改进目标并提供资源以实现此目标。向员工提供各种机会、工具、方法以鼓励他们改进产品、质量管理体系所需过程、质量管理体系，吸收员工参加组织的持续改进过程，从而提高了组织对改进机会的快速而灵活的反应能力，增强了组织的

竞争优势。

(七) 原则七：基于事实的决策方法

有效决策是建立在数据和信息分析的基础上的。

成功的结果取决于实施之前的精心策划和正确的检测。一切用数据说话，有证据才能辨别是非，决策才可能有效，才可能防止失误；应用统计技术或其他分析方法对数据和信息进行分析，决策才有效，才不会出现失误。

决策是组织内各级管理者经常履行的职责之一。决策就是针对预定的目的，在一定的约束条件下，从各种方案中筛选出最佳方案付诸实施。能确保预定目标实现的决策是有效决策。经过努力达不到目的的决策就是失策。而正确适宜的有效决策依赖于良好的决策方法。

因此，正确的决策需要管理者，特别是最高管理者，以科学的态度，在事实或正确的数据和信息的基础上，应用适当的分析方法，通过符合逻辑的分析，作出正确的决策。没有事实的决策或只凭个人主观意愿的决策是绝对不可取的。为此，"基于事实的决策方法"原则为组织管理者特别是最高管理者提供了一种正确的决策方法和观念。

数据是事实的表现形式，信息是有用的数据。组织要确定所需的信息及其来源、它的传递途径和用途，要确保数据是真实的，对数据要进行分析而获得信息。对信息流要加强有效管理，使使用者能及时地得到适用的信息，这些都是必须做好的为基于事实的决策方法服务的基础性工作。为遵循"基于事实的决策方法"，组织应做到以下几点。

(1) 通过测量积累，或有意识地收集与目标有关的各种数据和信息，并明确规定收集信息的种类、渠道和职责。

(2) 通过鉴别，确保数据和信息的准确性和可靠性。

(3) 采取各种有效方法，对数据和信息进行分析。

(4) 应确保数据和信息能为使用者得到和利用。

(5) 根据对事实的分析、过去的经验和直觉判断作出决策并采取行动。

实施这一原则的好处是：管理者能根据数据和信息进行决策，制定出既实际又富有挑战性的组织目标和质量目标，增强对各种意见和策略进行评审、质疑、更改的能力，可以根据信息验证过去决策的正确性，使将来的决策更符合实际。

(八) 原则八：与供方互利的关系

组织与供方是相互依存的，互利的关系可增强双方创造价值的能力。

一个产品，通常不可能由一个组织从最初的原材料开始加工直至形成最终顾客使用的产品，而是由多个组织分工，构成"供方—组织—顾客"的供应链，通过上下游组织的协作来完成。供方就是组织产品的原材料、零部件、服务或信息的提供方。供方提供的产品或服务将对组织向顾客提供满意的产品产生重要的影响,因此处理好与供方的关系,影响到组织能否持续稳定地提供顾客满意的产品。另一方面,在供应链日趋复杂的今天,与供方的关系也影响到组织对市场的快速反应能力,而组织的市场扩大,则为供方增加了更多合作机会。所以,组织与供方是相互依存的。对供方不能只讲控制,不讲合作互利,特别对关键供方,更要建立互利关系,这对组织和供方都是有利的。帮助供方,就如同帮助自己获得利润。

组织应用"与供方互利的关系"原则,应采取以下措施。

(1) 识别并选择重要供方,提出对供方的识别、评价、选择和控制要求。

(2) 权衡短期利益和长期效益,确立与供方的关系。

(3) 与重要供方共享专门技术和资源。

(4) 创造一个通畅和公开的沟通渠道,及时解决问题。

(5) 确定联合改进活动。

(6) 激发、鼓励和承认供方及其成果。

实施与供方互利的关系原则,与供方合作,可以降低成本,使资源配置达到最优化;可以增强对市场的变化联合作出灵活和快速的反应;通过发展战略联盟和供方的参与,创造竞争优势,可以增强供需双方创造价值的能力。

 思考与问题

1. 组织为什么要"以顾客为关注焦点"? 怎样才能"以顾客为关注焦点"?

2. 领导在质量管理中应起什么作用? 主要职责是什么?

3. 全员参与的特点是什么? 组织应如何做才能让全员都充分参与?

4. 应用过程方法对你熟悉的一项工作过程进行分析,寻找改进机会。

5. 你被公司委任到一家管理混乱、质量事故频出的生产工厂任经理,你打算如何开展工作?

6. 为什么要与供方建立互利关系?

第二节 质量管理体系基础

在 2000 版 ISO9000 标准的第 2 章"质量管理体系基础"中列出了 12 条,包括两大部分内容:一部分是八项质量管理原则具体应用于质量管理体系的说明;另一部分是对其他问题的说明。因此这 12 条基础既体现了八项原则,又对质量管理体系的某些方面作了指导性说明,起着"承上启下"的重要作用。

一、质量管理体系的理论说明

这是 12 条基础的总纲,说明了以下 4 个问题。

(1) 说明质量管理体系的目的就是要帮助组织增强顾客满意。从这个意义上来说,顾客满意程度可以作为衡量一个质量管理体系有效性的总指标。

(2) 说明顾客对组织的重要性。组织应对顾客的需求和期望进行整理、分析、归纳和转化为产品特性,并体现在产品技术标准和技术规范中。对顾客要求既可采用合同形式作出具体规定,也可采用非合同形式而由组织预测顾客要求后加以确定。但无论如何,顾客将最终决定产品是否可以接受。

(3) 说明顾客对组织持续改进的影响,由于顾客的需求和期望是不断变化的,这就驱使组织持续改进其产品和过程。这也体现了顾客是组织持续改进的推动力之一。持续改进的其他两个动力来自竞争压力和科技进步。

(4) 说明了质量管理体系的重要作用。质量管理体系能提供持续改进的框架,因而可增加顾客和相关方对组织及其提供的产品的满意程度,帮助组织提高竞争力,还由于它能使组织提供持续满足顾客要求的产品,故可赢得组织及其顾客的信任。质量管理体系方法是管理的系统方法在质量管理体系基础上应用的结果,是建立质量管理体系的具体方法。它要求组织分析顾客要求,规定为达到顾客要求所必需的过程,并使这些过程处于连续受控状态,以便生产出顾客乐意购买的产品。

二、质量管理体系要求与产品要求

不同组织的质量管理体系要求与产品要求是有区别的,这两种要求的区别在于以下两个方面。

(1) 产品要求是针对具体产品在性能、安全性、可靠性和环境适应性等方面的要求,是由顾客提出或规定的,或由组织通过预测顾客的要求规定的,或由法规规定的。产品要求体现在组织的技术规范、产品规范、过程标准、合同协议和法规要求中,通过组织的技术管理层层展开分解,将其落实到产品生产的每个过程或每个组成部分。

(2) 质量管理体系要求是通用要求,适用于各行业、各类产品;质量管理体系要求是由 2000 版 ISO9001 标准规定的;质量管理体系要求是针对组织在质量方面的管理体系要求,其目的是证实组织具有提供满足顾客要求和适用的法规要求的产品的能力,并通过质量管理体系的有效运用来达到顾客满意。每个组织为符合质量管理体系标准的要求而采取的措施是不同的,要根据本组织的具体情况建立质量管理体系。质量管理体系要求通过质量方针和质量目标以及质量职责的层层展开、分解,最终落实到每个员工和每个岗位。

就每个组织而言,质量管理体系要求和产品要求缺一不可,不能相互替代。质量管理体系要求除了产品质量保证之外,还旨在增进顾客满意,它本身不规定产品要求,是对产品要求的补充。

三、质量管理体系方法

在2000版ISO9000标准列举了建立和实施质量管理体系的8个步骤。
(1) 确定顾客和其他相关方的需求和期望。
(2) 建立组织的质量方针和质量目标。
(3) 确定实现质量目标所必需的过程和责任。
(4) 确定和提供实现质量目标必需的资源。
(5) 规定测量每个过程的有效性和效率的方法。
(6) 应用这些测量方法确定每个过程的有效性和效率。
(7) 确定防止不合格并消除产生原因的措施。
(8) 建立和应用持续改进质量管理体系的过程。

以上这8个步骤体现了PDCA循环:其中第(1),第(2)项是系统分析的工作,其成果是建立质量方针和质量目标;第(3),第(4),第(5),第(7)项是系统工程,即策划和设计的工作,其重点是确定过程、职责、资源、测量方法及纠正措施等;第(4),第(6),第(8)项是具体实施过程的系统管理,包括具体测定现有的或改进后的过程的有效性和效率,提供资源及持续改进体系。

四、过程方法

前面讲过,过程是指一组将输入转化为输出的相互关联或相互作用的活动。过程方法是指系统地识别和管理组织所应用的过程,特别是这些过程之间的相互作用。

首先应识别质量管理体系所需的过程,包括组织的管理活动、资源提供、产品实现和测量有关的过程,并确定过程的顺序和相互作用。

其次应对各过程加以管理,即控制各个过程的要素,包括输入、输出、活动和资源等,这样才能使过程有效。

因此,过程方法的优点就在于能对诸过程组成的系统中单个过程之间的联系以及过程的组合和相互作用进行连续的控制。

2000 版 ISO9000 族标准将以过程为基础的质量管理体系用一个模型图来表示(图 11-1)。从图中可以看出,质量管理体系的四大过程:"管理职责"、"资源管理"、"产品实现"和"测量、分析和改进"彼此相连,最后通过体系的持续改进而进入更高的阶段。从水平方向看,顾客(和其他相关方)的要求形成产品实现过程的输入,通过使用资源(人力资源、基础设施含监视测量装置、工作环境)转化成产品实现过程的输出——最终产品。产品交付给顾客后,顾客(及其他相关方)将对其满意程度的意见反馈给组织的"测量、分析和改进过程",作为体系持续改进的一个依据。在新的阶段,"管理职责"根据测量、分析和改进的结果进行新的策划,并把新的决策反馈给顾客(及其他相关方),如果他们据此有新的要求,"管理职责"过程再修订决策,从而进入一轮新的循环,促进体系业绩有效和高效。

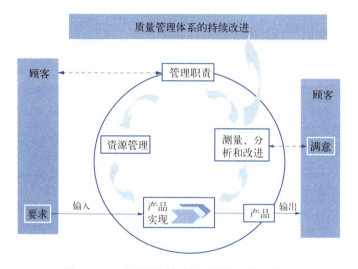

图 11-1　以过程为基础的质量管理体系模式

利用这个模型图,组织可以明确主要过程即产品实现过程,而其他 3 个过程是支持性过程,组织可以将 4 个过程,特别是产品实现过程进一步展开、细化,并对过程进行连续控制,从而改进体系的业绩。

五、质量方针和质量目标

质量方针是由组织的最高管理者正式发布的该组织总的质量宗旨和方向。质量目标则是组织在质量方面所追求的目的。

(一)质量方针和质量目标的作用

(1) 指出组织在质量方面的方向和追求的目标,使组织的各项质量活动都能围绕这个方针和目标来进行，让全体员工都来关注它的实施和实现。

(2) 质量方针指出了组织满足顾客要求的意图和策略，而质量目标则是实现这些意图和策略的具体要求。两者都确定了要想达到的预期结果，使组织利用其资源来实现这些结果。

(二) 质量方针和质量目标之间的关系

质量方针为建立和评审质量目标提供了框架，质量目标在此框架内确立、展开和细化。质量方针还要具体体现组织对持续改进的承诺，体现满足顾客和法律法规要求，与组织的宗旨相适应。质量目标应与质量方针保持一致，不能脱节和偏离或降低要求。

(三) 对质量目标的其他要求

(1) 质量目标应适当展开。除了有一个总目标外，有关部门和适当层次还应根据总目标确定自己的分目标。

(2) 质量目标的实现程度应是可测量的。可测量并不意味目标必须定量，有时定性地表示也是可以的。

(四) 实现质量目标的好处

(1) 对产品质量、QMS 运行有效性、财务业绩（即经济效益）都会产生积极的影响。

(2) 对顾客和其他相关方的满意和信任也会产生积极的影响。

六、最高管理者的作用

最高管理者指组织的最高领导层，具有决策、指挥和控制的职责和权力。

他们的最重要的任务就是要通过具体的领导作用和各种措施来创造一个良好的内部环境。在这个环境中，质量管理体系得到有效的运行，全体员工可以充分参与，发挥他们的主动性、积极性和创造性。

八项质量管理原则为最高管理者提供了管理理念，最高管理者应在其发挥其领导作用的 9 个方面充分应用八项质量管理原则。

(1) 制定并保持组织的质量方针和质量目标（领导作用原则）。

(2) 通过增强员工的意识、提高积极性和参与程度（全员参与原则），在整个组织内促进质量方针和质量目标的实现（领导作用原则）。

(3) 确保整个组织关注顾客要求（以顾客为关注焦点原则）。

(4) 确保实施适宜的过程（过程方法原则）以满足顾客和其他相关方（与供方互利的关系原则）要求，并实现质量目标。

(5) 确保建立、实施和保持一个有效的管理的系统方法原则（QMS），以实现这

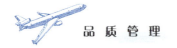

些质量目标。

(6) 确保获得必要的资源(领导作用原则)。

(7) 定期评审管理的系统方法(领导作用原则、持续改进原则)。

(8) 决定有关质量方针和质量目标的措施(基于事实的决策方法原则、持续改进原则)。

(9) 决定改进管理的系统方法原则的措施(持续改进原则)。

七、文件

文件是指信息及其承载媒体。信息是文件的实质内容,信息的不同决定了文件的性质不同。

(一) 文件的价值

总的来说,文件的价值是传递信息、沟通意图、统一行动。文件的具体用途是:

(1) 满足顾客要求和质量改进。

(2) 提供适宜的培训。

(3) 重复性(或再现性)和可追溯性。

(4) 提供客观证据。

(5) 评价质量管理体系的有效性和持续适宜性。

编制文件不是组织的最终目的。组织要求建立一个形成文件的质量管理体系,并不要求将质量管理体系中所有的过程和活动都形成文件。文件的多少及详略程度取决于活动的复杂性、过程接口的多少、人员的技能水平和培训等诸多因素。文件的目的是使质量管理体系的过程得到有效的运作和实施。文件只有在体系中具体应用、实施后,才能产生增值效果。

(二) 质量管理体系中使用的文件类型

质量管理体系中使用的文件类型包括质量手册、质量计划、规范、指南、程序、作业指导书和图样、记录,等等。而文件的数量多少、详略程度、使用什么媒体视具体情况而定,一般取决于下列因素。

(1) 组织的类型和规模。

(2) 质量管理体系所需过程的复杂性和相互作用。

(3) 产品的复杂性。

(4) 顾客的要求。

(5) 适用的法律法规要求。

(6) 经证实的人员的能力。

(7) 满足质量管理体系要求所需证实的程度。

八、质量管理体系评价

质量管理体系建立并实施后,可能会发现不完善或不适应环境变化的情况,因此需要对它的适宜性、充分性和有效性进行系统的、定期的评价,发现不足或不符合要求之处,以便采取改进措施。

(一)质量管理体系过程的评价

由于质量管理体系是由许多相互关联和相互作用的过程构成的,所以对各个过程的评价是质量管理体系评价的基础。

在评价质量管理体系时,应对每一个被评价的过程,提出如下 4 个基本问题。

(1)质量管理体系所需的过程是否已被识别并确定相互关系?

(2)职责是否分明?

(3)程序是否得到实施和保持?

(4)在实现所要求的结果方面,过程是否有效?

前两个问题一般可以通过文件审核得到答案。而后两个问题则必须通过现场审核和综合评价才能得到结论。对 4 个问题的综合回答可以确定评价的结果。

(二)质量管理体系审核

质量管理体系审核时,"审核准则"一般指 2000 版 ISO9001 标准、质量手册、程序文件及适用的法规等。

体系审核用于确定符合质量管理体系要求的程度。审核发现(即审核的结果)可用于评定质量管理体系的有效性和识别改进的机会。

体系审核有第一方审核(内审)、第二方审核和第三方审核 3 种类型。第一方审核由组织或以组织的名义进行,即内审;第二方审核,由组织的顾客或由他人以顾客的名义进行;第三方审核,由外部独立的机构进行,这类机构通常是由政府核准的组织认可的。其中,后两类审核又称外部审核。

(三)质量管理体系评审

这项工作由组织的最高管理者主持、组织,就质量方针和质量目标对质量管理体系的适宜性、充分性、有效性和效率按计划的时间间隔进行的系统的评价。这种评审可包括考虑是否需要修改质量方针和质量目标,以响应顾客和其他相关方需求和期望的变化。

质量管理体系评审也是一个过程,它依据的是相关方的需求和期望。审核报告和其他信息可作为输入,评审结论和确定需采取的措施是评审输出。质量管理体系评审是一种组织自我评价的方式。

（四）自我评定

这是一种参照质量管理体系或优秀模式(如质量管理奖)对组织的活动和结果所进行的全面的系统的评价，也是一种第一方评价。它可以对组织业绩和体系成熟程度提供一个总的看法，有助于识别组织中需要改进的领域并确定需要优先开展的项目或活动。

九、持续改进

持续改进是八项质量管理原则之一。持续改进原则用于质量管理体系时，其目的在于增加顾客和其他相关方满意的程度。

对质量管理体系实施持续改进时，也要采取管理的系统方法。在2000版ISO9000标准2.9条列举了持续改进的8个步骤。

(1) 分析和评价现状，以识别改进区域。

(2) 确定改进目标。

(3) 寻找可能的解决办法，以实现这些目标。

(4) 评价这些解决办法并作出选择。

(5) 实施选定的解决办法。

(6) 测量、验证、分析和评价实施的结果，以确定这些目标已经实现。

(7) 正式采纳更改。

(8) 必要时，对结果进行评审，以确定进一步改进的机会。

从这种意义上说，改进是一种持续活动。顾客和其他相关方的反馈以及质量管理体系的审核和评审均能用于识别改进的机会。

十、统计技术的作用

应用统计技术可帮助组织了解变异，解决问题，提高有效性和效率。这些技术也有助于更好地利用可获得的数据进行决策。

在许多活动的状态和结果中，变异是客观存在的。变异分为正常变异和异常变异，正常变异在生产过程和产品质量控制中是允许的，而异常变异是不允许的。因为它的存在会导致大量不合格品和服务产生，必须采取措施加以改进。而统计技术有助于解决这个问题。统计技术可以对这些变异进行测量、描述、分析解释和建立数学模型。运用模型对数据进行统计分析能帮助我们更好地理解变异的性质、程度和产生变异的原因，从而帮助我们决策，采取相应措施，解决已出现的问题，甚至可以预防由变异产生的问题。因此，统计方法是促进持续改进产品质量、过程和质量管理体系有效性的有力武器。

十一、质量管理体系与其他管理体系的关注点

质量(顾客满意)目标是组织的主要目标而不是唯一目标,质量管理是组织各项管理的内容之一而不是全部。组织的目标还有增长、资金、利润、环境、职业卫生与安全等等,这些目标都与质量目标有或多或少的联系。因此,组织除了质量管理外,还有其他管理,而一个组织的管理体系也就包括了若干个不同的分体系,如质量管理体系、财务管理体系、环境管理体系、职业卫生与安全体系等。这些管理体系有各自的方针和目标。这些目标相辅相成,构成了组织各方面的奋斗目标。

一个组织的各部分管理体系是互有联系的。它们实际上存在着共同的组成要素,如文件管理活动、记录管理活动、纠正措施、预防措施等。考虑到不同的管理体系共用这些共同的要素,最理想的情况是把它们合成一个总的管理体系,尽量采用相同的要素(如文件、记录等)。这将有利于总体策划、资源配置、确定互补的目标并评价组织的整体有效性。

十二、质量管理体系与优秀模式之间的关系

优秀模式是指那些在管理上,特别是质量管理上创造出更佳的方法和更好业绩的组织管理模式。各个国家都有这种模式,如国家质量管理奖。2000版ISO9000族标准提出的质量管理模式是一种先进的模式而不是优秀模式。优秀模式,如美国的国家质量管理奖,比2000版ISO9000族标准的要求范围要宽得多、程度高得多,评审也要严格得多。

2000版ISO9000族标准的质量管理体系方法和优秀模式之间共同之处在于依据共同的原则,而不同之处在于应用范围不同。

 思考与问题

1. 质量管理体系是如何满足顾客要求的?
2. 质量管理体系达到要求,是否就可以保证产品质量也达到要求?为什么?
3. 质量管理体系方法的步骤是什么?它与PDCA循环有什么关系?
4. 质量管理体系为什么要文件化?
5. 为什么要持续改进?怎样持续改进?
6. 阐述质量管理体系基础的内容。

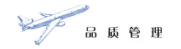

7. 质量管理体系与其他管理体系的关注焦点是什么？

第三节　质量管理体系术语

2000版ISO9000标准《质量管理体系——基础和术语》第三章"术语和定义"中，列出了80条术语，分为十大范畴。以下是一些常用术语和概念。

(一) 质量

定义：一组固有特性满足要求的程度。反映实体（产品、服务、活动……）满足明确和隐含需求的能力的特性总和。其有以下特点。

(1) 质量好坏要看是否符合需要、是否能达到顾客满意。

(2) 质量是相对而非绝对的、是动态的而非静态的、是可能随时发生变化的。

(3) "固有的"（其反义是"赋予的"）就是指在某事或某物中本来就有的，尤其是那种永久的特性。

(二) 质量特性

定义：产品、过程或体系与要求有关的固有特性。其有以下特点。

(1) 固有特性是产品的一部分，如螺栓的直径。

(2) 赋予特性（如产品的价格）不是固有的特性。

(三) 要求

定义：明示的、通常隐含的或必须履行的需求或期望。

(四) 产品

定义：过程的结果。通常产品由以下几个通用产品类构成，产品包括：

(1) 硬件（hardware），通常是有形产品，如汽车轮胎、几台机床等。

(2) 软件（software），如计算机程序。

(3) 流程性材料（processed material），如石油化工产品、电线电缆，具有连续的计量性特征，如吨、升、米等。

(4) 服务（service），通常是无形的，如运输。许多产品由不同类别的产品构成，服务、软件、硬件或流程性材料的区分取决于其主导成分。硬件和流程性材料经常被称为货物，而生产硬件和流程性材料的行业经常被称为制造业。服务的特点：形态的无形性、产销的同时性、质量的波动性、不可储存性。

(五) 顾客满意

定义：顾客对其要求已被满足的程度的感受。其有以下特点。

(1) 顾客抱怨是一种满意程度低的最常见的表达方式，但没有抱怨并不一定表明顾客很满意。

(2) 即使规定的顾客要求符合顾客的愿望并得到满足，也不一定确保顾客很满意。

(六) 管理体系

定义：建立方针和目标并实现这些目标的体系。一个公司的管理体系可包括若干个不同的管理体系，如质量管理体系、财务管理体系或环境管理体系。

(七) 质量管理体系

定义：在质量方面指挥和控制组织的管理体系。

质量管理体系包括软件体系和硬件体系。软件体系包括组织机构、职责和文件等等；硬件体系包括工作环境、基础设施和人力资源等等。

(八) 质量管理

定义：质量方面指挥和控制组织的协调的活动。

在质量方面的指挥和控制活动，通常包括制定质量方针和质量目标以及质量策划、质量控制、质量保证和质量改进。

(九) 质量方针

定义：由组织最高管理者正式颁布的该组织总的质量宗旨和方向。其有以下特点。

(1) 质量方针与组织的总方针一致并为制定质量目标提供框架。

(2) 八项质量管理原则可作为制定质量方针的基础。

(3) 质量方针体现了一个组织中长期质量方面的远景蓝图。

(十) 质量目标

定义：在质量方面所追求的目的。其有以下特点。

(1) 质量目标通常依据组织的质量方针制定。

(2) 通常对组织的相关职能和层次分别规定质量目标。

(十一) 质量控制

定义：质量管理的一部分，致力于满足质量要求。

(十二) 质量保证

定义：质量管理的一部分，致力于质量要求能得到满足的信任。

为提供足够的信任表明实体（产品、服务、活动……）能够满足质量要求，而在质量体系中实施并根据需要进行证实的全部有计划和有系统的活动。质量保证主要关注预期的产品。

(十三) 质量改进

定义：质量管理的一部分，致力于增强满足质量要求的能力。

(十四) 持续改进

定义：增强满足要求的能力的循环活动。

制定改进目标和寻求改进机会的过程是一个持续过程，该过程使用审核发现和审核结论、数据分析、管理评审或其他方法,其结果通常导致纠正措施或预防措施。

(十五) 工作环境

定义:工作时所处的一组条件。

条件包括物理的、社会的、心理的和环境的因素(如温度、人体工效和大气成分)。

(十六) 程序

定义:为进行某项活动或过程所规定的途径。

程序通常应规定:

(1) 活动的目的和范围。

(2) 做什么,由谁做。

(3) 何时,何地,如何做。

(4) 需用什么样的材料、设备和文件。

(5) 如何控制和记录。

程序可以形成文件,也可以不形成文件。

(十七) 文件

定义:信息及其承载媒体(记录、规范、程序文件、图样、报告、标准)。

媒体可以是纸张、计算机磁盘、照片、标准样品、电子媒体或它们的组合。

(十八) 可追溯性

定义:追溯所考虑对象的历史、应用情况或所处场所的能力。

当考虑产品时,可追溯性可涉及以下几个方面。

(1) 原材料和零部件的来源。

(2) 加工过程的历史。

(3) 产品交付后的分布和场所。

产品或服务实现追溯可通过标识和记录。

(十九) 质量手册

定义:规定组织质量管理体系的文件。

为了适应组织的规模和复杂程度,质量手册在其详略程度和编排格式方面可以不同。

(二十) 审核

定义:为获得审核证据并对其进行客观的评价,以确定满足审核准则的程度所进行的系统的、独立的并形成文件的过程。

审核分为内审和外审。

内审,又称为第一方审核,用于内部目的,由组织自己或以组织的名义进行,可作为组织自我合格声明的基础。外审,包括通常所说的第二方审核和第三方审核。

第二方审核由组织的相关方(如顾客)或由其他人员以相关方的名义进行。第三方审核由外部独立的组织进行。这类组织提供符合要求的认证或注册。

 思考与问题

1. 怎样区分质量和质量特性?
2. 服务属于产品吗?它有哪些特点?
3. 质量管理通常包括哪些活动?
4. 质量目标和质量方针的区别是什么?
5. 为什么要实现产品的可追溯性?
6. 什么是第一方审核、第二方审核和第三方审核?

第十二章 质量管理体系的要求

 学习目标和要求

通过本章的学习,要求掌握 2000 版 ISO9000 族标准关于"质量管理体系"的条款,掌握质量管理体系文件的构成和编写要求,掌握质量管理体系的运行、改进和监控及评审方法,掌握质量管理体系认证的作用和实施程序。

 知识要点

1. 掌握如何策划和建立质量管理体系
2. 掌握质量方针和质量目标的制定方法,会编写质量体系文件
3. 掌握过程方法和质量管理体系的监测分析,了解资源管理内容
4. 掌握质量管理体系持续改进的含义和方法,了解质量改进的基本手段
5. 掌握质量审核的种类、内容和方法,以及质量管理体系的评审内容与方法
6. 掌握质量管理体系认证的概念、意义和实施程序

2000 版 GB/T19001《质量管理体系——要求》规定了质量管理体系应满足的基本要求,本章将详细讲述这些要求,但省略了引用标准、术语和定义的描述。

第一节 ISO9001 的使用说明

一、总则

任何组织都有其质量管理体系,或在客观上都存在质量管理体系,组织根据其对质量管理体系的不同需要,都会对质量管理体系提出各自的要求。2000 版

ISO9001标准为有下列需求的组织提出了质量管理体系应满足的基本要求。

（1）需要证实其有能力稳定地提供满足顾客和适用的法律法规要求的产品。

（2）有效应用质量管理体系，包括质量管理体系持续改进的过程以及保证符合顾客与适用的法律法规要求，旨在提高顾客满意程度。

组织的质量管理体系是多种多样的，采用什么样的质量管理体系，则受到多种因素的影响，如组织的各种需求（组织的追求是什么？）、具体的目标（组织的目标特别是质量目标是什么样的？）、所提供的产品（是四大类产品中的哪一类？）、所采用的过程（组织的关键过程是什么？过程之间的相互作用的复杂程度如何？）、组织的规模和结构（组织的人员、场地和产量等规模大小和组织结构的复杂程度）。

二、标准应用

标准所提出的所有要求都是为了满足组织上述两项需求而规定的，对所有要求的理解和实施应基于组织的上述两项需求。所有要求对各种类型、不同规模和提供不同产品的组织都是适用的。当某一组织因其产品的特点等因素而不适用其中某些要求时，可以考虑对这些不适用的要求进行删减。

当某一组织拟通过2000版GB/T19001标准的质量管理体系认证或拟声明符合该标准的要求，又因组织及其产品的特点而需要考虑对该标准中的某些不适用的要求进行删减时，这种删减必须符合该标准对删减的条件；这些条件包括：

（1）范围：删减的内容仅限于该标准的第7章"产品实现"的范围。

（2）能力：删减后不影响组织提供满足顾客和适用法律法规要求的产品的能力。

（3）责任：删减后并不免除组织提供满足顾客和适用法律法规要求的产品的责任。

当组织委托加工或者外包特定产品实现某些生产过程时，组织要对产品实现负完全责任，在这种情况下，组织就不能删减相关的质量管理体系要求。相反，组织必须能够证实其对这样的过程实施了足够的控制，以确保这些过程能够按照2000版GB/T19001标准的相关要求进行。对这些过程的控制程度依赖于委托加工或外包的过程的性质和涉及的风险，在与供方签订的协议中可能需包括过程规范和过程确认、供方的质量管理体系要求、现场检验和验证要求以及审核。

任何的删减必须在组织的质量手册、相关的认证文件或营销材料等公开文件中给予清楚的表述，以免误导顾客和最终用户。

关于影响满足法律法规要求的责任的案例

ABC公司是个跨国公司，为其分布在世界各地生产同一品牌饮料的分公司提供原液、配方和生产工艺，仅此是可以删除7.3款要求的；但由于不同地域、不同民族的口味和习惯有差异，不同国家的安全健康法规要求不同，因此，各分公司尚需对配方组分和生产工艺作微小的调整，例如调整甜度、充气量和咖啡因含量等，以满足不同国家、不同民族的法规要求，因此各分公司又有产品实现过程的设计责任，这种情况下，其质量管理体系不能删减7.3款要求。

第二节 质量管理体系总要求和文件要求

一、质量管理体系总要求

质量管理体系总要求包括以下5个方面的子要求。
（1）符合：质量管理体系应符合标准所提出的各项要求。
（2）文件：质量管理体系应形成文件。
（3）实施：质量管理体系应加以实施。
（4）保持：质量管理体系应加以保持。
（5）改进：质量管理体系应持续改进其有效性。

组织只有系统地对在组织范围内所应用的质量管理体系所需的过程及过程之间的相互作用予以识别和管理，才能使过程达到期望的结果。具体来说组织必须做到以下几点。

（1）识别建立质量管理体系所需的全部过程，识别这些过程所需的输入、输出、所需开展的活动、应投入的资源、过程的顾客、顾客的要求，任何质量管理体系所需的过程都不能被遗漏。

（2）确定过程之间的相互作用、过程的顺序和过程的接口。

（3）对过程的输入、输出及开展的活动和投入的资源作出明确的规定，考虑过程结果的特性，给出对过程进行监视、测量和分析的准则和方法。

（4）获得必要的资源和信息，通过对信息的判定从而实现过程的监视。

（5）组织应监视、测量和分析这些过程。

（6）通过对所获结果的分析，针对分析的结果而对过程采取必要的措施，以实现持续改进。

组织就本标准的要求对这些质量管理体系所需的过程进行管理。这些过程包括管理活动，资源提供，产品实现和测量、分析与改进有关的过程。

若存在影响产品符合性的外包过程，组织应在质量管理体系中明确对这类外包过程的控制，并确保对外包过程的控制要满足标准所提出的相应要求。

思考与问题

某来料加工厂，当生产旺季，有一部分产品交给外厂加工，然后由本厂生产线检验后，合格品随本厂生产的合格品一起提交检验部门检验，合格后出厂。这种情况是否需要在该厂的质量管理体系文件中加以识别和说明？

二、质量管理体系的文件要求

组织应以灵活的方式将其质量管理体系形成文件。质量管理体系文件可以与组织的全部活动或选择的部分活动有关。组织对质量管理体系文件，包括文件的数量、类型、格式和形式等，可以根据自身的惯例和需要等自行选择，重要的是质量管理体系文件的要求和内容应能适应组织所采用的质量目标，目的是要使每一个组织可以通过制定最少量的且必要的文件，就可证实其过程得到有效策划、运行和控制，证实其质量管理体系得到有效实施和持续改进。

需要强调的是，2000 版 ISO9001 标准所要求的是一个"形成文件的质量管理体系"而不是一个"文件体系"。

（一）文件要求总则

1. 文件是指信息及其承载媒体

媒体可以是纸张、计算机磁盘、光盘或其他电子媒体、照片、标准样品，或它们的组合。

2. 一个组织的质量管理体系文件应符合本标准的要求

其具体要求包括：

（1）质量方针和质量目标，并形成文件。

（2）质量手册。

（3）2000 版 ISO9001 标准在对体系的管理方面规定 6 项活动（文件控制、记录控制、内部审核、不合格品控制、纠正措施、预防措施）应制定形成文件的程序。

（4）为确保对过程的有效策划、运行和控制所需要的文件,如对特定的项目、产品、过程或合同,规定由谁及何时应使用哪些程序和相关资源的文件称为质量计划。

（5）对所完成的活动或达到的结果提供客观证据的文件,称为记录。

此外,组织还可能存在其他类型的文件。如：组织结构图,过程图/流程图,作业指导书,生产计划,内部沟通的文件,批准的供方清单,质量计划,检验和试验计划,规范,表格,外来文件。

"形成文件的程序"涵盖了4个方面要求：建立该程序,将该程序形成文件,实施该程序,保持该程序。

程序是为进行某项活动或过程所规定的途径。程序可以形成文件,也可以不形成文件。当程序形成文件是通常称为"形成文件的程序"或"书面程序"。

实训指导

程序文件的编写可采用"5W1H分析法"。"5W1H分析法"即为什么做（why）、做什么（what）、谁来做（who）、在何时做（when）、在何地做（where）、怎样做（how）。在程序文件的编写中,包括采用什么设备、工具、文件以及如何控制记录,等等。对于质量活动所涉及的文件应注明文件名称。

形成文件的标准所要求的记录包括：管理评审；教育、培训、技能和经验；实现过程及其产品满足要求的证据；与产品有关的要求的评审结果及由评审引起的措施；与产品要求有关的设计和开发输入；设计和开发评审的结果以及必要的措施；设计和开发验证的结果以及必要的措施；设计和开发确认的结果以及必要的措施；设计和开发更改评审的结果以及必要的措施；设计和开发更改的记录；供方评价结果以及由评价而采取的必要措施；在输出的结果不能够被随后的监视和测量所证实的情况下,组织应证实对这些特殊过程的确认。当有可追溯性要求时,对产品的唯一性标识；丢失、损坏或者被发现不适宜使用的顾客财产。当无国际或国家测量标准时,用以检定或校准测量设备的依据。当测量设备被发现不符合要求时,对以往的测量结果的确认；测量设备校准和验证的结果；内部审核结果；指明授权放行产品的人员；产品符合性状况以及随后所采取的措施,包括所获得的让步；纠正措施的结果；预防措施的结果。

3. 适宜的文件应能使质量管理体系有效运行

质量管理体系文件的多少与详略程度取决于下列因素。

（1）组织的规模和活动的类型。

（2）过程及其相互作用的复杂程度。

（3）人员的能力。

思考与问题

请以金字塔的形式将质量管理体系文件的5个层次表述出来。

(二) 质量手册

组织应编制和保持质量手册,并按文件控制要求控制质量手册。

质量手册是组织规定质量管理体系的文件。对某一组织而言,质量管理体系是唯一的,质量手册也具有唯一性。质量手册的结构、详略程度和格式编排与一个组织的类型、规模和产品或过程的复杂程度以及组织的文化和风格有关。

质量手册的内容至少应包括以下几个部分。

(1) 清楚地阐述质量管理体系的范围,如果存在删减则须说明已被删减的标准要求,包括任何删减的细节和这种删减的合理性。

(2) 质量手册应包括或引用2000版ISO9000族标准要求的和质量管理体系所要求的形成文件的程序。

(3) 对经识别和建立的质量管理体系的过程之间的相互作用给予表述。这一点是组织对2000版ISO9000族标准的4.1总要求的一种具体体现。而对众多相互关联的质量管理体系的过程及过程之间相互作用描述的多少和详略程度,则由组织根据其产品类型、组织规模、产品或过程的复杂程度和组织的需求而定。

由于质量手册本身就是各种文件形式中的一种,因此组织必须按照2000版ISO9000族标准有关文件的控制条款的要求对质量手册予以控制。

需要强调的是,为质量管理体系所编制的形成文件的程序,包括了2000版ISO9000族标准所要求的对6项活动编制的形成文件的程序,也包括组织根据自身需要而为质量管理体系所编制的其他形成文件的程序。

 实训指导

编好质量手册,要遵循以下原则。

(1) 主要领导直接参与。

(2) 以2000版ISO9000系列标准及ISO10013《质量手册编制指南》为基本依据。

(3) 编制质量手册要履行组织内部立法程序,使质量手册具有法规性。

(4) 质量手册应与组织其他标准、规章制度等相协调。

质量手册一定要有效、实用。

(三) 文件控制

文件控制是指对文件的编制、评审、批准、发放、使用、更改、再次批准、标识、回

收和作废等全过程活动的管理。记录是一种特殊类型的文件,这种特殊性表现在当记录尚未填写时,一张空白的表格仍属一般的文件,一旦填写完毕就起到了提供所完成活动的证据的作用,这时就转变为记录的范畴。

一个组织应对质量管理体系所要求的文件予以控制,并对这种控制编制形成文件的程序——"文件控制程序"。无论文件以何种形式的媒体存在,文件控制程序都应对如下内容作出规定。

(1) 文件在发布前应得到批准,以确保文件是适宜和充分的。

(2) 文件在实施中可会由于各种情况发生变化,这时有必要对原文件进行评审,组织也可以根据需要进行定期评审,以确定是否需要更新。若修改,则文件须经再次批准。

(3) 组织所有文件的更改和现行修订状态应能得到识别。

(4) 确保在使用场所能得到适用文件的有效版本。如由于配件更换的原因,顾客可能需要组织按以前的旧版本的规范生产某一配件产品,这种情况不能说由于该配件已有最新版规范,而认为旧版规范是作废版本,除非已宣布旧版规范因不适用而作废。

(5) 文件应清晰可辨,易于识别。

(6) 组织能识别与产品有关的全部外来文件(包括与产品有关的法律法规、产品标准等),并对其进行管理,要控制外来文件的分发并使其受控(主要指跟踪修订状态确保在使用处可获得适用文件的有效版本)。

(7) 若要保留作废文件时,应对这些文件加以适当的标识,如有可能应考虑将这些作废文件从所有发放和使用场所及时收回或采取其他措施,以防止作废文件的非预期使用。

文件控制的主要目的是为了控制文件的有效性。文件的版本是体现文件有效性的标志,应注意识别,确保所使用的文件是现行有效的。

文件分受控文件和非受控文件,受控文件需加盖印章。文件要打印下发,不得涂抹,并且要有主管领导的批准。非受控文件的发放由编制部门按范围发放。

(四) 记录控制

记录是指"阐明所取得的结果或提供所完成活动的证据的文件"。只要具有证明产品、质量管理体系所需过程和质量管理体系与要求的符合性或证明质量管理体系是否已得到有效运行的记录,都属于本条款要控制的记录范畴。除此之外,记录还可为采取纠正和预防措施以及为保持和改进质量管理体系提供信息。

记录虽也是文件,但它是一种特殊文件,对记录的控制应有形成文件的程序:记录控制程序。记录控制程序应对记录的控制作出规定,包括记录的标识(可用颜色、编号等方式)、贮存(如环境要适宜)、保护(包括保管的要求)、检索(包括对编目、归档和查阅的规定)、保存期限(应根据产品特点、法规要求及合同要求等决定保存期)和处置(包括最终如何销毁)。

记录控制的主要目的是为了解决记录的"可追溯性",以便在保存期限内检索到所需要的记录以提供证据。因此,记录应保持清晰,易于识别和检索,通常不需要控制记录的版本。

 思考与问题

1. 请说明为什么记录是一种特殊类型的文件。
2. 空白表格和记录有什么异同?

三、管理职责

(一)管理承诺

最高管理者是指在最高层指挥和控制组织的一个或一组人。这一个或一组人应通过以下活动的开展来证实"建立、实施、持续改进质量管理体系有效性"的承诺。

(1) 向组织的全体员工及时传达满足顾客和法律法规要求对组织的成功至关重要,并且组织应意识到顾客要求与产品质量有关的法律法规要求,两者都必须同时予以满足。这种传达不能停留在会议传达、张贴标语和宣传上,而应通过"与产品有关要求的确定"、"顾客沟通"、"设计和开发输入"、"顾客满意"等条款加以落实。

(2) 质量方针和质量目标是组织用于评价质量管理体系运行有效性的判定依据,是组织在质量方面所追求的宗旨、方向和目的,所以一个组织必须有适合自身的质量方针和质量目标。最高管理者要制定质量方针,并确保与其有框架关系的质量目标在组织的相关部门和层次上得到制定。

(3) 通过最高管理者对质量管理体系的适宜性、充分性、有效性进行评审,可评估组织是否达到了质量管理体系所规定的宗旨的要求。

(4) 最高管理者必须确保获得与建立、实施和持续改进质量管理体系有效性有关的资源。

 思考与问题

组织应如何实现确保质量目标制定的承诺?

(二)以顾客为关注焦点

顾客是产品的最终接收者,组织的生存和发展依存于顾客。组织必须以顾客为关注焦点。作为组织最高管理者,更应首先带头并履行以顾客为关注焦点的职责,通过满足顾客要求来增强顾客满意。为此,最高管理者应确保识别顾客规定的或顾客虽然没有明示,但规定的用途或已知的预期用途所必需的要求,组织应承担与产品有关的责任或义务及满足法律法规方面的要求,确保这些要求得到确定并予以满足,最终达到增强顾客满意的目的。

 实训指导

建立一种良性的与顾客沟通的渠道的方法

组织可以通过广告宣传、使用说明书、合同评审、顾客调查等方式进行沟通,还可以通过以下方式达到沟通的目的:组织形象宣传,产品现场展销,开通顾客热线,接待顾客来信、来访,组织产品使用培训班和顾客联谊会,邀请顾客参观或进驻企业,进行售后服务日活动,有奖征集意见,定期回访等等。

 思考与问题

满足了顾客要求,顾客是否就会满意?为什么?没有顾客抱怨是否表明顾客满意,为什么?

(三)质量方针

质量方针是指由组织的最高管理者正式发布的该组织总的质量宗旨和方向。质量方针可以不由最高管理者亲自制定,但必须是由最高管理者正式发布。质量方针不是文件,但当质量方针形成文件时,必须按文件控制要求对质量方针进行控制。

最高管理者应确保质量方针的内容满足以下条件。

(1)与组织的宗旨相适应。不同的组织由于其产品的类型不同、规模各异,质量方针也会各不相同,但无论如何应能提供满足顾客要求的产品,而达到提高顾客满意度的目的。

(2)包括对满足要求的承诺。这种承诺可包括对满足产品、过程和体系的特性的承诺。

(3)包括对持续改进质量管理体系有效性的承诺。质量方针可通过反映对质量目标的持续改进的内容来体现这种承诺。

(4)为组织提供制定和评审质量目标的框架。这种框架关系表现在:组织质量目标的制定应在内容上与质量方针相吻合,质量方针的实现则通过评审与其内容应相吻合的质量目标的实现情况来确定。质量方针指出了组织的质量方向,而质量目标是对这一方向的落实、展开。

为使质量方针最终实现,最高管理者还应确保质量方针在组织内得到沟通和理解,并使相关人员认识到所从事的活动的相关性和重要性及如何为实现本岗位的质量目标做出贡献。

质量管理的八项原则可考虑作为制定质量方针的基础。

组织应对质量方针进行持续适宜性方面的评审,必要时予以修订,以适应不断变化的内外部条件和环境。

组织应对质量方针的制定、批准、评审和修订(或改进)予以全面的控制。

 思考与问题

1. 组织推行 2000 版 ISO9000,为什么需要制定质量方针?质量方针与口号、标语有什么区别?它应反映哪些方面的内容?为什么?

2. 下列质量方针是部分组织所采用的形式,试根据标准条款分析其中存在的问题。

——开创一流,关注质量;开拓市场,关心客户。

——你没有想到的,我帮你想到;用两天的电,付 1 天的钱。

——3 年保修,5 年保用,不变形,不脱漆。

——向社会和顾客提供满意的、符合国家标准要求的产品。

(四)策划

1. 质量目标

质量目标是在质量方面所追求的目的。质量目标不是文件,但当质量目标形成文件时,必须按文件控制要求对质量目标进行控制。

质量目标通常依据质量方针,在质量方针所提供的质量目标框架内制定质量目标,最高管理者应确保在组织的相关职能和层次上分别规定质量目标,并确保质量目标的内容应满足以下要求。

(1)建立在组织的质量方针的基础上,其内容尤其是对满足要求和持续改进质量管理体系有效性的承诺方面应与质量方针保持一致。

(2)包括满足产品要求所需的内容。若一个组织提出的质量目标不涉及满足产品要求的内容,则按标准提出的通过"满足顾客要求、增强顾客满意"的目标就不能实现。

对质量目标的其他要求:

（1）最高管理者应确保质量目标在组织的相关职能（某项质量目标内容所涉及的职能部门）和层次（与实现某项质量目标有关的不同层次，如管理层、作业层）得到建立，使质量目标的实现能具体落实，并增强组织对质量目标的可考核性，关键是能确保质量目标的落实和实现。

（2）质量目标应是可测量的，尤其在作业层次上质量目标尽可能定量。

某信息产业园管理处制定的质量方针和质量目标

质量方针："廉政服务，高效创新，增强顾客满意，建设高速发展的信息产业园。"

质量目标："管理处人员贪污腐化率为0；服务项目执行度100％，2年内合格率达到≥98％；每年开发并实施创新服务项目不少于三项；顾客咨询回答率100％，满意率≥98％；2年内各种服务总满意率达到≥96％，顾客抱怨率达到≤4％；每年吸收投资额≥25亿元人民币；4年内园区GDP达到每年增长≥10％。"

评述：该管理处的方针、目标内容都符合2000版ISO9001标准要求。

质量目标的作用是什么？它与质量方针有什么联系和区别？

2. 质量管理体系策划

策划包括对质量管理体系以及产品实现等质量管理体系所需过程的策划。质量管理体系策划对一个组织来讲是一项战略性决策，组织应根据"通过满足顾客要求，增强顾客满意"的宗旨对所设定的全部质量目标，以及为实现这一宗旨所识别出的全部"所需过程"的过程目标进行质量管理体系的策划，以实现这些质量目标和这些过程期望达到的结果。组织最高管理者应考虑如何在质量方面指挥和控制组织与实现方针、目标有关的系统，即如何建立质量管理体系。此外，质量管理体系的策划还应包括满足质量管理体系的总体要求。

一个组织的质量管理体系也会由于各种原因（如顾客和市场）而导致变更，对这种变更应进行策划，策划所设定的目标是保持质量管理体系的完整性。"完整性"的内容和范围应基于组织对其质量管理体系的需求。若这种需求是基于质量管理体系认证，那么质量管理体系的任何变更都应与质量管理体系认证证书保持一致。为了实现这个目标，组织就应规定与变更有关的运行过程和相关资源，以确保组织在实施这种对质量管理体系的变更时,不会出现质量管理体系不完整的情况。如有的组织因重组或改制,某些部门已合并,人员也作了调整,结果造成原来的体系文件在某些部门或区域不能适用等,这就属于典型的未对体系的变更进行策划,而导致质量管理体系的不完整。为此,组织应策划在体制改革期间,为适应机构变化和职能调整而采取的措施,以确保质量管理体系的完整性。

 思考与问题

在建立、实施和持续改进/变更质量管理体系时,最高管理者为什么要确保进行认真的策划?所谓策划,具体要做些什么?

(五)职责、权限与沟通

1. 职责和权限

最高管理者应确保:

(1)组织内的职责、权限得到规定,即要求明确组织内各部门和岗位的设置,并明确各部门和岗位的职责和权限,以使它们能够为实现质量目标做出贡献。

(2)组织内的职责、权限得到沟通,即在明确有关部门和岗位的职责和权限后,要求各部门和岗位之间通过各种方式(如会议、培训等)相互了解有关职责和权限,通过沟通,使各自的职责和权限规定得更合理,从而促进组织质量管理体系有效性的提高。

2. 管理者代表

最高管理者应在管理者中指定1名人员为组织的管理者代表。管理者代表既可以是最高管理层中的一员,也可以是其他管理层中的一员。无论该代表在其他方面的职责如何,其作为管理者代表的职责和权限应予以保证,以使其能对质量管理体系进行管理、监视、评价和协调,从而使质量管理体系得到有效运行和改进。

管理者代表的职责和权限应包括:

(1)确保组织的质量管理体系所需的过程能得到建立、实施和保持。

(2)向组织的最高管理者报告组织在建立质量方针和质量目标并使其实现的方面所取得的业绩,以及有关质量管理体系所需改进的方面。

(3)在整个组织的范围内使全体员工意识到组织依存于其顾客,树立满足顾客要求的意识对组织是至关重要的。

此外,管理者代表的职责还包括与质量管理体系有关事宜的外部沟通与联络。

3. 内部沟通

任一组织都存在信息和信息流。加强对信息的管理和控制,对组织基于事实的决策至关重要。

不同部门和层次的人员应通过适当的有效的方式进行沟通。沟通的内容必须包括质量管理体系有效性的沟通，可涉及质量方针、目标、要求及完成情况，体系运行过程及管理等多方面的沟通。沟通可促进过程输出的实现，进而提高过程的有效性，有助于质量管理体系的有效运行和持续改进。

 实训指导

2000版ISO9001标准所提及的沟通项目

（1）符合顾客与法令规章要求的重要性。
（2）品质政策。
（3）组织的责任与授权。
（4）品质管理体系的有效性。
（5）员工认知他们的作业并清楚如何做出贡献，以达成品质目标的关联性和重要性。
（6）顾客沟通的有效安排。

组织的沟通应在各不同职能部门及组织的不同职能和层次之间全方位进行，组织应根据沟通的内容建立起适当的沟通过程。沟通的方式可以是多种多样的，如质量例会、小组简报、会议、布告栏、内部刊物、声像、电子媒体等。沟通过程的建立是否适宜，应以是否能促进质量管理体系的有效性的提高为判定的依据。

 思考与问题

1. 管理者代表应担当哪些职责和权限？是否必须有管理者代表的任命书或授权书？
2. 组织内部沟通的方式有哪几种？它们各有什么利弊？

（六）管理评审

1. 总则

管理评审是为确定质量管理体系实现规定的质量方针、质量目标的适宜性、充分性和有效性所进行的活动。

管理评审是最高管理者的职责之一，应按策划的时间间隔进行，并由最高管理者负责主持。

2000版ISO9001族标准对组织开展管理评审活动的要求是：

（1）确保质量管理体系持续的适宜性。由于组织所处的客观环境的不断变化，包括法律法规、所处市场、新技术的出现、质量概念及顾客的要求和期望的变

化,客观上要求组织的质量管理体系也要不断地变化,以达到持续地与客观环境变化的情况及顾客要求的变化情况相适应。这种适宜性既来自组织的外部环境变化的要求,也来自组织的最高管理者为树立组织的良好形象,达到长期成功的自身要求及组织内部产品、质量管理体系过程、资源等变化的要求。所以组织应及时调整原有的为实现质量方针和质量目标而构成的一组关联的或相互作用的质量管理体系过程。另外,由于质量方针、质量目标的变化,必然导致为质量方针和质量目标而策划的质量管理体系的变更,为确保质量管理体系与质量方针和质量目标的持续适宜性,可能需要对质量管理体系过程重新予以识别和确认。

(2)确保质量管理体系持续的充分性。不论是由于组织所处的外界环境的变化引起,还是组织自身制定的质量方针和目标引起,组织总会发现各种持续改进的需求。持续改进活动从内容上不但要求达到策划的结果,而且还要考虑达到同样结果所使用的资源情况。从步骤上讲持续改进活动将涉及对产品实现过程或体系现状的评价和分析、改进目标的建立、方法的提出或新过程的识别(也可能是对现有过程的重组)等。这样为实现各种持续改进的需求,对原有的质量管理体系可能就存在诸多的未考虑的活动,也就是原有的质量管理体系在其过程或子过程方面可能存在不充分的情况,而管理评审就是要发现质量管理体系中存在的这种不充分性,并使之及时得到改进。

(3)确保质量管理体系持续的有效性。有效性是指完成所策划的活动并达到所策划的结果的程度的度量。而质量管理体系的有效性则是指通过完成质量管理体系所需的过程(或活动)而达到质量方针和质量目标的程度。为判定组织质量管理体系是否达到预定的目标,就必须把顾客反馈、过程绩效、产品的符合性等作为评审输入,并与规定的质量方针和质量目标进行对比,以判定质量管理体系的有效性。

组织最高管理者在为确定质量管理体系是否达到组织规定的总目标的适宜性、充分性和有效性评审的过程中,应对发现的各种改进(包括产品、过程和体系)的机会和可能的变更需要进行评价。这种改进的机会或变更的需要可能包括:

(1)由于外部环境的变更,可能发现质量方针、质量目标不适宜。而对质量方针和质量目标的修改,必然导致质量管理体系的变更。

(2)由于持续改进的需要或已识别过程的未充分展开而发现现行质量管理体系中某些过程需要改进。

(3)在质量方针和质量目标实现过程中,可能发现因质量方针和目标不切实际等原因而导致对质量方针和质量目标变更的需要。

此外,组织还应对以上管理评审的输入和输出予以记录,并按记录控制程序的要求加以控制。

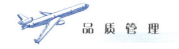

2. 评审输入

管理评审作为质量管理体系所需的过程之一,必定存在着过程的输入和输出。而管理评审过程的输入包括如下信息。

(1) 审核的结果(包括第一、第二、第三方审核等)。

(2) 顾客反馈(包括对顾客满意程度和不满意程度的测量结果及顾客抱怨等)。

(3) 过程的业绩,即一个过程通过资源的投入和活动的开展将输入转化为输出,从而实现增值或间接增值,并达到预期结果的程度的情况,如果某一质量管理体系的过程完全实现了增值并达到了预期的结果,则这一过程的业绩就是令人满意的。

(4) 产品符合性(指符合顾客、法律法规、自身要求)。

(5) 预防和纠正措施的状况。

(6) 以往管理评审跟踪措施的实施情况。

(7) 可能影响质量管理体系的各种变更(包括外界环境的变化和自身的变化而引起的体系的变更)。

(8) 由于各种原因而引起的有关组织的产品、质量管理体系过程和质量管理体系改进的建议。

以上各种输入应从当前的业绩上考虑找出与预期目标的差距。同时考虑各种可能的改进机会。除以上的输入项目外,组织也可对其在市场中所处地位及竞争对手的业绩给予评价而找出自身的改进方向。

3. 评审输出

管理评审的输出包括以下几个方面。

(1) 质量管理体系及其过程有效性的改进方面的决定和措施。依据管理评审输入的信息,通过开展评审活动,评价质量管理体系的适宜性、充分性和有效性,其输出将导致对组织现有的质量管理体系及其过程的有效性提出改进的要求,组织可提出有关上述改进的决定和措施。

(2) 与顾客要求有关的产品的改进决定和措施。包括顾客规定的要求(不仅是对产品本身也包括对产品交付和交付后活动的要求),顾客虽未明示,但产品的规定用途或已知预期用途所必需的要求应包括在内,也包括法律、法规的要求。管理评审可能导致与上述 3 项要求有关的产品的改进,组织应针对这一改进制定措施或作出有关的决定。

(3) 资源需求的决定和措施。组织应针对内外部环境的变化考虑自身资源的适宜性,以及改进所引起的资源要求,不但考虑当前的资源需求,还应考虑未来的资源需求。

思考与问题

管理评审的作用是什么?哪些内容应列入管理评审?管理评审是否必须由组织的最高管理者主持?为什么?

四、资源管理

(一)资源提供

质量管理体系基于过程。任何使用资源将输入转化为输出的活动都可视为过程,资源是将输入转化为输出的前提和必要条件,是质量管理体系基于过程得以运行的前提和必要条件。

组织首先应根据自身的宗旨、产品的特点和规模确定所需要的资源,确定哪些可以借用外部资源来获得、哪些应自身具备。组织确定并提供的资源主要应用于以下方面的需求。

(1)为实现和保持现有的质量管理体系和为持续改进其质量管理体系的有效性。由于外界环境的不断变化,质量管理体系为适应这种变化,就要不断地对众多关联和相互作用的质量管理体系过程的有效性予以持续改进,而这些过程离不开资源的投入,所以资源的提供是动态的。资源需求也来自组织自身的发展需要。

(2)组织应识别由于顾客要求的不断变更而引起对资源需求的变更,组织应及时通过提供所需的资源,满足顾客的要求,进而达到增强顾客满意。基于质量管理体系的基本要求,资源至少应包括人力资源、基础设施和工作环境。此外,资源还应包括(但不是要求)信息、合作伙伴、自然资源和财务资源。

 思考与问题

资源指什么?资源与质量管理体系(QMS)实施、保持和持续改进及顾客满意有何关系?

(二)人力资源

1. 总则

人力资源是应确定和提供的第一资源,人力资源能力建设又是人力资源建设的重点。所谓员工能力是指经证实的应用知识和技能的本领。组织应根据质量管理体系各工作岗位、质量活动及规定的职责对人员能力的要求而选择能够胜任的人员从事该项工作,而人员的能力则可基于教育程度、接受的培训、具备的技能和工作经验来考虑。

第十二章 质量管理体系的要求

2. 能力、意识和培训

组织对从事影响产品质量工作的人员应做到：

（1）确定从事影响产品质量工作的人员胜任工作所必要的能力需求，分析各岗位现有人员能力的实际状况和要求的能力之间的差距。

（2）当选择培训作为弥补能力差距的措施后，应确定由于员工现有能力与工作要求不匹配所需要的培训，并将规定的培训需求形成文件，根据培训需求，对培训进行设计和策划。对拟从事这些工作的人员提供培训，以满足对培训的需求，从而弥补可能存在的任何能力方面的差距。也可采取除培训以外的其他措施，以满足所从事的质量工作对人员的这种能力需求。

（3）在完成培训后规定的期间内，组织应对所有与产品质量有关的岗位人员的培训及所采取的其他措施的有效性进行评价。可通过面试、笔试、实际操作等方式检查培训或其他措施的效果，是否达到了培训或其他措施所策划的目标（该目标应与某质量工作岗位对能力要求的程度相一致）。

（4）意识教育是能力建设的重要内容，组织应使每一个员工都能认识到自己所从事的活动或工作对质量管理体系的重要性和各种活动之间的关联性，以及如何才能为实现所从事活动的质量目标做出贡献。

（5）应保留每位员工的教育、培训、岗位（或工种）资格认可和经验的适当的记录。

这里对培训的描述提出了培训的4个阶段：确定培训需求、设计和策划培训、提供培训及评价培训结果，这体现了培训过程的"P-D-C-A"。组织应对培训过程的4个阶段进行监视，以证实培训过程实现所策划的结果的能力。

 思考与问题

1. 人员能力指什么？要使其胜任规定的职责或作业，有哪些途径？
2. 持证上岗的意义是什么？

3. 基础设施

为确保组织提供的产品能满足产品要求，组织应确定为实现产品的这种符合性所需要的基础设施，并在提供这些基础设施的同时还要对这些基础设施给予维修和保养。"基础设施"是指组织运行所必需的设施、设备和服务的体系。这里所说的基础设施是特指为达到产品符合性所需要的基础设施，包括：

（1）建筑物、工作场所和相关的设施（如水、电、气供应的设施）。

（2）过程设备（如各类过程运行、控制和测试设备等）。

（3）支持性服务（如交付后的维护网点、配套用的运输或通讯服务等）。

思考与问题

1. 要使基础设施持续地满足需求,你认为需要做好哪些工作。
2. 办公场所是否属于基础设施?

4. 工作环境

组织必须对实现产品符合性所需的工作环境加以确定,包括人的因素和物的因素,并对工作环境中与产品符合性有关的因素加以管理。

工作环境是指工作时所处的一组条件。这种条件可以是物理的、社会的(如与社会的相互影响)、心理的(如发挥组织内人员的潜能)和环境的因素(如温度、湿度、洁净度、粉尘等)。这里强调的是为达到产品符合性所需的工作环境。营造适宜的工作环境,不但对产品符合性,还会对人员的能动性、满意程度和业绩产生积极的影响。

 思考与问题

1. 工作环境与实现产品符合性要求有何关系?
2. 保持良好的工作环境与环境中的工作人员有什么关系?你本人是否为保持良好的工作环境做了应该做的工作?
3. 要保持适宜的工作环境需要考虑哪些因素?

五、产品实现

(一) 产品实现的策划

组织无论提供有形产品、无形产品或它们的组合,都要经过一系列有序的过程和子过程来实现,这些过程往往构成了一个过程网络。组织应识别并确定这些过程及其相互作用。

产品实现过程的策划应具体针对产品、项目或合同进行,结合产品的特点和实现过程的特点,将质量管理体系通用的过程要求转化为具体可操作并落实责任的计划和要求,再将这些要求应用于各特定产品的实现过程活动中。

具体针对产品、项目或合同进行策划的内容通常有以下 4 个方面。

(1) 确定恰当的产品质量目标。包括识别产品质量特性,建立其目标值、质量要求和约束条件,并应能满足顾客和法律法规的全部要求。

(2) 确定实现过程,即识别并确定产品实现所需的过程和子过程;确定需建立的过程文件,以确保过程有效运行并得到控制;确定实现过程所需的资源,以确保产品能得以实现。

（3）确定所需要的检查活动和接收准则。如产品设计开发和过程设计开发的评审、验证和确认活动，生产和服务提供活动中的监视和测量活动，产品交付前的检验、试验活动等。

（4）确定适当的记录。各项记录应能证明质量管理体系过程运行和过程结果（即中间产品和最终产品）符合各项要求。应考虑这些记录提供证实的充分性。

组织应提供策划的输出（即策划结果）。其形式应根据组织运作特点并适合本组织实施，可以考虑采用文件等方式。质量计划是通常采用的一种策划输出的形式，它是对特定产品、项目或合同规定由谁及何时使用哪些程序和相关资源的一种文件。过程开发的输出主要指产品实现规范（如工艺文件）、服务提供规范及软件行业的编程规则、注释规则等，策划输出的文件编制应当考虑标准条款中的原则，并考虑本组织所提供产品的成熟程度。

实现过程的开发既有产品设计开发，又有过程设计开发。2000 版 ISO9001 标准对产品实现过程的设计和开发如何实施控制作了特别的提示。组织出于加强过程质量控制的目的，可以考虑按此标准 7.3 条的要求控制过程设计和开发。当某种特定产品生产过程或服务提供过程比较复杂，而组织自身的成熟程度又较低时，更需考虑采用标准 7.3 条的要求来控制过程设计和开发。有些行业（如某些服务业）需在产品开发过程中同时进行过程开发，甚至产品规范和过程规范是密不可分的（如某些服务业的服务规范和服务提供规范），此时过程开发也就是产品开发，应按 7.3 条的要求进行控制。

实训指导

企业在产品实现流程规划的展现上，可分为新产品和旧产品：

（1）新产品应该运用标准 7.3 条的要求，考虑产品或服务生命周期期间的完整流程，包括业务流程、设计开发流程、采购流程、生产流程、仓储运输流程、售后服务与维修流程等各部分。

（2）旧产品可就现有运行的机制，以流程图的方式呈现。

思考与问题

1. 产品实现的策划与质量管理体系（QMS）策划的联系和区别是什么？
2. 产品实现的策划应确定哪些内容？
3. 产品实现的策划和质量计划有何关系？
4. 产品实现过程的策划和开发应遵循什么原则进行？请举例说明。

（二）与顾客有关的过程

1. 与产品有关的要求的确定

与产品有关的要求包括对产品固有质量特性的要求、对产品的交付要求、交付后的要求等。组织应从以下方面来确定与产品有关的要求。

（1）顾客规定的要求应予以确定。通常顾客的规定要求是经明示的要求，包括对产品、对交付及交付后的要求。

（2）顾客未明示，但这种隐含要求对规定用途或已知的预期用途是必要的或不言而喻的，也应予确定。

（3）还应确定组织的附加要求，可以是内控标准等，但必须是在满足上述要求前提下的附加要求。

识别顾客要求的过程，可能是投标、报价、合同洽谈等活动；其他情况下，可能是市场调查、竞争对手分析、水平对比等过程；同时应随时获悉法律法规的规定。

顾客要求订货的产品要求

某顾客向某企业订购一批对面料、颜色、尺寸都有具体规定的服装，并在合同中规定了交付活动要求——交货期、包装、运输方式、防护等，对交付后的活动也提出了要求，包括质量不符合要求的退回、更换等。

2. 与产品有关的要求的评审

组织应对与产品有关的要求进行评审，通过评审达到以下目的。

（1）确保准确理解了顾客要求，包括顾客明示及隐含要求和法律法规要求，特别是供需双方对合同或订单理解不一致的问题已得到解决。

（2）在前述基础上对产品要求作出明确规定，通常这些规定形成文件，如合同、订单、标书、开发计划任务书，等等。

（3）组织内部确信通过初步的策划，包括采取必要的、可实现的技术上和资源上的措施，有能力满足产品的使用、交付和服务各方面的要求。

评审应当在组织向顾客作出提供产品的承诺前进行，例如在投标前、接受每项合同或订单前、在接受每一次合同或订单修改前进行评审。在某些情况下，如网上销售、在向市场推出一项产品前，亦应进行评审。

评审的结果及评审引起的措施应予以记录并保存。这通常涉及招标项目、合同或订单是否接受，是否需要进一步就产品要求与顾客沟通，以及为完成该项产品、项目或合同应立即采取的措施等。

评审的方式应适于组织运作，以达到评审目的为原则。通常，组织有关职能部门对标书、合同草案、询价单、口头订单等按本组织规定做出评审。

若产品要求发生变更,除在接受合同或订单前做评审外,还应将变更的信息及时传达到有关部门,确保相关文件(如质量文件、设计文件、过程规范等)得到相应的更改,确保相关人员获悉已变更的要求。

3. 顾客沟通

与顾客进行有效的沟通,是为了充分与准确地掌握顾客对组织的产品/服务满意程度有关的信息,以此作为实施持续改进的输入。确保在产品提供之前、提供之中以及提供之后,与顾客进行沟通。确定与顾客沟通所需进行的活动,做出与顾客沟通的有效安排并予以实施。沟通需进行下列活动。

(1) 顾客关于产品要求的信息。

(2) 问询、合同或订单的处理,包括对其修改。

(3) 在产品实现过程中以及向顾客提供产品后顾客的反馈信息,包括顾客的抱怨(含投诉和意见)。

思考与问题

1. 如果顾客对某产品提出不必执行法律法规规定的产品要求,组织是否能接受?

2. 组织内部如对与某产品有关的要求的评审未通过,组织是否就不接受顾客的合同或订单?如何处理才是适宜的?

3. 组织已将与某一产品有关的要求进行了评审并签署了合同,并已着手组织生产。这时顾客发来电子邮件,要求修改与产品有关的要求,组织应如何处理?

(三) 设计和开发

1. 设计和开发策划

组织应对产品设计和开发进行策划,策划的重点是对设计和开发过程的控制,因此在设计开发策划中应注意以下几点。

(1) 根据产品特点、组织的能力和以往的经验等因素,明确划分设计开发过程的阶段,规定每一阶段的工作内容和要求。

(2) 明确规定在每个设计开发阶段需开展的适当的评审、验证和确认活动,包括活动的时机、参与人员和活动要求。

(3) 应明确各有关部门和人员在参加设计开发活动中的职责和权限。

(4) 对参与设计开发活动的不同部门或小组之间的接口关系要作出规定,确保既能各负其责,又能保持工作有效衔接与信息正确交流。

策划的输出可以采用文件的形式(如设计开发计划),也可采用其他方式。随设计开发的进展,可能发生设计要求的变更或情况的变化,因此必须适时修改或更新策划的输出。

2. 设计和开发输入

设计和开发输入基于产品要求。产品要求着重于描述预期的使用要求,而设计和开发输入则进一步将其转化为对产品特性的要求。设计开发输入应包括以下几个方面。

(1) 产品功能和性能方面的要求。

(2) 适用的法律法规要求,如健康、安全性等方面的要求。

(3) 过去类似设计中证明是有效的和必要的要求,这类要求往往是对合同中顾客未明示要求的必要补充。

(4) 其他所必需的要求。

组织必须评审所有与产品要求有关的输入。评审中应特别注意那些不完整的、含糊或矛盾的要求,应与提出者一起澄清和解决,以保证输入信息的充分性和适宜性。评审应根据产品特点、复杂性、成熟程度选择组织适用的方式,可能是有关职能的集体评价,也可能是责任人的审查批准或其他方式。

设计和开发输入确定后应予以记录,通常形成设计输入文件(如设计任务书等)。

3. 设计和开发输出

不同类型产品的(如硬件、服务、软件等)设计和开发输出可以有不同的形式,但应能对照输入进行验证,且内容应满足设计和开发输入的要求。

不同类型的设计以及在不同的设计阶段可能有不同形式的输出,但应对形成哪些输出作出规定。这些输出应为采购、生产和服务提供给出适当的信息,主要是产品或服务的特性信息,以保证通过采购、生产和服务过程提供符合规定要求的产品或服务。

输出还应包含或引用产品接收的准则,用以判断后续的各产品实现过程的输出是否符合设计开发要求,这些准则包括在采购、生产和服务提供过程中所依据的检验和试验要求。

输出所规定的产品特性中,应确定哪些是对产品正常使用至关重要的特性和对产品安全性有影响的安全特性,以保证在后续的产品实现过程、产品验收、交付乃至使用中,对这些"关键的少数"实施重点控制。

 实训指导

特性是指可区分的特征,特性有各种类别,如:

(1) 物理的特性(如结构的、电的、生物学的特性)。

(2) 感官的特性（如嗅觉、触觉、味觉、视觉、听觉）。

(3) 行为的特性（如礼貌、诚实、正直）。

(4) 时间的特性（如准时性、可靠性、耐用性）。

(5) 人体工效的特性（如生理的特性或有关人身安全的特性）。

(6) 功能的特性（如飞机的最高速度）。

设计和开发输出通常采用图样、产品规范、服务规范等文件形式来表达。无论采用何种形式，在发布前均应按规定由有关部门或责任人审查批准。

4. 设计和开发评审

组织应规定在适宜阶段开展系统的设计开发评审。针对不同产品、不同的设计类型（新设计、改进设计、设计修改等）和不同的设计开发阶段，评审的范围、内容要求、方式可能有所不同，如对简单产品或服务，一次评审可能就足够了，但对大型复杂项目可能要进行多次分级分阶段的评审。

在设计开发策划时，应对适宜阶段的评审活动作出安排。通常要考虑评审点的选择、评审方式、评审人员、评审准备、评审的要求和主要内容、评审结果的形成及评审意见的处理等。可以在每个特定产品、合同或项目的策划输出中，根据特点具体规定；也可以在策划输出时将手册或程序文件（若存在时）中相应的通用规定转化为对特定产品或合同的具体要求。

设计开发评审应注意以下几点。

(1) 对本阶段的设计成果满足质量要求的能力作出评价。

(2) 识别和发现设计中任何问题和不足，并提出必要措施，以期有效解决。

(3) 评审结果和评审决定采取的措施应予以记录并保持。

5. 设计和开发验证

验证应在设计和开发过程中进行，对此应在设计和开发策划中对验证点、验证内容和验证方式作出安排。验证设计开发输出是否满足输入时，其方式可以是：

(1) 变换方法进行计算。

(2) 与已证实的类似设计比较。

(3) 试验和演示。

(4) 设计文件发布前的评审。

当验证结果表明设计开发输出未能或部分未能满足输入要求时，应决定采取有效的措施（包括更改设计）以满足要求。验证结果和决定采取的措施应予以记录并保持。

6. 设计和开发确认

为确保产品能够满足规定的使用要求或已知的预期用途的要求，组织应进行设计和开发确认。确认通常在预定的使用条件下进行，使用条件既可以是实际的，也可以是应用各种技术手段模拟的。对确认的内容、方式、条件和确认点,应在设计和开发策划中予以确定。

确认一般应在设计开发完成后、产品正式生产或服务正式提供之前进行,对于单件产品则应在正式交付前进行。但如果在产品交付或实施前全部确认不可能做到时(例如控制软件、建筑设计等),则必须在此前最大限度地完成可能进行的部分确认(常常可在模拟的使用条件下进行)。

当确认结果表明设计开发的产品不能或不能全部满足预期使用的要求时,应决定采取有效的措施(包括变更或重新设计)以满足要求。确认结果和决定的措施必须予以记录并保持。

7. 设计和开发更改的控制

设计和开发的更改主要指对已经评审、验证或确认的设计结果(包括各阶段成果)的更改。这些更改均应加以记录并保持,记录的方式应有明确规定。

一般来说,发生更改时应对更改做评审、验证和确认。但应根据更改范围的大小、重要性的不同,决定是否采取评审、验证或确认及其他适当的做法。

对更改评审除适当考虑设计评审的要求外,还应评价更改部分对产品其他部分及整体功能、性能、结构等方面的影响,评价对已交付产品的影响,以便确定更改的适宜性。必要时,应对更改的局部或更改后的产品整体进行验证和确认,以证实更改后的产品仍能满足要求。

在认定合理可行的基础上,更改在实施之前应得到批准。

更改评审的结果和由于更改而应采取的必要措施(如相关的更改等)应予以记录并保持。

 实训指导

某组织对某一设计开发阶段的新产品进行设计开发评审时,与会某人员对该新产品提出了若干存在的问题,要求必须解决后,才能进入下一阶段。对此,与会人员经讨论后,分为两类意见,有同意的,也有不同意的,你认为应如何处理?

(四)采购

1. 采购过程

采购产品指任何影响本组织产品质量的采购品及过程的外包项目。在确定采购产品对本组织产品的影响时,应考虑以下因素。

(1)对本组织中间产品和最终产品的影响。

(2)对本组织产品加工过程或服务提供过程等产品实现后续过程的影响。

(3)直接影响(如材料、零部件)或间接影响(如模具、焊条)。

(4)影响的重要程度(如是否影响到产品正常使用的关键特性或安全性)。

对采购产品及其供方的控制程度取决于上述影响。一般可按规定的分等原则划分其影响的重要度级别,对不同级别的采购产品及其供方实施不同的控制。根据供方按照组织要求提供产品能力评价和选择供方是组织对采购控制的内容之一。一般需要评价供方产品的符合性、供方提供产品的质量保证能力(包括生产过程、交货期和交付后的服务等),以及认为必要的其他方面(如价格等)。

对新开发的供方评价主要包括以下几方面。

(1) 供方产品质量状况或来自有关方面的信息(已向其他组织提供同类产品的质量情况)。

(2) 供方质量管理体系对按要求如期提供稳定质量的产品的保证能力。

(3) 供方的顾客满意程度。

(4) 产品交付后由供方提供相关的服务和技术支持能力(如零配件供应、维修服务等)。

(5) 其他方面(如与履约能力有关的财务状况、价格和交付情况等)。

对现有供方仍需定期(或不定期)重新评价其按要求提供产品的持续保证能力。当已被选为合格的供方在提供产品或服务中出现问题时,组织应有相应措施以保证采购产品持续符合要求,这些措施包括与供方沟通、加严采购的验证或检验、限制或停止供方供货。

对选择、评价和重新评价供方的准则应作出规定。一般考虑评价的内容(如产品质量信息、样品检验、质量管理体系或质量管理状况等)、供方信息调查方式(如现场调查、同行信息、提供证实材料等)、评价方式(指组织内部评价程序)、接受为合格供方的条件(可以分等级接受)、重新评价的时机、内容方式和接受条件等。

评价结果及评价引进的必要的控制措施应予以记录并保持。

2. 采购信息

采购信息应清楚准确地表达拟采购产品的要求,即采购要求。采购信息应包括以下内容。

(1) 有关产品的质量要求或外包服务要求。

(2) 有关产品提供的程序性要求,如:供方提供产品的程序(如样品/试生产/批生产批准程序、见证点设置、放行方式、让步申请等);供方生产或服务提供的过程要求(如工艺要求等);供方设备方面的要求(如旅行社要求旅店安排房间、机加工要求数控机床等)。

(3) 有关供方人员资格的要求。

(4) 有关供方质量管理体系的要求。

在就采购信息与供方沟通前,组织应采取必要的控制手段确保采购要求是充分和适宜的。制定采购要求的信息形式可以是合同、订单、技术协议(含技术文件、图样等)、询价单及采购计划等。在与供方洽谈合同、询价或招标以至发出订单(包括口头订单)前,一般采用评审或由相应责任人员审批的方式,审查认定采购信息中采购要求的充分与适宜性。

3. 采购产品的验证

对采购产品的验证可能有多种方式,如在供方现场检验、进货检验、查验供方提供的合格证据等。组织应根据采购产品的重要程度及验收的必要性来规定其验证活动的方式和要求,并严格按规定执行验证活动。

如果这项验证活动由组织或组织的顾客在供方现场实施,则应在采购信息中规定验证活动的安排,并规定产品放行的方法。

 思考与问题

1. 对供方及对采购产品的控制有什么区别?又有什么联系?请举例说明。

2. 某组织设计开发部门对某新产品设计开发确认后,输出文件中含有新产品材料单,即给出了采购的适当信息。该组织的工程部门在编制生产工艺时,为更适合生产状况,对设计开发部门编制的产品材料单又进行适当修改。请问采购部门应按哪个材料单提供的采购信息进行采购?为什么?

3. 某建筑工程公司按要求建造某大厦,工程完成后准备交付大厦的产权所有者,即该建筑工程公司的顾客。按 2000 版 ISO9001 标准的要求,顾客接收前应注意哪些方面?应如何规定这些方面的要求?

4. 甲机械制造厂在生产最忙的月份,将部分产品交给乙机械制造厂生产,由甲厂提供加工图纸,乙厂加工好成品后送到甲厂生产车间,车间将这些产品和自己生产加工的产品放到一起提交检验部门检验。这样做合适吗?请说明理由。

(五) 生产和服务提供

1. 生产和服务提供的控制

不同组织在提供不同产品时应考虑采用适合自身特点的控制手段,以确保生产和服务提供过程得到有效控制。

生产和服务提供部门或人员应得到产品特性的信息,这些信息可通过产品规范、图样、服务规范等获得。当这些信息中包含有对产品正常使用至关重要的特性和安全特性时,在生产和服务提供中,应对这些特性予以重点的关注和控制。必要时,组织应能得到生产和服务提供过程的作业指导文件。不是每种作业活动都必须有这些指导文件,这与作业的复杂性、所形成产品特性的重要性及人员的技能有关。但当缺少这些指导文件就可能影响产品生产或服务提供过程的有效运作和有效控制时,则应编制并使用这些文件。

组织应配置并使用合适的测量和监视设备,以便在运作过程中能够不断监视测量产品特性及过程特性的变化,进而通过调整和修正等措施将这些特性控制在规定的范围内。特别应对那些至关重要的产品特性形成的过程实施监视和测量。这些活动可以包括对特性的测量监视,对作业人员、作业过程及工作环境的监视或测量等各个方面。某些特殊生产和服务提供过程亦应采用过程监视、测量手段以保证过程输出满足要求。

此外,组织还应按策划中对产品放行和交付的规定实施控制。未经检验合格或验证满足要求的产品不得放行或交付,向顾客提交产品时应按规定的交付方式并确保交货期,应根据不同产品和服务的特点,策划并实施适当的交付后活动。这些活动包括交付后的服务,如零配件的供应、专门的修理、软件的维护和升级、商品售后服务等。

2. 生产和服务提供过程的确认

有一些生产和服务提供过程所形成的产品或服务的特性不能由过程结束时的测量、检验来验证是否达到了输出要求,其问题可能在后续的生产和服务过程乃至在产品使用或服务交付后才显露出来。组织应识别并确定本组织是否存在这样的特殊过程。为确保这些特殊过程的输出能持续满足要求,除进行特殊过程的监视与测量之外,还应采用过程确认的手段,证实这些过程有能力达到策划中预期实现的结果。

组织应根据这些过程及其所形成的产品特性的特点,明确地规定特殊过程确认的内容和方式,可能适用的手段有以下几种。

(1) 特殊过程能力合格水平的评价要求。

(2) 特殊过程设备认可方法及过程人员资格水平的考核。

(3) 确认时应采用的方法和程序步骤。

(4) 必要的记录。

(5) 是否需要再次确认(如定期确认)。

3. 标识和可追溯性

产品标识是指通过标志、标记或记录来识别产品特定特性或状态,这里提到的产品不仅是最终产品,而是泛指生产和服务提供全过程的采购产品、中间产品和成品。

在生产和服务提供过程中,当需要对不同产品加以区分时,就应规定采用适宜的方法标识产品。当产品自然状态本身即可清楚地区分其种类时,则无需做出标识。

当测量和监控对识别产品状态有要求时,应对每一种状态给予同一标志或标记。

标识的方式可根据所生产的产品和提供的服务的特点而定。

 实训指导

产品标识(特性标识)的方式：标签/标记(颜色等)；挂牌；随产品一同运输的带有产品标识的载体,如包装袋等；规定产品所处的区域；批号、条形码、投料批号；流程卡、作业单；随服务一起提供的文件,等等。

检测状态标识的方式：标签/标牌；标记(颜色标记等)；印章；流转单、流程卡(跟随产品)；区域划分；容器区分(如红色箱只装不合格品),等等。

产品可追溯性是指通过记载的标识,追溯产品历史、应用情况或所处场所的能力。实施可追溯性管理可以有效防止同种产品不同个体(批次)之间的混淆。在有可追溯性要求时,组织需要明确规定需追溯的产品、追溯的范围和标识及记录的方式。应采用唯一性标识来识别产品的个体或批次,并对需追溯的情况做出相应记录。

在某些行业,特别是大型复杂系统的生产企业或重大项目承担单位,应采用技术状态管理的方式进行产品标识和可追溯性管理。

4. 顾客财产

顾客财产是指顾客所拥有的、为满足合同要求交由组织控制的或提供给组织使用的财产。顾客财产可包括以下几个部分。

(1) 顾客提供的构成产品的零部件、组件或原材料。

(2) 顾客提供的用于修理、维护或升级的产品。

(3) 顾客直接提供的包装材料。

(4) 服务作业涉及的顾客的财物,如仓储业所储存的顾客物资。

(5) 代表顾客提供的服务,如将顾客的财产运到第三方。

(6) 顾客知识产权,包括提供的规范、图样等。

(7) 顾客提供的设备、工具。

当顾客财产在组织控制之下或由组织使用时,组织应对其做出专门的标识,接收时进行验证,储存或使用时给予保护和维护,并得到正确的使用。当发生丢失、损坏或发现不适用的情况,应加以记录,并报告顾客。

5. 产品防护

这里的"产品"指生产和服务提供过程中组织需向顾客提供的产品及其组成部分,包括采购产品、中间产品和成品及包装。

组织应针对顾客要求的产品特性提供有效的防护措施,以防止在交付至顾客前丧失、破坏或降低这些特性。

产品防护包括：

（1）建立并保持适当的防护标识，如包装标识。

（2）提供适当的搬运方式和设备，防止在生产和服务提供及交付时的搬运作业损坏产品。

（3）根据产品特点和顾客要求包装产品，重点在于有利于产品搬运和储存时的防护。

（4）采购产品、中间产品和最终产品在储存期间应提供必要的环境和设施，采取有效的管理控制措施，防止产品损坏、变质或误用。

 思考与问题

1. 产品标识和产品质量状态标识有何异同？

2. 某组织是来料加工企业，顾客提供的元器件已经过检验。该组织为及时加工、交付产品，对进货元器件直接加工装配。请问这符合2000版ISO9001标准吗？为什么？

3. 有一科技园区，其配电房里有一套园区内厂商自用的配电设备。该厂电工定期找园区物业管理公司配电房责任人，与其一起到配电房查看本厂的配电设备和抄数据。请问该厂商的这套配电设备是否属于在科技园区控制下的顾客财产？科技园区是否需要将其纳入物业管理服务范围，并按照2000版ISO9001标准中的"顾客财产"条款的要求加以爱护？请说明道理。

4. 请举例说明标识和可追溯性的重要性。企业应如何对其进行控制？

6. 监视和测量装置和控制

组织应确定需要开展的监视和测量活动，这里主要指为验证产品符合性的检验活动和过程监视与测量活动，同时应明确监视与测量要求。组织应确定为完成上述监视与测量活动的装置。

此外，组织还应确保上述的监视与测量活动的有效进行，并确保监视与测量要求得到满足。因此，要求可利用适宜的监视与测量装置（本组织提供、监视和测量外包、利用顾客提供的等）。同时要通过校准、维护、正确的调整、妥善的贮存等控制过程持续保持测量能力与测量要求相一致。

测量设备是指为实现测量过程所必需的测量仪器、软件、测量标准、标准物质或辅助设备或它们的组合。在测量过程中，测量设备用来确定量值。测量设备的控制要求如下。

（1）已建立国际或国家测量基准的，应按国家有关规定进行检定或校准。无国际或国家测量基准的，组织应自行建立检定或校准规范（校准检定的项目、方法、设备、周期、条件和合格标准等），实施检定或校准并予以记录。

（2）某些测量设备在使用时，可能需要进行调整或再调整。

（3）应能识别测量设备是否处于校准状态，通常采用标识的方法。注意使用任何这类标志时，应能表明当前的校准状态。

（4）应采取措施防止在调整时偏离校准状态，以使测量结果失效。如采取封缄等防错措施，由有资格的操作人员进行调整，并提供调整作业指导书。

（5）在搬运、维护和储存时防止损坏或失效。

上述控制要求不是对所有场合下使用的测量设备都必须实施的。特别是校准和检定，仅对那些在需要确保测量有效的场合下才使用。对于其他场合使用的测量设备，组织可考虑采用适当的方法，避免不必要地提高成本。

当发现监视和测量设备不符合要求，如失准或损坏时，应对该设备此前测量结果的有效性进行评价，并做出记录。同时应对该设备采取措施。对已确定测量结果有疑问的产品应对其可能的后果进行评审，并根据评审结果采取必要的措施，如追回重新测量，对已交付至顾客的产品发出通知并进一步处理等。

校准和验证结果应予以记录。

用于监视和测量的计算机软件，应在初次使用前确认，并在必要时重新确认。确认目的在于认定其满足预期用途的能力。确认通常参照功能测试的方式进行。

思考与问题

1. 某组织的监测装置控制是较为规范的，都能按周期检定计划的要求进行校准和检定。该组织因同某外单位合作研制一新产品，该外单位提供两台测试仪器放在该组织的研究所，用于新产品研制的测试。对该组织进行质量管理体系审核时，审核员发现这两台仪器的检定标识不清楚，无法证明其是否在检定有效期内，因此判为不合格项。该组织认为这两台仪器不属其所有，也不属于应控制的顾客财产，故不应属其责任。你认为应如何处理？为什么？

2. 某审核机构的审核组在某组织的进货检验部门现场审核时，发现不少测量设备的标识都是"限用"。审核员询问现场操作人员"限用"的范围时，无人能回答。请问，问题出在哪里？如何解决？

六、测量、分析和改进

（一）总则

监视、测量、分析和改进过程应按照下述目的要求开展。

（1）证实产品的符合性。

(2) 确保质量管理体系的符合性。

(3) 持续改进质量管理体系的有效性。

为有效实施这一过程,组织应进行策划。过程的策划要以上述目的要求为出发点,而不应单纯用于积累信息。一般需考虑监视、测量、分析和改进活动的项目、内容、方法、频次和必要的记录,策划的结果应形成规定。

此外,组织还应考虑采用包括统计技术在内的适用的方法及其应用程度,并在策划结果中确定下来。

 实训指导

在进行监视和测量的策划时应注意:

(1) 要避免对所有的项目都进行正式的、规定内容的监测。

(2) 所有的监测项目都应有准则和目标。

(3) 对监测方法应定期进行评审,以防失效或产生偏差。

(4) 使信息尽可能真实。

 思考与问题

1. 产品的符合性和质量管理体系的符合性是否是统一的?为什么?

2. 如何通过监视、测量、分析和改进过程,实现质量管理体系有效性的持续改进?请举例说明。

(二) 监视和测量

1. 顾客满意

顾客满意指"顾客对其要求已被满足的程度的感受"。这种感受的表达有程度的区别,虽然很难做定量化的测量,但通过顾客满意的感受信息,可以评价组织在满足顾客要求方面的状况、满意程度的趋势及不足。组织还应注意当满意程度很低时,顾客会发出抱怨,但没有抱怨并不一定表示顾客很满意。

组织应监视顾客满意方面的信息,这些信息应包括对本组织产品质量、交付和服务等方面的直接反映和间接反映,也包括顾客需求和期望的信息;既包括顾客的声音,也包括市场动态,甚至竞争对手的信息;既包括满意的正面信息,也包括不满意的信息。

收集顾客满意信息的方式可包括:

(1) 接受顾客抱怨(包括投诉和意见)。

(2) 与顾客沟通,如走访顾客、问卷调查等。

(3) 市场调研,收集市场或消费者组织、媒体及行业组织的报告。

组织应确定收集的渠道、方法和频次。收集到的信息应加以分析利用,如进行统计分析,确定顾客满意程度的趋势,找出与设定目标及竞争对手的差距,归纳目前存在的主要问题等,作为评价质量管理体系业绩和改进的依据。组织应确定分析利用这些信息的频次、方法和职责。

2. 内部审核

内部质量管理体系审核的目的是确定质量管理体系是否满足以下条件。

（1）符合产品实现策划的安排,符合 2000 版 ISO9001 标准要求,符合组织所确定的质量管理体系的要求(主要是组织的质量手册等体系文件中规定的要求)。

（2）质量管理体系得到有效实施与保持。组织应制定并按所策划的时间间隔实施定期开展内部审核的程序,程序应规定：

① 审核方案的策划,包括确定审核的频次、目的、准则(即审核依据)、范围等。

② 审核的职责,包括审核人员的职责和资格、审核组组成和分工、审核员不应审核自己的工作。

③ 审核公正性和客观性的要求。

④ 审核的实施,包括审核准备、审核计划、审核的方法、现场审核等。

⑤ 审核结果,即审核发现(如不合格报告)和审核结论。

⑥ 向管理者报告审核结果。

⑦ 对审核中发现问题所采取纠正措施的实施。

⑧ 跟踪活动,即纠正措施的验证和报告。

⑨ 记录的要求,一般应保存审核方案策划结果、审核计划、现场观察记录、审核结果、纠正措施及验证报告等。

审核方案指的是在某一段时间内计划要开展的 1 组(1 次或多次)有特定目的的审核。审核方案的策划应根据组织的不同区域和活动的运行状况、重要性,并根据以往审核结果来安排审核的频次、时间、进度和审核的范围。当运行状况问题多、重要程度高时,应加大对这些区域和活动的审核力度。通常通过制订年度审核计划来进行审核方案的策划。

 实训指导

内部审核可采用的模式

内部审核可按照首次会议→现场审核→出具不合格报告→运行状况判断→末次会议→出具审核报告的模式进行。

3. 过程的监视和测量

过程监视和测量的对象是质量管理体系的各个过程。过程监视测量的直接作用是证实过程是否保持其实现预期结果的能力。

组织所采用的过程监视方法应适于起到上述作用,在适用时可以采用测量的方式。组织应针对产品和各个过程的特点选择适当的方法,可以考虑的方法有:内部审核、过程审核、工作质量的检查活动、过程及其输出的监视和测量(可行时)、过程有效性的评价等。

当过程监视和测量反映过程未能达到预期结果时,应进行数据分析并采取有效的纠正措施。首先通过纠正活动使不符合要求的过程输出得到有效处置,然后进一步采取纠正措施来消除过程运行中引发不合格的原因。

判断所采用的过程监视和测量方法是否适宜及判断解决过程不合格的纠正措施是否有效,都应以确保产品的符合性和过程的有效性为准则。

应注意在过程监视和测量或其后采取的措施中,选用适当的统计技术,如抽样检验、控制图、工序能力分析、排列图、对策表等。

4. 产品的监视和测量

监视和测量的对象是产品的特性,包括采购产品、中间产品和最终产品。在产品实现策划中,组织应就哪些产品的哪些特性在实现过程的哪个阶段如何进行监视和测量做出明确恰当的安排。符合接收准则的证据应保持,一般形成记录。记录中应表明经授权放行产品的责任者。某些情况下,产品的监视和测量与过程的监视和测量可能均采用对过程的输出进行监视和测量的方式。

产品的放行和服务的交付应在完成所规定的各个阶段的监视和测量,而且结果符合规定的要求后进行。但当得到特别批准时,放行产品和交付服务可以有特例(在交付放行阶段或产品实现的其他过程均有可能发生)。这类特殊放行可由组织内部授权人员批准,但凡是在适用的场合下,应由顾客批准。应注意这类特殊放行是有风险的,而且也不意味着在特殊放行后,可以不完成必要的监视和测量或不满足产品规定要求和适用的法律法规要求。一般这种特殊放行对纯服务类产品是不适用的。

 思考与问题

1. 为什么说顾客满意是作为对质量管理体系业绩的一种测量?为什么评定顾客满意必须来自顾客对有关组织是否已满足其要求的感受的信息为标准?

2. 某组织在制订年度内部质量管理体系审核计划和审核实施计划时,除了考虑每年对每个要素覆盖一次外,其他无原则区别,这种做法是否对?为什么?

3. 如何用统计技术对过程进行监视和测量?试举例说明。

4. 某组织在生产 A 产品过程中,担任检验并有权放行 A 零件的检验员判定为批量不合格,不予放行。生产厂长迫于生产任务,找质量部经理,要求其放行。质量部经理同意了,要求该检验员放行,检验员同意放行了。需要说明的是,该组织主管质量的是副总经理,他并不知情。请问,按照2000版ISO9001标准要求,他们谁对谁错?为什么?

(三)不合格品控制

不合格品指不满足要求的产品,可能发生在采购产品、过程中间产品和最终产品中。组织应制定不合格品控制的程序文件。程序中应规定不合格品控制活动和处置不合格品职责权限。一般不合格品控制活动包括判定、标识、记录、评审和处置等。处置不合格品时应采用以下一种或几种方式。

(1) 采取返工等措施,消除不合格品。

(2) 让步使用、放行或接收不合格品。此时应由授权人员批准,但凡是在适用场合下必须由顾客批准。

(3) 改变使用方式和用途(如降级使用或报废)。

在服务行业中上述处置方式指的是中止不合格服务、道歉、适当赔偿或给予适当优惠条件等。不合格品控制记录应包括不合格品性质(包括不合格的情况、类别属性)、处置情况和让步批准等。纠正后的产品应再次验证符合性。在交付甚至使用开始后发现产品不合格时,组织仍有责任采取适当措施解决问题,这些措施应与不合格给顾客造成的影响(包括损失或潜在的影响)相适应。

实训指导

"不合格"和"缺陷"是两个术语,不能混淆使用。"缺陷"是指"未满足与预期或规定用途有关的要求",常常作为一种法律术语,特别是与产品责任问题有关,因此,在使用时应当慎重。显然,缺陷肯定是不合格,但不合格却不一定是缺陷,不合格的外延要广得多,那些涉及顾客生命和健康以及财产安全的要求,如果未能满足,肯定属于缺陷。在不合格品控制中,对有缺陷的产品控制应当更严格,否则就可能给组织带来灾难性的后果。

思考与问题

1. 某组织在生产过程中,发现有一箱零件无任何标识,不知是合格品还是不合格品,应如何处置?为什么?

2. 某组织的生产部门对某一批1 000件已判定为不合格的产品进行返工,纠正不合格后要求检验部门再检验,以证实符合要求后放行。质量部门的检验员发现,返工单上无返工产品的编号,检验员拒绝检验。检验员这样做是否对?为

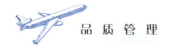

什么?

3. 某运输公司给顾客运输一批产品从甲地至乙地,交付后顾客发现部分产品不合格,并判定是运输公司的责任。顾客提出应由运输公司负责。运输公司派人查看后,认为不是运输公司的责任,而是产品制造商的责任。对此,你认为应如何处理?

(四)数据分析

所收集数据的内容种类应与评价质量管理体系和识别改进机会有关,一般包括:

(1)与本组织产品质量有关的数据。

(2)与本组织运行能力有关的数据。

(3)同类产品的市场动态、竞争对手的产品和过程信息等。

组织应明确需要收集的数据种类。这些数据可来源于组织内部监视和测量活动、产品实现过程、与顾客和供方有关的过程及外部市场、竞争对手和相关方等方面。组织应明确收集的渠道、方法和频次。组织还应对所收集的数据进行分析,不仅有归口部门的分析,相关的各部门和有关人员也需要开展分析。组织应选择适当的分析方法,包括统计技术。数据分析结果应能提供以下方面的信息。

(1)顾客满意方面的信息。如趋势和不满意的主要方面,应结合条款的要求进行。

(2)产品要求的符合性,如不足的主要方面。

(3)产品和过程的特性变差、现状及其趋势。如是否反映了潜在的问题、有无必要采取预防措施。

(4)供方产品和过程的相关信息。

组织应利用数据分析结果对质量管理体系进行评价(如提交管理评审),并应为改进寻找机会。

 实训指导

用数据来说话,优点是简单明了。产品质量是上升了还是下降了,仅凭个人感觉往往难以判断。这时如果有一组产品监测的数据,将其与上一期同一数据相比较,是上升还是下降就一目了然了。如果对数据进行加工,用数理统计技术进行分析,其作用就更大,我们就可以清楚地知道产品质量上升了多少或下降了多少,对产品质量的把握也就更准确。

 思考与问题

1. 你认为组织要提供顾客满意的信息,应确定收集哪些数据?如何收集?

2. 试举例说明如何利用已确定并收集的数据分析过程和产品的特性和趋势？

3. 为什么要提供有关供方的信息？这对改进组织的质量管理体系有何益处？

（五）改进

1. 持续改进

持续改进是增强满足要求的能力的循环活动，改进的重点是改善产品的特性和提高质量、管理体系过程的有效性。持续改进要求不断寻找进一步改进的机会，并采取适当的改进方式。改进的途径可以是日常渐近的改进活动，也可以是突破性的改进项目。

为实现质量管理体系的持续改进，组织应当：

（1）通过质量方针的建立与实施，营造一个激励改进的氛围和环境。

（2）确立质量目标以明确改进的方向。

（3）通过数据分析、内部审核不断寻求改进的机会，并做出适当的改进活动安排。

（4）实施纠正和预防措施以及其他适用的措施实现改进。

（5）在管理评审中评价改进效果，确定新的改进目标和改进的决定。

2. 纠正措施

组织应建立并实施纠正措施程序文件，针对现存不合格的原因，采取适当措施，以防止不合格再次发生。纠正措施的实施应采取以下步骤。

（1）识别和评审不合格，包括体系运作方面和产品质量方面的不合格，特别应注意顾客抱怨（包括投诉）所引发不合格的评审。

（2）通过调查分析确定不合格的原因。

（3）研究为防止不合格再发生应采取的措施。

（4）确定并实施这些措施。

（5）跟踪并记录纠正措施的结果。

（6）评价纠正措施的有效性。对于富有成效的改进做出永久更改。对于效果不明确的有必要采取进一步的分析与改进。

此外，组织还应权衡风险、利益和成本，以确定适宜的纠正措施。

3. 预防措施

组织应建立并实施预防措施程序文件，针对潜在不合格的原因采取适当措施，以防止不合格发生。预防措施的实施应采取以下步骤。

（1）识别并确定潜在不合格并分析其原因。

（2）评价采取措施的必要性和可行性。

（3）研究确定需采取的预防措施，并落实实施。

（4）跟踪并记录所采取措施的结果。

(5)评价预防措施的有效性,并作出永久更改或进一步采取措施的决定。

在权衡风险、利益和成本的基础上,组织应确定采取适当的预防措施。

思考与问题

1. 请举例说明,如何持续改进质量管理体系的有效性?
2. 实施纠正(或预防)措施前,为何都要先评价纠正(或预防)措施的需求?
3. 试结合实际工作,举例说明采取预防措施的全过程,即确定潜在不合格及其原因,评价防止不合格发生的措施的需求,确定和实施所需的措施,记录所采取措施的结果,验证和评审所采取的预防措施。

七、2000 版 ISO9001 标准的应用

(一)策划

1. 质量管理体系的策划

质量管理体系的策划范围覆盖了产品实现过程的策划范围和测量、分析和改进过程的策划范围。组织应在质量管理体系的策划的基础上,对产品实现过程和测量、分析和改进作更进一步的具体策划。

策划质量管理体系是组织最高管理者的职责。最高管理者首先要制定组织的质量方针和确定质量目标,再按 2000 版 ISO9001 标准的"总要求"识别质量管理体系所需的过程,确定过程的顺序和相互作用,确定必要的资源和信息,确定对质量管理体系过程实施控制的准则和方法,并将策划的结果形成文件。质量管理体系没有统一的模式,注重的是适用性和有效性。因此,组织在进行质量管理体系策划时,要先确定组织的产品和顾客,也就是通常所说的"企业在市场中的定位"。

(1)识别产品。组织的产品类别可以是硬件、可以是流程性材料、可以是软件、可以是服务,还可以是不同类别的组合。

(2)识别顾客。顾客包括直接的购买者、最终的使用者和可能存在的中间商,他们可能是个人也可能是组织。

(3)质量方针目标与产品的要求。这些要求具体可以细化为以下几方面。

① 与产品有关的要求。与产品有关的要求包括顾客对产品规定的要求、产品的规定用途或已知预期用途所必需的要求、与产品有关的法律法规的要求、组织的附加要求等。一般顾客将在合同或协议中对产品明确提出应符合技术标准或规范的要求和其他规定的要求。组织还要根据产品的规定用途或已知预期的用途确定对产品的要求。产品满足有关法律法规的要求是组织的责任。因此,组织必须建

立并运行一个能及时识别、搜集、分析有关法律法规的制度,以确保组织有能力将其产品所适用的法律法规要求纳入到产品要求中去。

② 质量方针和质量目标。质量方针是与经营宗旨相一致的、与产品要求相适应的,要体现对顾客的承诺、持续改进的承诺,同时,质量方针又能为目标的提出提供框架。因此质量方针不能是空洞的口号,要根据本组织的产品、顾客定位和预期的产品质量水平确定。质量目标应以质量方针所提供的框架展开,为确保组织的质量目标的实现,相关职能和层次要依据组织的质量目标要求确定各自的质量目标,并落实到全体员工的活动中。从体现对顾客承诺的角度来看,质量目标往往既可与产品性能有关,又可落实到产品的实现过程。从体现持续改进角度来看,目标可能与顾客的满意程度有关,在设立顾客满意程度目标时,要同时考虑满意程度的表达方式及信息收集和统计的口径。质量目标应是可测量的,而且相关职能和层次的质量目标应尽可能量化,以便比较实施结果,进行持续改进。

原则上,组织的最高管理者先要制定质量方针和质量目标,再建立并实施质量管理体系来确保质量方针和质量目标的实现。在管理评审时,要评价质量方针和质量目标的实现情况,作为质量管理体系适宜性、充分性和有效性的重要证据。在具体做法上,要注意不能使质量方针和目标与质量管理体系分离,从而使质量方针和目标成为形式,也使质量管理体系失去目的性。

(4) 过程的确定。建立质量管理体系必须先识别过程,包括与管理活动、资源管理、产品实现和测量有关的过程。每一过程都包含一个或多个将输入转化为输出的活动。可以通过以下的方式来确定过程。

① 识别质量管理体系所必需的大过程,再识别每个大过程中包含的子过程,包括最高管理者过程和支持性的过程。

② 确定每个过程的输入和输出、接受输出的对象和过程之间的接口。

③ 确定每个过程需要的资源和信息及其提供者。

④ 确定对过程的能力和输出结果的测量准则和方法。

⑤ 确定过程的责任者,包括外包过程的供方。

所谓识别过程,包含着研究为达到某一个目的可能的几组过程的组合,从中选定最佳的一组过程的组合;同时也包含研究组织现有的过程和职责,可能需要对职能重新分配,对机构设置、过程、职责与权限进行必要的调整。

组织可以用方框图或其他适当方式表述过程,说明各过程的名称、责任部门、输入、输出、控制方法,用符号或文字表明相互关联和相互作用的过程。

(5) 质量管理体系范围的确定(对标准要求的合理删减)。组织在策划和建立质量管理体系时,需要确定体系覆盖的范围。如果组织可以提供若干种不同的产品,该组织建立的体系可以覆盖所有的产品,也可以只覆盖其中的部分产品。组织的质量管理体系应包括所覆盖产品范围内的需要的全部过程。

① 对2000版ISO9001标准第7章要求删减的一般情况。2000版ISO9001标准第7章中的7.1,7.2,7.5.1是不能删减的[①]。因为任何产品都需要进行产品实现的策划,都有与顾客有关的过程,有生产和服务提供的控制,并且只要产品实现中有此过程,无论是自制还是外包,与此相关的要求都不能删除,只是所用的控制方法有所不同。

② 设计和开发(7.3)。对硬件产品制造而言,设计和开发主要指的是产品的设计和开发,如果产品图纸由顾客提供,可以删去7.3的要求,工艺过程的开发可以采用7.1控制。对于引进技术的产品只要进行了国产化就必须有确认,如果有权进行更改,就必须执行更改控制,这时都不能删去7.3,但也并不要求实施7.3中的全部要求,只是采用那些和自有的过程有关的、适用的条款。

对建筑工程公司,大多数只具有施工资质,并不承担设计的责任,其按设计院提供的图纸施工,可以删除7.3的要求。但一些大型工程公司,也具有设计的资质,在某些工程中承担部分的施工图任务,这时就不能删去7.3的要求。如果公司承接了几十个工程,只要其中有一个带设计过程,就不能删减7.3的要求,但并不要求在所有的工程中执行,只要在带设计的工程中执行即可。对于一些技术力量雄厚或是有专门技术的工程公司,在接受一新建工程时可能会开发一种新的施工法,这样的过程开发建议采用7.3的要求。

对于石油化工、基础化工等流程型生产企业,产品和过程都是由设计院负责设计和开发的,如果企业没有更改的权力,则7.3对其不适用,可以删去。而对于橡胶、塑料、水泥、造纸等企业,虽然也是流程型产品,但都有配方的设计,故而不能随便删除7.3。

③ 顾客财产(7.5.4)及监视和测量装置的控制(7.6)。这两条都可能对某些组织不适用。纯粹的服务业如培训机构、审计事务所、翻译公司等可能没有监视和测量装置。要注意到,对于那些非常典型的来料加工企业,可能没有采购(7.4),但对有大量的顾客财产的企业,7.5.4的控制就是至关重要的。

④ 标识和可追溯性(7.5.3)及产品防护(7.5.5)。任何组织的质量管理体系都需要标识其过程,因此7.5.3不可能删减。但并非所有的产品都需要可追溯过程,故7.5.3可以部分采用。即使有追溯要求的产品,追溯的程度不同,产品的唯一性标识也不同。

产品防护是针对产品交付给接受者之前而采取的保持符合性的重要措施。产品的防护包括标识、搬运、包装、储存和保护等项目,但并非所有产品都需要这些全

---

① 以下所指的编号均是对应2000版ISO9001标准中第7章的相关内容。

部项目,在许多情况下对7.5.5是部分适用。

⑤ 生产和服务提供过程的确认(7.5.2)。组织需要根据生产和服务提供过程对产品满足要求的影响程度来确定是否实施确认。对有的生产和服务提供过程的输出,现在没有条件验证时需要实施确认,而以后有条件验证时就可不实施确认了。即使识别后需要按7.5.2要求进行过程确认,其方式和程度也是根据过程对其输出的符合性的影响程度,由组织自行决定的。需要注意的是,有一些服务业的服务提供过程和服务的交付往往是同时发生的,很难或不可能在服务交付前对服务进行验证,为确保服务满足要求,就需要对这样的服务过程事先进行确认。因此,组织在识别哪些生产和服务提供过程需要进行过程确认时,应注重证实过程能力的需求。

思考与问题

请举例说明,如何进行质量管理体系的策划?

2. 产品实现过程的策划

从确定与产品有关的要求、设计和开发产品到最终提供产品,其间的所有过程都是策划的对象。

策划包括特定产品的目标设立,这些目标应是对组织总的质量目标的一种细化,是实现组织总的质量目标的基础。策划包含过程的确定。对硬件产品可以是自产品要求的确定直至售后服务的过程,对服务业可以是从市场调研、服务规范设计到服务提供过程。策划还包括资源的需求,有设施设备、材料、工具、指导性文件以及有能力执行过程的人员。同时,对产品的接收准则(合格判定依据)及所需的监视、验证、确认活动和用以证实实施符合规定的记录也要作出规定。

产品实现策划结果的形式可因产品特点、加工的工艺水平和技术手段、服务提供过程的方式、组织规模等的不同而不同。如硬件产品实现(过程的)策划后可能会形成设计开发计划、采购计划、工艺、检验计划/规范、制造/检验记录等。流程性产品实现(过程的)策划后可能形成产品配方、工艺规程、操作规程及记录等。建筑工程实现(过程的)策划后可能形成施工组织设计、施工方案、验收记录等。服务业产品实现(过程的)策划后可能会形成规范、服务提供规范、服务检验规范等。

3. 测量、分析和改进的策划

这里所讲的"测量"是广义的,包括监视和/或测量,不仅是对产品的测量,还对质量管理体系过程和质量管理体系,以及包括顾客满意程度在内的组织业绩的测量。对测量发现的不合格品要进行处理,对测量的结果要进行分析。要采取措施消除不合格的原因,防止同类不合格的再次发生。还应确定措施以消除潜在不合

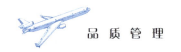

格的原因,防止可能产生的不合格品。此外,要利用对数据的分析结果发现改进的机会,实施对产品、质量管理体系过程、质量管理体系和业绩的改进。

策划要针对目标确定所需的信息、制定测量方法和传递途径,明确分析和改进组织的职责。对产品的监视和测量是为了验证产品是否满足要求,要依据对产品实现过程的策划安排,在产品实现过程的适当阶段进行。对产品实现的过程的监视和测量是为了证实该过程实现所策划结果的能力,可以分别从两方面考虑,产品实现过程的监视和测量就是PDCA循环中的检查步骤。管理过程的测量,可以结合内审考虑,各个部门亦可以在自己的管理过程中考虑。质量管理体系运行符合性和有效性的测量是通过内审和管理评审进行的。质量管理体系业绩可以通过管理评审、顾客满意程度的调查、申投诉的处理等多种方式进行测量。组织必须确定能反映顾客满意程度的信息,建立收集、传递、分析和反馈的系统,确保能对真实、客观的信息作出科学、正确的分析,作为组织持续改进的依据。

4. 质量管理体系文件描述的方式和程度

组织要建立形成文件的质量管理体系,而不是只建立质量管理体系的文件。组织质量管理体系文件的方式和程度必须结合组织的规模、产品的复杂程度和人员的能力等综合考虑,不能找个模式照抄照搬,也不能照抄2000版ISO9001标准的条款。

组织在策划质量管理体系时,应按2000版ISO9001标准的"文件要求",结合组织的实际需要,策划质量管理体系文件的结构(层次和数量)、形式(媒体)和表述的方式(文字、图表)与详略程度。

(1) 质量手册。2000版ISO9001标准4.2.2"质量手册"中列出的是该手册至少应包含的内容。2000版ISO9001标准对组织的质量手册没有提出统一格式的要求,组织可以最适合自己的方式表达,不必一定要按照2000版ISO9001标准的条款顺序编写质量手册,也不一定必须用2000版ISO9001标准条款的标题,只要能反映哪条要求适用于该生产过程即可。但是无论怎么写,在质量手册中对质量管理体系过程删减的详细表述是必不可少的。

通常在质量手册的"前言"或"概述"中表述组织的概况、地址、产品类别、所服务的顾客群体等,也可以在"前言"中描述对2000版ISO9001标准要求的删减及其理由,使阅读者一看就了解,但这不是硬性规定。

如果只是某些小条款不适用,可能在描述该条款时再表述删减更合适,没有必要在质量手册中占用一个条款号,用"本条款不适用,列出此条是为了与标准条款的对应"等类似的方式来表述已确定删减的要求。

此外,2000版ISO9001标准中的4.1是总要求,具体应落实到各过程及其活动中去,因此可以不单列一条专门描述,整个手册就是体现了这一节的要求。质量方针可以在手册中描述,亦可不在手册中描述,因为质量方针有独立的内涵,也不是标准规定手册所必须包含的内容。

(2) 程序和作业指导文件。程序和作业指导文件包括 2000 版 ISO9001 标准规定的程序文件和为确保过程进行有效策划、运行和控制所需的文件。

① 2000 版 ISO9001 标准规定的程序文件。2000 版 ISO9001 标准规定文件控制、记录控制、不合格品控制、内审、纠正措施和预防措施 6 项要求必须形成程序文件,但不是必须要 6 个,如果将文件和记录控制合为 1 个,将纠正和预防措施合为 1 个,虽然只有 4 个文件,但覆盖了 2000 版 ISO9001 标准的要求,是可以接受的。

并不是所有的程序都必须形成文件,如果所有的相关人员都能说明并能证明他们用同样的方法做同样的事,就不一定需要文件。

② 为确保过程有效策划、运行和控制所需的文件。

 思考与问题

请举例说明,如何进行产品实现过程的策划?

(二) 质量管理体系的实施和改进

1. 培训

(1) 培训的内容。全体员工都需要进行意识培训,树立以顾客为关注焦点的思想、使顾客满意的思想,以及持续改进和不断提高体系有效性和效率的思想。不同的岗位结合各自的目标和要求进行培训,使每个员工明白如何做好本职工作,达到自己的目标,为组织实现方针目标做出贡献。

高层领导需要了解管理思想的发展,要知道自己需要直接参与哪些工作,及如何为质量管理体系作策划。因此,培训的重点是质量管理八项原则和管理职责,要使高层领导能对质量管理体系作出全面的策划,提出目标、落实职能、提供资源。

质量管理体系骨干(包括内审员)除了要树立管理思想外,还要掌握标准的各项要求,参与体系的策划,全面培训《质量管理体系要求》的内容以及相关的术语和说明。

(2) 培训的方法。质量管理体系对培训的方法没有任何限制。

2. 体系实施的证据

体系的实施要留下证据,记录是证据的一种有效形式,但不是唯一的;可以是各种方式,不一定是表格;可以记在记录本上,亦可以使用电子媒体。在确定实施证据时要考虑适用、有效、方便使用和验证等原则。

3. 实施有效性的验证

质量管理过程是否能被正确识别、是否按规定实施都会影响整个体系的有效性,在合适的阶段进行验证是必要的。如果产品的实现过程缺乏有效性是由于对产品意识过程识别不清,那么可以改进策划过程。如果因没有规定而影响体系运行的有效性,就要作出规定。即使对产品的实现过程已作了正确合适的规定,不执行也不可能有效,因此必须加强对产品的实现过程执行的监视和测量,以确保质量管理体系的有效运行。有效性的验证通常可以和内审(测量各管理过程的有效性)、顾客满意程度的调查(测量体系总体业绩的有效性)、产品与产品的实现过程的测量(测量产品及产品实现过程的有效性)相结合。

4. 自我评价机制的建立和持续改进

组织必须建立自己的评价机制,对所策划的质量管理体系、产品的实现过程及其实施的符合性和有效性进行评价。

信息是评价的依据,信息反馈是否能确保组织内部及与顾客良好沟通的重要机制。建立信息反馈系统并不在于一定要另写一个程序文件,而组织要识别为确保产品满足要求和持续改进所需的信息,它的来源、统计方法和反馈途径可以按项目作出规定,亦可在各过程的职能中一起明确。内部沟通是否顺畅及改进方向是否明确是验证信息反馈有效性的方法之一。

内审和管理评审是这个自我评价机制的基础,要给予充分的重视,要作为了解目的是否达到、寻找改进方向的一个重要环节。特别是管理评审,最高领导必须亲自参与,在此基础上进行组织的持续改进。持续改进可以体现在体系的各个环节和任何阶段,PDCA 的方法体现了持续改进的思想。持续改进的目的是改进质量管理体系的有效性和效率。可以通过减少、防止错误的发生进行日常改进以期在稳定的状态下取得管理水平的提高,并始终满足顾客不断变化的要求。

ISO9004 标准的一些内容,特别是提供的一些方法,有助于对 2000 版 ISO9001 标准的理解和应用。

组织建立质量管理体系后,如何实施和改进?

第十三章 认证常识

通过本章的学习,要求掌握质量认证的意义和作用、掌握常见质量认证的类别和实施程序。

1. 掌握产品认证制度的4个基本要素
2. 掌握 CCC 强制认证的主要内容和认证标志
3. 掌握美国 UL 认证的内容和认证流程
4. 掌握欧盟 CE 认证的认证流程
5. 了解 IECEE CB 认证、德国 GS 认证、美国 EPA 认证、环境标志产品认证和 QS9000 标准

第一节 认 证 概 述

一、认证的重要性

认证是企业发展的战略选择!

加入世界贸易组织使我国出口至各会员国家的产品,在关税方面可享有互惠平等的待遇,但随着关税的降低,发达国家开始以技术法规、标准、合格评定、认证等技术壁垒作为保护其本国民族工业的手段,技术壁垒也成为多边贸易中最隐蔽、最难对付的一种非关税壁垒。技术壁垒占非关税壁垒的30%,这个比例在今后会高达80%。如何从"治本"的高度出发,加快认证步伐,帮助更多的企业提高质量管

理水平和产品质量,开展产品认证和体系认证成为日益重要的课题。从获得认证企业的反馈信息可以看到:在提高管理水平、保证产品质量、降低废品率、增强市场竞争力、提高企业信誉和知名度、扩大出口等方面,认证显示出较大优势,收益显著。归纳起来有以下几个方面。

(一) 全员参与,人人有责

专家把现代质量管理比作"木桶效应"。木桶的储水量同每一根木条有关,缺一不可;而质量管理同木桶一样,产品质量的好坏同影响质量的各个环节有关,生产环节一环扣一环,紧密相连。一步不到位,都会影响到产品的最终质量等级。因此,体系认证和产品认证制度的建立有利于:

(1) 通过全员培训,提高员工素质;鼓舞士气,增强工作积极性;人人参与,增强内部团结和凝聚力。在建立和实施产品和体系认证过程中有大量的工作及问题需要解决,因此,必须要有一个强有力的领导机构、一支强有力的骨干工作队伍和具有较高质量意识的员工的共同配合,才能有效、有条不紊地完成各项工作。例如体系认证文件的编写工作,工作量大,并且涉及与体系有关的各个部门,因此只有集思广益,发动集体的智慧,才能较快地、较好地完成编写工作。在贯彻标准过程中,通过对标准的宣传、质量管理体系文件编写人员的培训和对全体员工进行普及培训的方式,强化质量意识,使职工既要认识质量的重要性,又要认识到产品的质量同每一个人有关,要求全员参与、人人有责。各部门、各级员工必须充分配合,团结协作,发挥整体作战精神,才能有效地建立并保持质量管理体系的正常运行,可以说整个质量管理体系的建立和保持包含了企业全体员工的心血和智慧,是全体员工日夜辛劳结出的硕果。

(2) 锻炼管理队伍。通过实施产品和质量管理体系认证,使一代企业管理人才在认证过程及认证后的管理工作中学会运用国际先进的企业管理方法,不但为当前的管理工作,也为今后的发展培养了业务骨干,为企业的更大发展奠定了人才基础。

(二) 通过文件控制进行有效管理

一般企业在接受认证前都有指导工作的程序,但往往由于缺乏可行性、适用性、系统性,不能有效地指导工作,致使工作杂乱无章,低质低效,缺乏系统、完整、规范的工作标准和文件的有效管理,过期文件、失效文件滞留现场,随意性、口头性指令过多,导致工作接口及职责不明确。正确的做法是:从质量管理体系文件的编写开始就注意文件的可操作性、系统性、科学性;通过文件控制程序,有效地保证了各部门的有效性;定期修改手册,确保体系文件的适用性;做好记录,以便验证体系运行是否有效。

(1) 分清职责和权限,提高管理水平及效率。一般管理体系存在的缺陷主要表现在职责和权限划分不清、纵横两个方向联系受阻,使原有的机构设置受阻,在管理中出现"管理死角"、"扯皮"现象,工作行为不规范,生产过程中出现质量事故、废品率高等。通过建立质量管理体系,可以详细而明确地规定各个部门、各个岗位职责及权力,以及相关接口处的职责,并且建立健全的可操作的质量工作程序及作业指导书,有了贯穿于各个层次的产品质量保证链,既改善了活动本身的运行质量,又改善了部门之间的协调,减少不同部门重复工序的发生,增强各部门之间的沟通,大大提高了各部门内部与外部之间的运作清晰度及对问题做出反应的速度,从而提高了运作效率、降低了质量成本。

(2)提高现场管理水平。生产现场是各项管理工作的交叉点,因此现场管理一直是管理工作的重点和难点。建立健全质量体系后,质量管理的各项工作,分别归属于一定的要素,而每个要素由相应部门负责,并通过统一的标识,使现场管理的脉络清晰、责任明确、便于考核,大大提高了整个生产状况的透明度。

(三)"事前预防"而非"事后检验"

通过预防不合格现象的发生,能够:

(1)有效地保证产品质量。由于产品和质量体系认证要求不仅仅局限于依赖产品的最终质量检验,而只有通过涉及影响产品质量的各个过程控制,包括设计开发、材料采购、工艺策划、生产制造、检验试验、包装贮存、销售运输、安装服务等各个环节的有效运作,才能使产品质量得到确实保证。因此,企业获得了产品和质量体系认证证书,就意味着其生产的产品已经通过了国家认可的实验室按照某个标准进行的检测,其生产厂的质量体系也经过认证机构的严格审核,能够保证持续地生产符合标准的产品。

(2)提高生产率。通过执行质量标准、把质量责任从质量控制人员转到生产人员,激发了生产人员的积极性与创造性。他们都清楚知道自己应该做什么、怎么做,生产的条理性得到加强、设备故障减少、利用率提高、生产事故减少、生产率明显提高。

(3)提高产品合格率,降低生产成本。现代质量管理的一个重要原则是要以最合适的成本,生产满足用户要求或符合规定的质量要求的产品。所以一个好的产品,应该是成本与质量达到最佳平衡的体现。"预防为主"的精神从始至终都贯穿在质量管理体系中,所以能够大大降低生产成本。通过培训,提高企业员工的整体素质,加强职工的"质量意识"、"用户意识"、"一次成功"、"不合格品不进入下一道工序"这样的要领并使其被认证企业的员工普遍接受,就保证了建立的操作体系能有效运行,从而使废品和返工率大大减少、生产成本大大降低。

(四)持续稳定地改进产品质量

通过对所建体系不断地进行符合性、适应性及有效性的判断与证实,进行纠正

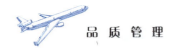

预防措施的实施和验证,及时发现质量管理体系运行中存在的问题,保证所有的不符合项和质量问题能得以快速有效地纠正。内部审核能够不断检验质量体系文件的先进性、适应性,并及时解决出现的问题。此外,还可以通过企业总经理亲自组织和主持管理评审活动,评价企业的质量方针目标的适宜性和质量体系的有效性。简而言之,首先预防问题发生,万一出现问题时,立即采取步骤去改正这些问题,并确保不再发生。认证机构定期对企业进行监督审核,更好地保证了产品质量能够保持稳定、有效并得以不断改进,循环上升。

(五)减少客户的投诉,留住老客户,吸引新客户

获得产品和体系认证有助于减少客户的投诉,留住老客户,吸引新客户,有效地防止类似的投诉再次发生,迅速圆满地解决投诉,增强企业信誉,挽留现有客户,并通过现有客户的口头宣传,吸引新的客户。一旦客户提出索赔,产品标识和可追溯性及质量记录,在许多情况下也可以作为应对索赔问题进行辩护时的有力证据。

(六)增加产品附加值

获得产品认证和体系认证证书,加贴产品认证标志,就意味着该企业能够持续稳定地生产被国家级认证机构认证为安全的、符合国家相应的质量标准的产品,这无疑会增加产品的附加值,增强消费者和需方对该产品的信心,提高企业的形象,有助于产品的销售,给企业带来更大的经济效益。

(七)提高企业知名度,增强企业信誉和竞争力,为企业扩大出口提供了有利的条件

许多政府部门、需方采购招标时或保险机构受理产品保险时,把制造商是否具备产品认证证书和体系认证证书作为购买产品的先决条件。他们认为,企业进行产品和体系认证是企业对质量的投入,是企业能按买方的要求提供高质量的产品和服务的能力和实力的保证。对需方而言,购买获得产品和体系认证的产品可以减少购货的风险,降低自己的质量控制成本;对供方而言,可以向用户表明自己保证货物品质的诚意,有利于促销。因此企业一旦获得产品和体系认证证书,就在国内外市场上树立了良好的形象,取得了产品走向世界的"通行证",成为企业进入国际市场的有效手段,为拓展企业的境外业务提供了有利的条件。

二、认证的基本常识

认证分为产品认证和体系认证两种。其英文原意是一种出具证明文件的行动,在1986版ISO/IEC指南2中对"认证"给予了明确的定义:"由可以充分信任的第三方证实某一经鉴定的产品或服务符合特定标准或规范性文件的活动。"这里介

绍一下产品认证。

典型的产品认证制度包括4个基本要素：型式检验、质量体系（环境体系）检查评定、监督检验、监督检查，前面2个要素是取得认证资料必备的基本条件，后2个要素是认证后的监督措施。

（一）型式检验

为了认证目的进行的型式检验是对一个或多个具有生产代表性的产品样品利用检验手段进行合理评价。型式检验的依据是产品标准。检验所需样品的数量由认证机构确定。取样地点从制造厂的最终产品中随机抽取。检验的地点应在经认可的独立的检验机构进行；如果有个别特殊的检验项目，检验机构缺少所需的检验设备，可在独立检验机构或认证机构的监督下使用制造厂的检验设备。

（二）质量体系（环境体系）检查评定

企业想有效地保证产品质量持续地满足标准的要求，就必须根据本企业的具体情况建立质量体系。仅仅依靠对最终产品的抽样检验来进行产品认证是不够的。即使是建立在统计基础上的抽样检验也只能证明一个批次产品的质量，不能保证以后出厂的产品都持续符合标准的要求（现阶段的环境标志认证工作中，只对企业进行现场检查。检查的依据是环境标志产品现场检查大纲）。

（三）监督检验

当申请认证的产品通过以后，如何能保持产品质量的稳定性和持续性、符合标准的要求，就必须定期对认证产品进行监督检验。监督检验就是从生产企业的最终产品中或者市场抽取样品，由认可的独立检验机构进行检验，如果检验结果证明继续符合标准的要求，则允许继续使用认证标志；如果不符合则需根据具体情况采取必要的措施。防止在不符合标准的产品上继续使用认证标志，监督检验周期一般每年两次，监督检验的项目不像检验规定的全部要求进行检验和检查。重要的是那些与制造有关的项目，特别是顾客意见较多的质量问题。

（四）监督检查

监督检查是对认证产品的生产企业的质量保证能力（生产的环境行为）进行定期复查，使企业坚持实施已经建立起来的质量体系（环境行为必须达到环境标准的要求），从而保证产品质量的（标志产品环境指标）稳定，是又一项认证质量的监督措施，检查内容比首次体系检查简单一些，重点是查看前次检查的不符合是否已经有效改正，质量（环境）体系的修改是否达到质量（环境指标）要求。

思考与问题

产品质量认证包括哪4个基本要素？

第二节 主要认证类别

一、CCC 认证

(一) CCC 认证概述

CCC 认证即是"中国强制认证",其英文名称为"China Compulsory Certification",缩写为 CCC。CCC 认证的标志为"CCC",是国家认证认可监督管理委员会根据《强制性产品认证管理规定》(中华人民共和国国家质量监督检验检疫总局令第 5 号)制定的。CCC 认证对涉及的产品执行国家强制的安全认证。主要内容概括起来有以下几方面。

(1) 按照世贸有关协议和国际通行规则,国家依法对涉及人类健康安全、动植物生命安全和健康,以及环境保护和公共安全的产品实行统一的强制性产品认证制度。国家认证认可监督管理委员会统一负责国家强制性产品认证制度的管理和组织实施工作。

(2) 国家强制性产品认证制度的主要特点是,国家公布统一的目录,确定统一适用的国家标准、技术规则和实施程序,制定统一的标志标识,规定统一的收费标准。凡列入强制性产品认证目录内的产品,必须经国家指定的认证机构认证合格,取得相关证书并加施认证标志后,方能出厂、销售和在经营服务场所使用。

(3) 根据我国入世承诺和体现国民待遇的原则,这次公布的《第一批实施强制性产品认证的产品目录》(以下简称《目录》)覆盖的产品是以原来的进口安全质量许可制度和强制性安全认证及电磁兼容认证产品为基础,做了适量增减。原来两种制度覆盖的产品有 138 种,此次公布的《目录》删去了原来列入强制性认证管理的医用超声诊断和治疗设备等 16 种产品,增加了建筑用安全玻璃等 10 种产品,实际列入《目录》的强制性认证产品共有 132 种。

(4) 国家对强制性产品认证使用统一的"CCC"标志。中国强制认证标志实施以后,将逐步取代原来实行的"长城"标志和"CCIB"标志。

(5) 国家统一确定强制性产品认证收费项目及标准。新的收费项目和收费标准的制定,将根据不以营利为目的和体现国民待遇的原则,综合考虑现行收费情况,并参照境外同类认证收费项目和收费标准。

(6) 新的强制性产品认证制度于 2002 年 5 月 1 日起实施,有关认证机构正式开始受理申请。为保证新、旧制度顺利过渡,原有的产品安全认证制度和进口安全质量许可制度自 2003 年 8 月 1 日起废止。

(二) CCC 认证标志

目前的"CCC"认证标志分为 4 类。

1. CCC+S 安全认证标志

60 mm安全认证标志　　45 mm安全认证标志　　30 mm安全认证标志　　15 mm安全认证标志　　8 mm安全认证标志

2. CCC+EMC 电磁兼容类认证标志

60 mm电磁兼容类认证标志　　45 mm电磁兼容类认证标志　　30 mm电磁兼容类认证标志　　15 mm电磁兼容类认证标志　　8 mm电磁兼容类认证标志

3. CCC+S&E 安全与电磁兼容认证标志

60 mm安全与电磁兼容认证标志　　45 mm安全与电磁兼容认证标志　　30 mm安全与电磁兼容认证标志　　15 mm安全与电磁兼容认证标志　　8 mm安全与电磁兼容认证标志

4. CCC+F 消防认证标志

60 mm消防认证标志　　45 mm消防认证标志　　30 mm消防认证标志　　15 mm消防认证标志　　8 mm消防认证标志

上述 4 类标志每类都有大小 5 种规格。

(三) CCC 标志的设置

CCC 标志一般贴在产品上面，或通过模压压在产品上。目前设计的 CCC 标志不仅有激光防伪功能，而且每个型号都有一个独特的序号，序号不重复。消费者区别真假 CCC 标志的方法很简单，细看 CCC 标志，会发现多个小菱形的"CCC"暗

记。另外,CCC 标志最不容易仿冒的地方,就是每只标志后面都有一个随机码,它注明每个随机码所对应的厂家及产品,根据随机码,即可识别产品来源是否正宗。

(四) CCC 认证实施如何与 ISO 相结合

CCC 认证需进行工厂审核,工厂审核也就是针对质量体系进行审核。为与 ISO9000 体系相应,CCC 认证体系增加如下内容。

1. 增加了记录要求

记录要求中增加了以下内容。

(1) 例行检验记录。

(2) 选定型式检验记录。

(3) 标志使用情况的记录。

2. 强调了例行检验和确认检验的要求

例行检验是在生产的最终阶段对生产线上的产品进行的 100% 检验,通常检验后,除包装和加贴标签外,不再进一步加工。确认检验是为验证产品持续符合标准要求而进行的在经例行检验后的合格品中随机抽取样品依据检验文件进行的检验。

3. 强调了运行检查的要求

对用于例行检验和确认检验的设备应进行日常操作检查外,还应进行运行检查。当发现运行检查结果不能满足规定要求时,应能追溯至已检测过的产品。必要时,应对这些产品重新进行检测。应规定操作人员在发现设备功能失效时需采取的措施。运行检查结果及采取的调整措施应记录。

4. 强调了产品一致性的要求

(1) 生产者应对批量生产产品与型式检验合格的产品的一致性进行控制,以使认证产品持续符合规定的要求。

(2) 生产者应制定关键元器件、零部件的清单,明确它们的供应商、材质。

(3) 生产者应建立产品关键元器件和材料、结构等影响产品符合规定要求因素的变更控制程序,认证产品的变更(可能影响与相关标准的符合性或型式检验样机的一致性)。在实施前向认证机构申报获得批准后方可执行。

(五) 免办 CCC 证明

根据中华人民共和国国家质量监督检验检疫总局和中华人民共和国国家认证认可监督管理委员会公告(2001 年第 33 号),自 2003 年 5 月 1 日起,列入《目录》内的产品未获得强制性产品认证证书或未加施中国强制性产品认证标志不得出厂销售、进口和在经营性活动中使用。为保证强制性产品认证制度的顺利实施,针对生产、进口和经营性活动中的特殊情况,对以下无需办理或可申请免于办理强制性认证的产品范围,予以公告,自公告之日起实施。

1. 无需办理强制性认证的产品范围

(1) 外国驻华使、领馆,办事机构,入境人员从境外带入境内的自用物品(不含从出国人员服务公司购买的物品)。

(2) 政府间援助、赠送的物品。

(3) 展览品(非展销品)。

(4) 特殊用途(军事等目的)的产品。

对于不需要办理强制性产品认证的产品,无须申请强制性产品认证证书,也无须加施中国强制性认证标志。

2. 可免于办理强制性认证的产品范围

(1) 为科研、测试需要进口和生产的产品。

(2) 以整机全数出口为目的而用进料或来料加工方式进口的零部件。

(3) 根据外贸合同,专供出口的产品(不包括该产品有部分返销国内或内销的)。

(4) 为考核技术引进生产线需要进口的零部件。

(5) 直接为最终用户维修目的而进口和生产的产品,为已停止生产的产品提供的维修零部件。

(6) 其他特殊情况的产品。

对于可免于办理强制性认证的产品,生产厂商、销售商或其代理人向中国国家认证认可监督管理委员会提出申请,并提交证明符合免办条件的证明材料、责任担保书、产品符合性声明(包括型式检验报告)等,经批准获得免办强制性产品认证证明后,可出厂销售、进口和在经营性活动中使用。

(六) 参考文件

(1)《免办进口商品质量许可证证明》。

(2)《强制性产品认证管理规定》。

(3)《强制性产品认证标志管理办法》。

(4)《第一批实施强制性产品认证的产品目录》。

 思考与问题

CCC 认证主要内容包括哪几方面?认证标志有哪些?

二、美国 UL 认证

UL 是英文保险商试验所 Underwriters' Laboratories,Inc. 的略语。UL 是美

国最有权威的,也是界上从事安全试验和鉴定的较大的民间机构。它是一个独立的、非营利的、为公共安全做试验的专业机构。它采用科学的测试方法来研究、确定各种材料、装置、产品、设备、建筑等对生命、财产有无危害和危害的程度;确定、编写、发行相应的标准和有助于减少及防止造成生命财产受到损失的资料,同时开展实情调研业务。总之,它主要从事产品的安全认证和经营安全证明业务,其最终目的是为市场得到具有相当安全水准的商品,为人身健康和财产安全得到保证做出贡献。就产品安全认证作为消除国际贸易技术壁垒的有效手段而言,UL 为促进国际贸易的发展也发挥着积极的作用。

UL 始建于 1894 年,初始阶段 UL 主要靠防火保险部门提供资金维持运作,直到 1916 年,它才完全自立。经过近百年的发展,UL 已成为具有世界知名度的认证机构,其自身具有一整套严密的组织管理体制、标准开发和产品认证程序。UL 由一个由安全专家、政府官员、消费者、教育界、公用事业、保险业及标准部门的代表组成的理事会管理,日常工作由总裁、副总裁处理。目前,UL 在美国本土有 5 个实验室,总部设在芝加哥北部的 Northbrook 镇,同时在我国台湾和香港地区也分别设立了相应的实验室。

(一) UL 认证服务项目

UL 的产品认证、试验服务的种类主要可分为列名、认可和分级。

1. 列名

一般来讲,列名(listed)仅适用于完整的产品以及有资格人员在现场进行替换或安装的各种器件和装置,属于 UL 列名服务的各种产品包括:家用电器、医疗设备、计算机、商业设备以及在建筑物中使用的各类电器产品,如配电系统、保险丝、电线、开关和其他电气构件等。经 UL 列名的产品,通常可以在每个产品上标上 UL 的列名标志。

2. 认可

认可(recognized)服务是 UL 服务中的一个项目,其鉴定的产品只能在 UL 列名、分级或其他认可产品上作为元器件、原材料使用。认可产品在结构上并不完整,或者在用途上有一定的限制以保证达到预期的安全性能。在大多数情况下,认可产品的跟踪服务都属于 R 类。属于 L 类的认可产品有电子线(AVLV2)、加工线材(ZKLU2)、线束(ZPFW2)、铝线(DVVR2)和金属挠性管(DXUZ2)。认可产品要求带有认可标记。

3. 分级

分级(classification)服务仅对产品的特定危害进行评价,或对执行 UL 标准以外的其他标准(包括国际上认可的标准,如 IEC 和 ISO 标准等)的产品进行评价。一般来说大多数分级产品并非消费者使用的产品,而是工业或商业上使用的产品。

UL 标志中的分级标志表明了产品在经 UL 鉴定时有一定的限制条件和规定范围。例如对工业上用的溶剂这样的化学药品,只对其达到燃点温度时可能发生的火灾这一范围进行评价。某些产品的分级服务和列名服务相同,但一般只是对产品的某一方面或若干方面进行评价,如在美国,医用 X 射线诊断仪这类设备要求各州遵守美国法律和有关辐射发射及束流精度的规定,但因为 UL 只把 X 射线作为分级产品,所以只评价它的机械性能、电气性能和其他的非辐射性能等方面。

4. 多重列名、多重认可或多重分级服务

当一个 UL 认证的申请人在取得上述的列名、认可或分级服务后,其产品要以另一公司的名义生产以满足销售的需要,可以申请多重列名、多重认可或多重分级服务,在这种情况下,得到列名、认可或分级的制造商被允许使用产品名录里的另一个公司的名字,但该产品除公司代号、产品代号或 UL 公司认为可以接受的其他特征外,必须与原来列名、认可或分级产品一致。

5. "AL"列名、认可或分级服务

若 UL 认证申请人不想用自己公司的名义取得列名、认可或分级服务,他可以申请用另一个商号(通常是零售商或批发商)的名义申请列名、认可或分级,即称为"AL"列名、认可或分级服务。其与多重列名、多重认可或多重分级服务的区别在于其申请人不是列名人。

6. 体系认证服务

作为国际认可委员会的成员之一,UL 广泛涉足 ISO9000 质量体系认证、ISO14000 环境保护认证、QS9000 汽车行业质量体系认证和 AS9000 飞机行业质量体系认证服务。到目前为止,在全美共有 116 家工厂取得 UL 的体系认证,其中 21 家为 ISO9001 认证,85 家为 ISO9002 认证,1 家为 ISO14001 认证,9 家为 QS9000 认证。

7. UL 的其他服务

UL 还有其他服务项目,如证明服务、检验服务、实情判断服务、调研服务等。

(二) UL 标记说明

1. UL 列名标记

这是一个最常用的 UL 认证标记。如果产品上贴有这一标记,则意味着该产品的样品满足 UL 的安全要求。这些要求主要是UL 自己出版的安全标准。这一类型的标记通常在以下几类产品中看到:电器、计算机设备、炉子和加热器、保险丝、电源板、烟雾和一氧化碳探测器、灭火器和自动喷水灭火系统、个人漂浮装置(如救生衣和救生圈)、防弹玻璃和其他数千种产品。

2. 分级标记

这一标记出现在经过了 UL 评估的产品上。UL 已经对贴有这一标记的产品就某些专门属性作了评估。这里的某些专门属性是指适用在有限的危险范围,或者在有限的或者特别的条件下使用的。典型的情况是,由 UL 分级的产品属于通用建筑材料和工业设备。例如,由 UL 分级的设备类型有潜水服、防火门、消防员保护装置和工业用卡车。

3. 认可的部件标记和加拿大认可的部件标记

普通消费者很少看到这些标记,因为它们用在零部件上,这些零部件是一些较大的产品或者系统的零件。这些零部件自身不能直接构成完整产品,或者其用途受到限制。我们可以在大量产品内看到部件认可标记,包括一些开关、电源、印刷线路板、某些种类的工业控制设备和数千种其他产品。打算在加拿大市场上销售的产品所贴的认可部件标记均带有一个"C"字母。

4. 国际 EMC 标记

贴有这一国际 EMC 标记的产品满足欧洲各国、美国、日本、澳大利亚或者上述国家和地区的任何组合对电磁兼容的要求。在美国,对于某些种类的产品而言,没有被证明满足美国电磁兼容性要求的产品便不能销售。需要进行 EMC 检验的产品包括医疗和牙科设备、计算机、微波炉、电视机、收音机、无线电发射机和无线控制设备。

5. EPH 产品标记

这一 UL 标记出现在已经按照《环境和公共卫生标准》进行评估的产品上。这一标记的"分级版本"用于这样的产品:它们既符合 ANSI/NSF 标准,又符合其他食品卫生范围和要求。属于这种产品的有:食品服务设备、肉类和家禽类工厂设备、饮用水添加剂。这一标记的"列名"版本一般用于符合 UL 自己制定的 EPH 安全标准的产品。

6. 蓝色卫生标记

蓝色卫生标记是可选择的,是对分级标记的补充。

7. 现场评估产品标记

现场评估产品标记适用于这样的产品:UL 已经在使用现场而不是在 UL 或者制造商的实验室对产品进行了彻底的评估。如果一项产品在制造之后有了实质性的修改,或者产品上没有任何第三方标记的话,则如建筑物的业主、管理当局或者任何其他直接与产品相关的人均可以请求 UL 到现场对该具体产品进行测试。满足相关安全要求的产品就可以贴上这个不易脱落的现场评估产品标记。

8. 管理系统注册标记

这个 UL 注册公司标记无法在产品上看到。它表示的意义是：某一设施通过了 UL 按照管理系统标准所进行的评估。通过让 UL 评估其管理系统程序，可以用于提升公司形象，成为公司行销策略的组成部分。UL 在这方面使用的标准是：ISO9000 系列质量认证标准、QS-9000 和 TE 补充标准，这是美国三大汽车制造商为它们的供货商制定的质量标准；ISO14001，涵盖着环境管理系统的标准；AS9000，宇航质量管理系统；TL9000，电讯质量管理系统；SA8000，社会责任管理系统。

9. 船用标记

UL 船用标记出现在那些航海使用的产品上。贴有这一标记的产品已经根据 UL 出版的船用安全标准以及其他适用的标准和规范进行了评估。当产品暴露于某些恶劣的船运环境，例如振动、冲击、点火保护、水的侵入和盐水引起的腐蚀时，游船或游艇会出现的损害。上述提及的 UL 出版的船用安全标准及其他适用的标准和规范的要求就是针对这些损害的。适合 UL 船用标记的设备类型包括交流发电机、电池/充电器/能量变化器、航行灯、燃油箱、过滤器和泵。

（三）UL 认证流程

产品申请 UL 标志包括以下 5 个步骤。

1. 申请人递交有关公司及产品资料

书面申请：申请人应以书面方式要求 UL 公司对本公司的产品进行检测。

公司资料：用中、英文提供以下单位详细准确的名称、地址、联络人、邮政编码、电话及传真。其具体包括以下几个方面。

（1）申请公司：提出产品检测申请并负责全部工程服务费用的公司。

（2）列名公司：在 UL 公司出版的各种产品目录列出名称的公司。

（3）生产工厂：产品的制造者和生产者。

产品资料：产品的资料应以英文提供。首先确定您的产品是否属于 UL 检测的范围，可向 UL 设在广州和上海的办事处咨询。其具体包括以下几个方面。

（1）产品的名称：提供产品的全称。

（2）产品型号：详列所有需要进行实验的产品型号、品种或分类号等。

（3）产品预定的用途：例如家庭、办公室、工厂、煤矿、船舶等。

（4）零件表：详细组成产品的零部件及型号（分类号）、额定值、制造厂家的名称。对于绝缘材料，应提供原材料名称，例如：GE polycarbonate，Lexan Type 104。当零部件已获得 UL 认证或认可，应证明该零部件的具体型号，并注明其 UL 档案号码。

(5) 电性能:对于电子电器类产品,提供电原理图(线路图)、电性能表。

(6) 结构图:对于大多数产品,需提供产品的结构图或爆炸图(分解图)、配料表等。

(7) 产品的照片、使用说明、安全等项或安装说明等。

2. 根据所提供的产品资料作出决定

当产品资料齐全时,UL 的工程师根据资料作出下列决定:实验所依据的 UL 标准、测试的工程费用、测试的时间、样品数量等,以书面方式通知申请人,并将正式的申请表及跟踪服务协议书寄给申请公司。申请表中注明的费用限额,是 UL 根据检测项目而估算的最大工程费用,没有申请公司的书面授权,该费用限额是不能被超过的。

3. 申请公司汇款、寄回申请表及样品

申请人在申请表及跟踪服务协议书上签名,并将表格寄返 UL 公司,同时,通过银行汇款,在邮局或以特快专递方式寄出样品,并对送验的样品进行适当的说明(如名称、型号)。申请表及样品分开寄送。对于每一个申请项目,UL 会指定唯一的项目号码(Project No.)在汇款、寄样品及申请表时注明项目号码、申请公司名称,以便于 UL 查收。

4. 产品检测

收到申请公司签署的申请表、汇款、实验样品后,UL 将通知其该实验计划完成的时间。产品检测一般在美国的 UL 实验室进行,UL 也可接受经过审核的参与第三方测试数据。实验样品将根据申请公司的要求被寄还或销毁。

如果产品检测结果符合 UL 标准要求,UL 公司会发出检测合格报告和跟踪服务细则(followup service procedure),检测报告将详述测试情况、样品达到的指标、产品结构及适合该产品使用的安全标志等。在跟踪服务细则中包括了对产品的描述和对 UL 区域检查员的指导说明。检测报告的一份副本寄发给申请公司,跟踪服务细则的副本寄发给每个生产工厂。

5. 申请人获得授权使用 UL 标志

在中国,UL 区域检查员联系生产工厂进行首次工厂检查(initial production inspection,IPI),检查员检查申请公司的产品及其零部件在生产线和仓库存仓的情况,以确认产品结构和零件是否与跟踪服务细则一致,如果细则中要求,区域检查员还会进行目击实验,当检查结果符合要求时,申请人获得授权使用 UL 标志。

继 IPI 后,检查员会不定期地到工厂检查,检查产品结构和进行目击实验,检查的频率由产品类型和生产量决定,大多数类型的产品每年至少被检查 4 次,检查员的检查是为了确保产品继续与 UL 要求相一致,在申请公司计划改变产品结构或部件之前,应先通知 UL,对于变化较小的改动,不需要重复任何实验,UL 可以迅速修改跟踪服务细则,使检查员可以接受这种改动。当 UL 认为产品的改动影响到其安全性能时,需要申请公司重新递交样品进行必要的检测。

如果产品检测结果不能达到 UL 标准要求,UL 将通知申请人,说明存在的问题,申请人改进产品设计后,可以重新交验产品,申请人应该告诉 UL 工程师,产品做了哪些改进,以便其决定是否再次申请 UL 认证的步骤。

(四)UL 认证工厂审查

UL 认证产品在首批出货之前,都要由经过 UL 授权的当地本省省级中国进出口商品检验局(CCIB)派人来工厂审查。每年还要跟踪检查。

 思考与问题

美国 UL 认证服务项目有哪些?常用标记有哪几类?认证流程是怎样的?

三、欧盟 CE 认证

(一)概述

CE marking(CE 标识)是产品进入欧盟境内销售的通行证。欧盟为了保障其会员国国内人民生命与财产安全,陆续订了许多安全指令,规定许多需要粘贴 CE 标志的产品,如机械、低电压电气产品、电磁兼容性产品等。有些产品更强制规定须由验证机构执行验证,取得证明后一律贴上 CE 标志,方可在欧盟各国销售。

CE 标志是一种安全认证标志,被视为制造商打开并进入欧洲市场的护照。凡是贴有 CE 标志的产品就可在欧盟各成员国内销售,无须符合每个成员国的要求,从而实现了商品在欧盟成员国范围内的自由流通。

在欧盟市场,CE 标志属强制性认证标志,不论是欧盟内部企业生产的产品,还是其他国家生产的产品,要想在欧盟市场上自由流通,就必须加贴 CE 标志,以表明产品符合欧盟《技术协调与标准化新方法》指令的基本要求。这是欧盟法律对产品提出的一种强制性要求。

CE 两字,是法语"Communaute Eeropeenne"缩写而成,是欧洲共同体的意思。欧洲共同体后来演变成了欧洲联盟(简称欧盟)。

近年来,在欧洲经济区(欧洲联盟、欧洲自由贸易协会成员国,瑞士除外)市场上销售的商品中,CE 标志的使用越来越多,CE 标志加贴的商品表示其符合安全、卫生、环保和消费者保护等一系列欧洲指令所要表达的要求。

在过去,欧共体国家对进口和销售的产品要求各异,根据一国标准制造的商品

到别国极有可能不能上市,作为消除贸易壁垒的努力的一部分,"CE"应运而生。事实上,CE还是欧共体许多国家语种中的"欧共体"这一词组的缩写,原来用英语词组 European Community 缩写为 EC,后因欧共体在法文是 Communate Europeia,意大利文为 Comunita Europea,葡萄牙文为 Comunidade Europeia,西班牙文为 Comunidade Europe 等,故改 EC 为 CE。当然,我们也不妨把 CE 视为 Conformity with European (Demand),即符合欧洲(要求)。CE 标志的意义在于:用 CE 缩略词为符号表示加贴 CE 标志的产品符合有关欧洲指令规定的主要要求 (essential requirements),并用以证实该产品已通过了相应的合格评定程序和/或制造商的合格声明,真正成为产品被允许进入欧共体市场销售的通行证。有关指令要求加贴 CE 标志的工业产品,没有 CE 标志的,不得上市销售,已加贴 CE 标志进入市场的产品,发现不符合安全要求的,要责令从市场收回,持续违反有关 CE 标志规定的,将被限制或禁止进入欧盟市场或被迫退出市场。

 问题与思考

CE 标志适用于哪些产品?何时开始实施?

截至 1997 年 12 月,欧共体发布的实行 CE 标志的指令如下,现将适用产品、指令编号、生效期等分别列于表 13-1。

表 13-1 CE 标志指令

名　　称	指　令　编　号	生　效　期
简单压力容器	87/404/EEC	1992 年 7 月 1 日
玩具	88/378/EEC	1990 年 1 月 1 日
建筑用品	89/106/EEC	1991 年 6 月 27 日
电磁兼容	89/336/EEC	1995 年 12 月 31 日
机器	98/37/EC	1994 年 12 月 31 日
个人防护设备	89/686/EEC	1995 年 7 月 1 日
非自动衡器	90/384/EEC	1993 年 1 月 1 日
主动性植入式医疗器械	90/385/EEC	1994 年 12 月 31 日
燃气器具	90/386/EEC	1995 年 12 月 31 日
锅炉	92/42/EEC	1998 年 1 月 1 日
爆破性产品	93/15/EEC	2003 年 1 月 1 日

(续表)

名　　称	指 令 编 号	生　效　期
通用医疗器械	93/42/EEC	1998 年 6 月 15 日
低压电气安全	93/68/EEC	1997 年 1 月 1 日
爆破环境使用的设备	94/9/EC	2003 年 6 月 30 日
水上运动船只	94/25/EC	1998 年 6 月 16 日
升降设备	95/16/EC	1999 年 7 月 1 日
家用制冷器具	96/57/EC	1999 年 9 月 3 日
承压设备	97/23/EC	2002 年 5 月 29 日
通信设备	98/13/EEC	1992 年 11 月 6 日/1995 年 5 月 1 日
体外诊断医疗器械	98/79/EC	2003 年 12 月 7 日
无线电、电信终端设备	99/5/EC	2000 年 4 月 8 日
空中索道	2000/9/EC	2002 年 5 月 3 日
环境噪声设备	2000/14/EC	2002 年 1 月 30 日
荧光灯镇流器	2000/55/EC	2000 年 10 月 8 日

（二）CE 认证流程

1. 咨询

申请人可以以电话、传真、电子邮件等任一方式，向认证公司提出初步的申请意向（如哪几类产品、申请何种认证、具体的型号及规格、产品样本及描述等）。认证公司将根据申请人所提供的大致情况，向其建议最佳的认证方案，提出测试前的文件及图纸等资料要求，并初步估算相关的费用。同时，还会向申请人提供《申请书》、《代理授权通知书》等文件以备填写。

2. 申请

申请人将签字盖章的《申请书》、《代理授权通知书》返回认证公司并按要求准备相关的资料。认证公司将在收到上述的文件及资料后，正式受理申请并确立项目号，同时拟定《认证代理委托协议》（双方缔结的认证业务条约，以明确相互的责任及义务，一式两份）。

3. 签约

申请人将签字盖章的上述协议返回认证公司并按协议条款支付相关费用。认

证公司将在收到签字盖章的协议和有关付款凭证后,指定项目工程师负责此项目,并与合适的实验室和工程师联系。

4. 技术支持(可选择)

应申请人的要求,认证公司的项目工程师会向其讲解与其产品相关的标准及安全要求、安排摸底测试和结构预检、将中文资料译成英文等。上述技术支持的费用水平将根据具体的工作量来确定。

5. 送检准备

认证公司的项目工程师会及时反馈同认证机构联系的进展情况,并通知申请人测试或重复测试的样品要求和确切费用,以及认证机构要求签署的一系列文件(如认证机构的申请表、结构参数表、跟踪服务协议等)。申请人应按要求准备好样品、文件资料、测试费用,并送交认证公司的项目工程师。

6. 送检

项目工程师会将申请人提供的样品、资料、费用一并提交到相应的认证机构或实验室,并及时地跟踪认证项目的进展情况、反馈测试信息,直至该项目结束。

7. 重复测试

如果测试出现不合格项,申请人可以进行样品整改,再次送样,重复测试;也可以取消项目,在成熟时再提出申请。认证公司的工程师将给出整改意见,并协助申请人进行样品整改。

8. 首次工厂检查或发证前检验

项目开始后,会有认证机构或其指定的检验机构来申请人工厂进行首次工厂检查或发证前检验(CE 认证除外),以考察工厂的测试和生产过程是否符合要求。通过该项检查,也是申请人取得授权或证书的必要条件。认证公司的项目工程师可以协助申请人进行有关的准备工作。

9. 后续服务(可选择)

在认证结束以后,认证公司可以根据申请人的不同要求提供一系列的年度服务,如:购买标签及黄卡、来往函件及资料的翻译、代付费用、更换修改页、申请变更等(具体可参见《年度服务操作办法》)。

(三) CE 符合程序

依据符合模式的系统,多数的指令允许制造商及其代表选择一个或组合模式,以示符合指令要求。一般而言,有 3 种符合途径。

1. 自我宣告

自我宣告适用于没有强制要求验证的产品,自我宣告需根据所适用的指令与调和标准,由制造商或验证机构作产品评估。此外,自我宣告需包括符合申报书的准备和附加 CE 标志。

2. 验证

验证包括强制性验证和自愿性验证。

(1) 强制性验证（CE 型式验证）：大部分的产品和机械并不需要强制性验证；不过有些特定的产品需有欧盟验证机构所核发的验证证书；另有一些特定产品，如机械和医疗产品，则需有 CE 型式验证证明。

(2) 自愿性验证（型式验证、测试标志）：制造商往往委托欧盟验证机构，进行测试和验证，以证明符合市场需要，且在产品责任上提供正面的、事实的证明。再者，拥有精确的技术档案资料与测试报告的确认，对产品行销也是有利的。自愿性验证也是需要制造商准备符合申报书和附加 CE 标志。

3. 技术文件

所有符合模式都需技术文件，应包含以下的内容：

(1) 符合声明书（及/或受管制产品的验证证书）。

(2) 制造商的名称、地址与产品辨识。

(3) 欧洲地区代理商的姓名与地址。

(4) 列出所遵循的调和标准，和/或满足基本安全和健康要求的措施、产品说明（型号、产品名称等）。

(5) 操作手册。

(6) 产品的全部计划。

(7) 测试报告。

(8) 设计细节、操作描述、零部件清单、测试理论基础、电路图，含所有为满足健康与安全等基本要求的必要项目。

制造商或欧盟代表全权负责技术文件和符合声明的正确性。制造商必须实施内部作业，以确保产品维持其符合性。技术文件在最后一批产品制造之后，在一个区域内至少应保留 10 年，以备查核。

 思考与问题

欧盟 CE 认证是一种什么认证？认证流程是怎样的？

四、IECEE CB 认证

(一) 概述

IECEE CB 体系是电工产品安全测试报告互认的第一个真正的国际体系，是各个国家的国家认证机构（NCB）之间形成的多边协议，制造商可以凭借一个 NCB

颁发的 CB 测试证书获得 CB 体系的其他成员国的国家认证。CB 体系基于国际 IEC 标准。如果一些成员国的国家标准还不能完全与 IEC 标准一致,也允许国家差异的存在,但应向其他成员公布。CB 体系利用 CB 测试证书来证实产品样品已经成功地通过了适当的测试,并符合相关的 IEC 要求和有关成员国的要求。

(二) CB 的目标

CB 体系的主要目标是促进国际贸易,其手段是通过推动国家标准与国际标准的统一协调以及产品认证机构的合作,而使制造商更接近于理想的"一次测试,多处适用"的目标。

(三) CB 的一些术语

IECEE 表示 "The IEC System for Conformity Testing and Certification of Electrical Equipment"(国际电工委员会电工产品合格测试与认证组织)。CB 体系的正式名称是 "Scheme of the IECEE for Mutual Recognition of Test Certificates for Electrical Equipment"(IECEE 电工产品测试证书互认体系)。CB 体系的缩写名称意思是 "Certification Bodies' Scheme"(认证机构体系)。

国家认证机构(NCB)是向电工产品颁发国家范围内认可的合格证书的认证机构。要成为 CB 体系的成员,NCB 的内部质量系统和技术能力必须达到特定的要求。一个 NCB 按其资格可以分为认可 NCB 或者发证/认可 NCB。

(四) 认可 NCB

一个 NCB 认可其他发证 NCB 颁发的 CB 测试证书和 CB 测试报告,并以此作为在特定的产品领域和标准范围内颁发其自己的国家证书和标志的依据。但认可 NCB 不自动具有颁发 CB 测试证书的权力。

(五) 发证/认可 NCB

发证 NCB 除了行使认可 NCB 的职能外,有权在其登记的标准范围内颁发 CB 测试证书。发证/认可 NCB 的认可范围可以大于其发证范围。发证和认可范围都公布在网站上相关的"范围"区域内。

CB 实验室(CBTL)是 CB 体系接受的实验室,它在特定 NCB 的责任之下对一个或多个产品类别进行测试并颁发 CB 测试报告。CB 实验室可以在 CB 体系中与不同的 NCB 联合,但是当它与多个 NCB 合作时,对于某个确定的产品类别(例如 OFF)的测试,只能与一个 NCB 合作进行。

(六) CB 体系的范围

CB 体系覆盖的产品是 IECEE 系统所承认的 IEC 标准范围内的产品。当 3 个以上的成员国宣布它们希望并支持某种标准加入 CB 体系时,新的 IEC 标准将被 CB 体系采用。目前使用的 IEC 标准发布在 CB 公报和 IECEE 网站上。

目前电磁兼容性(EMC)没有纳入 CB 体系,除非所使用的 IEC 标准有特别要求。但是,CB体系已经开始向其成员调查它们对与安全测试一起进行EMC测量的意愿。这一调研的结果将公布在以此为主题的CB公报上。

(七) 申请CB证书

关于CB测试证书的申请,应注意以下几点。

(1) CB测试证书的申请可以由申请人提交给任一覆盖该产品范围的发证/认可NCB。申请人既可以是制造商,也可以是得到授权、代表制造商的实体。

(2) 申请可以包括一个或多个国家中生产产品的一个或多个工厂。

(3) 位于没有IECEE成员机构的国家内的申请人/制造商/工厂需要为每份CB测试证书支付额外的费用(150瑞士法郎),以补偿体系的运行成本。这一费用由受理CB测试证书申请的NCB收取,并将打入IECEE的账户内。

(4) 申请人可以要求NCB根据产品销往国的国家差异测试产品。

(5) 制造商要获得目标市场的产品认证包含以下程序。

① 向目标国家的NCB提交的申请。

② 出具CB测试证书。

③ CB测试报告(可以包括国家差异)。

(6) 当目标市场的NCB要求时,向其提供产品样品。要求样品的目的是为了证实产品与最初发证NCB测试的产品是一致的,而且已经覆盖了国家差异。

(八) CB测试证书和CB测试报告

CB测试证书是由授权的NCB颁发的正式的CB体系文件,其目的是告知其他的NCB:已测试的产品样品被认定符合现行要求。CB测试证书不应该用于广告,但是允许将已有的CB证书作为参考资料。

CB报告是一种标准化的报告,它以一种逐条清单的形式列举相关IEC标准的要求。报告提供要求的所有测试、测量、验证、检查和评价的结果,这些结果应清楚且无歧义。报告还包含照片、电路图、图片以及产品描述。根据CB体系的规则,CB测试报告只有在与CB测试证书一起提供时才有效。

如果一个NCB有必要的测试设备和技术能力,它就可以依据其他国家的国家差异测试和评估产品。这些额外的测试作为附件附在CB测试报告后,通常得到其他认可NCB的认可。

(九) 国家差异

国家差异是某个国家的标准与相应的国际标准之间的差别。所有加入CB体系国家的国家差异都提交给IECEE秘书处,并发布在CB公报上。

(十) CB体系的组织结构

CB体系由认证管理委员会(CMC)进行管理,并向国际电工委员会(IEC)的合格评定委员会(CAB)汇报。CAB批准CMC关于改变CB体系原则、官员任命、财

务和 IECEE 政策方面的建议。CMC 的职责是根据 CB 体系的原则来运行、发展和改进 CB 体系,决定接受、拒绝和中止成员资格,决定 CB 体系新的产品类别和标准。

CMC 的成员由来自成员国的代表组成,包括 NCB 代表,CMC 执行人员(主席、副主席、秘书和司库),测试实验室委员会(CTL)主席和秘书,IEC 顾问委员会(例如 ACOS)、安全顾问委员会的代表,IEC 的秘书长。

测试实验室委员会(CTL)由来自 NCB 和 CB 实验室的代表组成。CTL 负责处理测试程序,并解释技术要求、测试条件、测试设备以及比对测试。它的主要目标是增强技术可信度和一致性,这是在 CB 体系内互认试验结果所需要的。

(十一) 规则和程序

CB 体系的规则和程序发布在以下 IEC 出版物上。

(1) IECEE 01(IECEE 的基本规则和程序)。

(2) IECEE 02(CB 体系的规则和程序)。

IECEE 01 描述了 IECEE 的组织、成员资格、认证管理委员会(CMC)、测试实验室委员会(CTL)、申诉委员会以及这些委员会及其官员的职能和责任,此外,还描述了 IECEE 的全面管理。

IECEE 02 描述了 CB 体系的作用,承认 NCB 和 CB 实验室的标准和扩大其范围的依据,颁发和处理 CB 测试证书的程序,以及使用制造商测试设施的要求。

(十二) CB 公报

CB 公报提供了关于 CB 体系的基本信息,也是 CB 体系使用者的主要工具。IECEE 秘书处定期发布 CB 公报。公报包含以下信息。

(1) CB 体系内使用的标准。

(2) 前 1 年颁发的 CB 测试证书的统计。

(3) 成员 NCB 的信息,包括它们颁发/认可 CB 证书的产品类别和标准。

(4) 每一成员国家关于每一标准的国家差异。

(5) IEC 标准要求的测试设备供应商的名称和地址。

以前在 CB 公报上发布的一些信息现在可以在 CB 体系的网站(http://www.iecee.org)上得到。

(十三) CB 体系给制造商带来的利益

CB 体系可以给那些将产品出口到 CB 体系成员国的制造商带来利益。

这些制造商可以:

(1) 选择一个合适的 NCB 进行合作。

(2) 所有的产品测试都由同一个 NCB 做,包括目标市场国家差异的测试。

(3) 使用 NCB 颁发的 CB 测试报告和证书,并通过其他国家的成员 NCB 来得到其他国家的国家认证。

尽管认可 CB 证书的国家会要求制造商提交申请,也可能要求提交样品,但通常不需要额外的测试,或者只有少量测试,申请的处理过程大部分是一些管理工作。所以这些基于 CB 测试证书和 CB 测试报告的认证申请会比其他的认证申请得到优先处理,并减少申请周期和申请费用。

(十四)电子元器件的安全检测及其认证简介

电子元器件及电子产品是一种直接与人相接触的产品,因此,安全性能是第一位的。特别是国外发达国家,对于安全方面的要求十分严格。大到计算机,小到电源插头、插座、大功率电阻,都必须经过安全认证机构检验合格后,加贴允许使用的有关标志,才可进口和销售。近年来,国内安全检测方面已逐步走入正轨,鉴于进口元器件越来越多,因此了解有关安全认证是十分必要的。

国际上,几乎各国都有一个权威机构负责电子产品安全检验和认证工作,其中美国 UL 安全标准在国际上较有权威,UL 标准和 UL 标志已为众多国家所接受。UL 机构对于电器产品的检验是全面周到的,包括防断裂、防割伤、防爆炸、防漏电、防泄毒、防燃烧性能等。一台整机要取得 UL 认证,首先必须对若干重要的元器件进行认证;一台显示器要取得 UL 认证,必须对电源线、连接插头、插座、一些电容器、继电器、电源开关、印刷电路板、显像管、变压器、保险丝、行输出变压器、机壳等诸多方面进行检验,并通过 UL 认证,所以 UL 认证的可信度是很高的。我们经常在一些进口电子零件上和电源线、插头上看到该认证标记,说明该部件是经过认证检验合格的产品。

UL 认证有两种标记:一种用于整机产品,一种用于零部件产品。在国际上所有发达国家都有一个类似美国 UL 的安全检测机构,并有相应的标准及符号标志。如加拿大的 CSA,英国的 BSI,德国的 GS 认证等等。

由于近年来、国外电子产品和机械、电机类产品进入我国市场的数量越来越多,我国于 1990 年开始对进口产品实行许可证制度,并有一种商检标志,贴于合格进口产品上,对于国产整机和重要零件,推行另一种标记的安全认证。

五、德国 GS 认证

GS 的含义是德语"Geprufte Sicherheit"(安全性已认证)的首字母缩写,也有"Germany Safety"(德国安全)的意思。GS 认证是以德国产品安全法(SGS)为依据,按照欧盟统一标准 EN 或德国工业标准 DIN 进行检测的一种自愿性认证,是欧洲市场公认的德国安全认证标志。

GS 标志表示该产品的使用安全性已经通过具有公信力的独立机构的测试。

GS 标志,虽然不是法律强制要求,但是它确实能在产品发生故障而造成意外事故时,使制造商受到严格的德国(欧洲)产品安全法的约束。所以 GS 标志是强有力的市场工具,能增强顾客的信心及购买欲望。虽然 GS 是德国标准,但欧洲绝大多数国家都认同。而且满足 GS 认证的同时,产品也会满足欧共体的 CE 标志的要求。和 CE 不一样,GS 标志并无法律强制要求,但由于安全意识已深入普通消费者,一个有 GS 标志的电器在市场可能会较一般产品有更大的竞争力。

(一) GS 认证机构简介

有资格发 GS 证书的机构包括:

(1) 德国认证机构:通常在国内知名的德国本土的 GS 发证机构有 TUV Rheinland,TUV Product Services,VDE 等,它们是德国直接认可的 GS 发证机构。

(2) 其他认证机构:通常欧洲其他与德国合作的 GS 发证机构有 KEMA,ITS,NEMKO,DEMKO 等。

(二) 什么产品可以申请 GS 认证

可以申请 GS 认证的产品有:

(1) 家用电器,比如电冰箱、洗衣机、厨房用具等。

(2) 家用机械。

(3) 体育运动用品。

(4) 家用电子设备,比如视听设备。

(5) 电气及电子办公设备,比如复印机、传真机、碎纸机、电脑、打印机等。

(6) 工业机械、实验测量设备。

(7) 其他与安全有关的产品,如自行车、头盔、爬梯、家具等。

(三) GS 认证流程

(1) 首次会议:通过首次会议,检测机构或代理机构将向申请者的产品工程师解释认证的具体程序以及有关标准,并提供将递交要求的文件表格。

(2) 申请:由申请者提交符合要求的文件,对于电器产品,需要提交产品的总装图、电气原理图、材料清单、产品用途或使用安装说明书、系列型号之间的差异说明等文件。

(3) 技术会议:在检测机构检查过申请者的文件资料后,将会安排与申请者的技术人员进行技术会议。

(4) 样品测试:测试将依照所适用的标准进行,可以在制造商的实验室或检验机构的任何一个驻在各国的实验室进行。

(5) 工厂检查:GS 认证要求对生产的场所进行与安全相关的程序检查。

(6) 签发 GS 证书。

(四)认证周期

一般来说,时间长短取决于产品是否需要作修改或者生产商提交所需产品文件资料的速度。总的来讲,所需的时间一般在6—8周之间。

(五)认证费用

认证费用包括一次性发证费、工厂检查费以及证书年费。具体的数目将根据产品的类别以及所需的测试决定。认证机构在收到申请者提交所需要的文件后将为其提供价格参考,每个认证机构的市场政策、公信力不同,价格会有所差异。

(六)GS与LVD的关系

欧共体CE规定,1997年1月1日起管制"低电压指令"(LVD)。GS已经包含了"低电压指令"(LVD)的全部要求。所以,获得GS标志后,TUV会例外免费颁发该产品LVD的CE证明(COC),TUV Rheinland 1997年后的证书则在GS证书中包含了LVD证书。厂商申请GS的同时获得了LVD证明。

(七)GS与CE认证差别

GS与CE的认证差别可见表13-2。

表13-2 GS与GE的认证差别

GS	CE
自愿认证 non-compulsory	强制性认证 compulsory
适用德国安全法规进行检测GS	适用欧洲标准(EN)进行检测
由经德国政府授权的独立的第三方进行检测并核发GS标志证书	在具备完整技术文件(包含测试报告)的前提下可自行宣告CE
必须缴年费	无须缴年费
每年必须进行工厂审查	无须工厂审查
由授权测试单位来核发GS标志,公信力及市场接受度高	工厂对产品符合性的自我宣告,公信力及市场接受度低

(八)GS认证工厂检查要求

1. 质量管理

对于质量管理的要求具体包括以下几个方面。

(1)是否设有独立于生产之外的负责产品质量的管理机构,负责人名称。

(2)是否制订并实施了各类人员的培训计划,特别是关键工艺人员的培训计划。人员考核制度如何?

(3)质量管理人员占生产人员的比例。

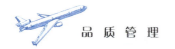

（4）产品重点工序有无生产记录、产品包装有无编号，若无，出现质量问题时，如何查出有问题产品？

（5）仓库管理、生产操作人员有无进行相关方面的检验。

（6）有无质量查核，由何人负责？

（7）是否定期召开质量分析会议，及时处理质量问题，搞好反馈工作。

2．认证产品的生产线

对于认证产品的生产线的要求具体包括以下几个方面。

（1）有无认证产品的生产流程图及质量控制点图和明文规定生产制度。

（2）生产线上的设备、仪器及量具有无维修保养制度和定期检验制度及其记录。

（3）有无关键生产设备、工艺装备及试验设备，精度如何，提供相关清单。

3．原材料、外购件、零部件

对于原材料、外购件、零部件的要求具体包括以下几个方面。

（1）提供关键件、关键材料的目录。

（2）说明如何保证原材料、外购件、零部件的质量（有无编制零部件及原材料检验规范）。有无领用与保管制度。

4．计量

对于计量的要求具体包括以下几个方面。

（1）有无计量机构？

（2）计量机构的工作范围、人员简况（有无经计量部门考核通过）。

（3）如无计量机构，请说明是以何种单位进行计量。

5．工厂试验机构

对于工厂试验机构的要求具体包括以下几个方面。

（1）列出主要试验设备名称及生产厂，有无合格证及有效鉴定证书（精度、等级），可进行哪些测试。

（2）试验环境。

6．技术文件及资料

对于技术文件及资料的要求具体包括以下几个方面。

（1）产品图纸及产品技术条件、工艺文件。

（2）最近半年内申请认证产品的测试报告。

（3）最近半年内所查出的废、次品各占总产量的百分比。

7．技术服务

对于技术服务的要求具体是看情况记录和用户评价如何。

（九）办理 GS 认证需提交的资料

办理 GS 认证需提交的资料主要包括以下几类。

（1）填写申请表。

（2）签署总协议书。

（3）零部件清单。零部件清单标准格式表格包括所有零件的产品型号、生产厂家、零部件编号及有关参数（电流、电压、功率、阻燃等级等）。对于具有安全规定认证的元器件，例如电源线、插头、开关、温控器、保险管等，应提供欧洲认证证书复印件。与安全有关的零部件，如未具有安全认证，请提供技术参数，包括产品型号、生产厂家、额定电流、电压、工作温度等，以便由认证方进行随机测试。

（4）与食品接触部件（如有）。应提供权威机构对该材料（塑料、涂层等）颁发的食品卫生许可文件。

（5）铭牌（德文）。指按认证方提供样稿，丝印或用 PVC 不干胶贴于产品指定部位。

（6）电路图（如需要）认证中心可免费提供。

（7）线路板图。应标注实际尺寸。

（8）德文说明书（如需要）认证中心可提供有偿翻译服务。

（9）最终定型样品。2—4 个/型号（按认证中心要求准备）。

（10）爆炸图（分解图）。

 思考与问题

关于产品的安全性国外有哪些安全认证？

六、美国 EPA 认证

EPA 是美国环境保护署（Environmental Protection Agency）的略语。总部设在华盛顿，有 10 个地方办公室和十几个实验室。在全美国有 18 000 名雇员，他们半数以上是工程师、科学家和政策分析家。EPA 直接由总统领导。

美国环境保护署的主要任务是保护人类健康和自然环境。自 1970 年以来，EPA 一直在为给全美人民创造一个整洁、健康的环境而努力。

EPA 在国家的环境科学及相关调查、教育和评估方面具有领导地位。EPA 和其他的联邦机构、州和地方的政府及印第安保护区紧密合作，在已有的环境法规的基础上做进一步发展和强化工作。EPA 负责对各种各样的环境计划进行调查并制定国家标准，还代表各州和各部门颁发相关执照，监控并加强一致性。如果没有达到国家标准,EPA 可签发批准通过采取其他措施帮助州和地方来达到环境标准所要求的水平。同样,EPA 在各地的办事处与其他行业组织和各级政府一起进行各种不同的自愿的防止污染计划和能源的保持工作。

(一) EPA 认证范围

EPA 认证产品涉及：柴油/汽油发动机设备、零售汽车部件、气体、水处理设备、饮用水、农药等的检验和出证。

(二) 实验室的主要职责

(1) 发展国家调整项目以减少与移动源相关的空气污染,包括轻型轿车和卡车、重型卡车和公共汽车、非道路发动机和车辆以及燃料。

(2) 评估排放控制技术。

(3) 提供州的和当地的空气质量标准仪和运输计划以及运输项目和自发项目的鉴定信息。

(4) 测试车辆、发动机和燃料。

(5) 决定联邦排放和燃料经济标准的符合性。

实验室成立于 1971 年,位于密歇根州的 Ann Arbor。有 400 名雇员。其中 NVFEL 实验室提供机动车辆、大负荷发动机、非道路发动机项目等的测试。

表 13-3 各国认证标志

标　志	国　家	认可机构	备　注
UL	美　国	UL	
ETL	美　国	ETL	
CSA	加拿大	CSA	
IRAM	阿根廷	IRAM	

(续表)

标　志	国　家	认 可 机 构	备　注
	墨西哥	UCIEE	
	巴　西	NYSE ANCE	
	澳大利亚	NSW,QLD,VIC,SA,QAS	
	中　国	CQC	
	韩　国	KTL	
	韩　国	KTL	
	新加坡	PSB	
	马来西亚		
	日　本	JET,JQA	
	日　本	JET,JQA	

(续表)

标　志	国　家	认可机构	备　注
	以色列	SII	
	印　度	STQC	
	南　非	SABS	
	德　国	VDE	
	德　国	Nemko Gmbh TUV LGA SLG BIA DVGW VPA VPS	
	挪　威	Nemko	
	丹　麦	Demko	
	芬　兰	Fimko	
	瑞　典	Semko	

(续表)

标　志	国　家	认可机构	备　注
	英国	BSI	
	英国	ASTA	
	英国	Nemko Ltd.	
	英国	BEAB	
	法国	LCIE, LNE	
	荷兰	KEMA	
	比利时	CEBEC	
	瑞士	ESTI	
	瑞士	SEV	
	意大利	IMQ	

(续表)

标　志	国　家	认可机构	备　注
	俄罗斯	GOST	
	波　兰	BBJ	
	奥地利	OVE	
	白俄罗斯		

七、环境标志产品认证

"绿色"是21世纪的环境发展的目标,环境标志产品认证已成为引导绿色消费的桥梁。为推动上海地区的环境标志产品认证工作,切实帮助企业做好此项工作,打通绿色通道,扩大产品出口,增强市场竞争力,目前中国出入境检验检疫局(CIQ)已成为环境标志产品认证委员会的副主任委员成员单位;中国质量认证中心(CQC)已获得中国环境标志认证委员会秘书处的授权,从事进出口领域产品的环境标志认证工作。目前,上海地区已开始试点,认证工作已经实质性启动,同时也引起了许多进出口企业的关注和重视,纷纷提出认证申请及意向。本着全心全意为企业服务的宗旨,维系ISO9000,ISO14000认证服务的良好信誉,CQC的上海评审中心作为上海地区唯一专业代理机构,提供环境标志的认证工作。

申请产品的环境标志是一个历史趋势,绿色环境标志的产品认证是企业以最小投资,换取最大回报的明智选择。相信不久的将来,会有越来越多的企业踏上绿色道路,从而迎来绿色标志产品认证的浪潮。

HACCP(Hazard Analysis Critical Control Point)是危害分析关键控制点的词首字母的缩写,是人们用来控制食品安全危害的一种通常技术、一个分析工具,也是一个重要的管理体系,它可以与任何操作相结合,能使正在进行的食品安全性项目保持经济有效。然而,在理解它的概念之前,HACCP可能表面看起来很复杂和教条,但只要经过短时间的培训和练习就可以掌握。

（一）HACCP 的意义和重要性

HACCP 从生产角度来说是安全控制系统,是使产品从投料开始至成品保证质量安全的体系。使用 HACCP 的管理系统最突出的优点是：

（1）使食品生产对最终产品的检验(即检验是否有不合格产品)转化为控制生产环节中潜在的危害(即预防不合格产品)。

（2）应用最少的资源,做最有效的事情。HACCP 是决定产品安全性的基础,食品生产者利用 HACCP 控制产品的安全性比利用传统的最终产品检验法要可靠,实施时也可作为谨慎防御的一部分。HACCP 作为控制食源性疾患最为有效的措施得到了国际和国内的认可,并被美国 FDA(食品及药物管理局)和世界卫生组织食品法典委员会批准。

使用 HACCP 的益处包括：

（1）HACCP 验证、补充和完善了传统的检验方法。

（2）强调加工控制。

（3）集中在影响产品安全的关键加工点上。

（4）强调执法人员和企业之间的交流。

（5）安全检验集中在预防性上。

（6）不需要大的投资,可使其既简单又有效。

（7）制订和实施 HACCP 计划可随时与国际有关食品法规接轨。

HACCP 是一种控制危害的预防体系,不是反应体系。食品加工者可以使用它来确保提供给消费者更安全的食品,为达到这一点,就要设计 HACCP 来确定危害。此外,HACCP 是预防性的,而不是反应性的一种用于保护食品免受生物的、化学的、物理危害的管理工具。

（二）ISO9000 与 HACCP 的关系

人们一般认为 ISO9000 与 HACCP 是不同的,但实际上两者有许多共同之处,共同点在于：均需要全体员工参与,两者均结构严谨、重点明确,目的均是使消费者(用户)信任。

不同点在于：HACCP 是食品安全控制系统,ISO9000 是适用于所有工业整体质量控制体系；ISO9000 是企业质量保证体系,而 HACCP 源于企业内部对某一产品安全性控制要求的体系,HACCP 其原理为危害预防,而非针对最终产品检验,一般被较大型食品企业采用,一般企业也采用相近的控制系统生产高品质产品。

20 世纪 90 年代及 21 世纪,HACCP 已成为食品生产厂家及销售商安全管理的重要工具,并将向法律形式发展。1993 年 6 月,欧共体委员会发布的食品卫生新指令中规定"食品行业应明确保证食品安全的关键步骤,并保证按 HACCP 原则贯

彻执行安全操作步骤",因此欧洲的所有食品工业均要发展 HACCP 体系。

HACCP 是用于分析和测定关键控制点的一项专门技术,它不是一个死板的体系,必须根据产品的生产加工及设备等因素相应制定。HACCP 是一个动态的、详细的体系,不是一个纸面上的东西。HACCP 需要其他质量管理措施及卫生规范的支持,如供应商质量保证、统计质量控制及良好实验室操作规范等。这些均与 ISO9000 原理相连,使企业向全面质量管理方面发展。

(三) 目前哪些组织/国家/地区推行 HACCP

在美国颁布强制性的水产品 HACCP 法规并宣布自 1997 年 12 月 18 日起所有对美出口的水产品企业都必须建立 HACCP 体系,否则其产品不得进入美国市场的情况下,可以看出 HACCP 虽然不是一个零风险体系,却是一个食品安全控制的体系,它不是一个独立存在的体系,HACCP 必须建立在食品安全项目的基础上才能使它运行。例如:良好操作规范(GMP)、标准的操作规范(SOP)、卫生标准操作规范(SSOP)。

国际上使用 HACCP 的组织/国家/地区还有食品法典委员会、加拿大、欧盟。

(四) HACCP 控制体系的验证和认证

HACCP 是科学、简便、实用的预防性的食品安全控制体系,是企业建立在 GMP(良好操作规范)和 SSOP(卫生标准操作程序)基础上的食品安全自我控制的最有效手段之一。HACCP 体系自 20 世纪 60 年代在美国出现并于 90 年代在某些领域率先成为法规后,引起了国际上的普遍关注和认可,一些国家的政府主管部门也相继制定出本国食品行业的 GMP 和 HACCP 法规,作为对本国和出口国食品企业安全卫生控制的强制性要求,并在实际管理中收到良好的效果。

我国的 HACCP 认证工作由国家最高认证管理机构——认证监督管理委员会(以下简称认监委)统一管理。认监委作为唯一的直属国家出入境检验检疫局的认证机构,是全国唯一获认可的 HACCP 认证中心。认监委江苏评审中心是江苏省唯一有资格进行 HACCP 认证的机构。经江苏出入境检验检疫局授权,认监委江苏评审中心同时负责组织实施江苏省出口企业 HACCP 计划管理的培训、咨询和验证评审工作。

(五) HACCP 认证认可的重要性

食品是指各种供人类食用或饮用的成品和原料以及按照传统看法既是食品又是药品的物品。食品是人类赖以生存的能源,所以食品的质量十分重要,根据我国《食品卫生法》的规定:食品应当无毒、无害,符合应当有的营养要求,具有相应的色、香、味等感官性状。食品应具有无毒、无害的安全性和促进人体健康成长的营养性。其中,食品的安全性是食品必须具备的基本要素。

然而在社会不断进步、科技迅速发展的今天,给食品带来了越来越多的不安全的因素,人类所赖以生存的陆地、海洋、江湖等环境的不断恶化,这些危害包括微生物、化学、物理等方面。发生在世界各地的食品安全事故不绝于耳:20 世纪 80—90 年代英国因用动物尸体制作的饲料喂牛引发的疯牛病事件,至少造成 104 人因食用疯牛病病牛制成的肉制品而死亡;1999 年比利时由于在油罐中混入废机油、动物油和废植物油加热产生了二噁英,鸡吃后造成的毒鸡案;近期欧洲各国"谈猪色变"的猪瘟。食品安全问题已成为消费者关注的焦点。

食品在我国对外贸易额中占有很大的比例,因而也促进了我国食品工业的发展。但由于食品安全意识的差别,导致我国农产品及食品的国际贸易受到影响。据美国 FDA 透露,2000 年 8 月至 2001 年 1 月,美国共扣留了 634 批中国进口食品。其原因是:杂质、食品卫生差、农药残留、食品添加剂、色素、标签不清等等,中国食品业损失惨重。

中国加入 WTO 后,食品安全问题是我国食品获得进入国际市场的通行证。要真正保证食品的安全,必须在食品生产过程中对原料的选择、加工、包装以及储存、运输直至销售进行全过程的控制。早期的凭样交货存在很多弊端;发展到随机抽样,但克服不了食品的非均匀分布的风险存在;发展到卫生注册,因属静态控制在一定程度上起到一定控制作用,但仍不能保证食品安全性。目前在国际上被广泛采用的是食品安全控制体系:即在良好操作规范(GMP)和卫生标准操作程序(SSOP)的基础上的危害分析关键控制点(HACCP)体系。

HACCP 系统最初是为了制造美国太空人所需食品发展而来的。当初在尝试制造这种必须达到高度安全的食品时,发现若采用一般抽样检验最终产品的传统方法无法保证食品的安全性,除非百分之百地检验产品,而此又不切实际。于是引发了采用控制过程中每一关键步骤的管理方法,以有效地确保食品的安全卫生。由于 HACCP 是一个危害预防系统,非事后把关管理,又十分合乎逻辑及科学,并具有经济效益,美国 1993 年即将此方法用于低酸性罐头食品生产,结果大大减少了肉毒杆菌中毒事件。现在许多国家纷纷采取强制实施 HACCP 或类似的措施,对输入国提出要求或达到进口国的入关要求。在国际市场的激烈竞争中质量、安全常常被用作限制其他国家商品进口的一种措施,成为一种新的国际贸易保护主义。HACCP 认证即是在国际贸易中对产品安全卫生提出高要求的非关税贸易壁垒的一个技术性贸易壁垒。如美国 1997 年 12 月 18 日起对供应美国市场的水产品强制实行《水产品 HACCP 法规》,和 2001 年 1 月 19 日起对供应美国市场的果蔬汁必须实行 HACCP 管理的规定。很明显,国际的立法将一步步走向强制实施 HACCP 系统管理。并且从农场到餐桌的整个食品供应链均应采取行动,以预防、减低并根除有害因素。目前在新加坡已有餐馆实行了 HACCP 体系认证。

近百年来,国际上认证制度的发展经历了以下过程:由一国家标准建立认证制度,消除国家内部地区间的贸易技术壁垒,保证产品使用安全发展到依据国际惯例和国际标准,建立符合国际认证制度的国家认证体制,以消除世界范围内贸易技术壁垒,促进国际贸易发展。另一方面,认证制度的发展也是在商品生产和交换中发展起来,经历了商品生产者和消费者自发的行为,发展成为由专业认证机构认证和政府的行为规定的多元形式并存的格局。随着这种进程,认证对产品和服务的评价的科学性、公正性和可信性随之被提了出来,相应地要求建立对认证机构的工作以及机构人员的科学性、专业性进行评价、认定并监督管理的认可机构便应运而生,以规范认证行为,保证认证工作质量。

世界上较早出现的认证机构的认可机构是英国认证机构国家认可委员会(NACCB),它是由英国贸工部授权英国标准学会(BSI)和代表多方利益的单位等共同组成,随后在英国的影响下,欧洲、美国、东南亚、日本及中国也根据需要建立了自己的认证机构的认可机构。1992年8月在中国政府有关方面的主管部门外经贸部、国家商检局、国务院机电办公室的批准授权下,国家商检局会同国务院有关主管部门成立了中国出口商品生产企业质量体系工作委员会,英文简称CCQSEM。1997年9月经委员会通过更名为"中国国家进出口企业认证机构认可委员会",英文简称CNAB。其职责是对在中国进出口企业从事管理体系认证/评审的机构和评审员的资格按照国际通用的 ISO/IEC 守则 62 等标准进行评定认可和监督检查,批准认可评审员培训和培训机构;对中国进出口企业管理体系认证工作统一进行协调、监督、管理、指导和服务;统一协调对外工作;参加国际的相互认可活动,发展与国外有关认可组织的关系。CNAB根据国家出入境检验检疫局的授权分别加入了国际认可论坛(IAF)、太平洋认可合作组织(PAC)及国际评审员与培训认证协会(IATCA),成为这些机构的全权成员。CNAB认可的认证机构向企业颁发的认证证书,经CNAB注册的评审员和经CNAB批准的培训课程将在全球范围内得到承认。实施食品安全体系(HACCP)认证,达到食品安全认证的国际互认,增强我国食品出口的国际竞争力,是加入WTO后一项基本要求和任务。因此,要进一步促进食品安全认证的国际互认,避免或减少国际贸易中的技术性贸易壁垒。

 思考与问题

什么是 HACCP?HACCP 体系认证有哪些益处?

八、QS9000 标准简介

QS9000 标准是美国三大汽车公司(福特、克莱斯勒、通用)根据汽车行业的特点编制的标准,该标准已被欧美国家普遍采用。

QS9000标准的编制,最早可追溯到1988年。在此之前,美国三大汽车公司各自有一套对供应商质量控制的办法,它们根据各自的情况对供应商提出特殊要求,而有些供应商可能是三大公司或其中两大公司共同的供应商,所以,这些供应商感受到对不同公司的不同要求难以同时满足,也造成了不必要的浪费。ISO9000系列标准的颁布与实施,也给美国三大汽车公司以重要的启迪。基于这些原因,美国三大汽车公司于1988年正式开始着手编制QS9000标准。到目前为止,QS9000标准已经修改两次。1999年1月1日起,第3版的QS9000标准正式生效。第3版的QS9000对第2版的章节有所调整,基本上还保留了原第2版的风格。

QS9000标准的制定,为汽车行业零部件生产企业提供了一个建立质量体系的模式。其根本目的是从满足质量要求开始保证顾客满意。这就体现在一切为顾客着想,按顾客的要求进行产品设计、制造、检验与试验上,是一种顾客导向型质量管理方法。

首先,按顾客的要求进行设计。QS9000标准中明确规定,供方要把了解到的顾客期望纳入业务计划中进行评审和确认。在设计的各个阶段,都要设法满足顾客的期望,并能够做到随时可与顾客沟通信息,对于由顾客决定的特殊要求应认真加以标识,并有效传递;在批量生产以前,须经顾客的书面批准等。

其次,按顾客的要求进行制造。QS9000标准规定,供方必须做好5个方面的工作,即生产件批准程序(PPAP)、产品质量先期策划和控制计划(APQP)、潜在失效模式和后果分析(FMEA)、统计过程控制(SPC)和测量系统分析(MSA)。

最后,按顾客的要求进行检验与试验。供方的检验标准也需经顾客的批准,标准中规定的检验方法、频次、接收准则都要通报顾客,顾客应有书面认可。同时,测量系统分析是QS9000所规定的主要内容之一,只有测量系统处于受控状态,其检测数据才能真实可靠、产品质量才能有保证。

众所周知,ISO9000族标准件的应用已经相当广泛了,涉及的行业众多,而大多是自愿采用的,但是,对QS9000而言,则情况有所不同,实际上QS9000是一种强制性的标准,因为它是顾客所要求的,供方必须满足。所以说,虽然应用QS9000标准可以使供方的质量体系得到进一步完善、产品质量有所提高,但它在国际贸易中势必会成为一个重要的贸易壁垒。我国汽车行业要参与国际竞争就必须认真对待这个问题。我们唯一的出路在于尽快贯彻这套标准,提前做好准备,审时度势,一旦有需要时,可以很快得到认证,这样才能在国际竞争中取胜。

从QS9000认证来看,其发展速度也十分迅猛,尤其在当前国际汽车市场竞争日益加剧的情况下,世界上一些著名的汽车公司大都实行全球采购,因此,给QS9000认证赋予了很强的生命力和发展活力。继美国三大汽车公司对其供应商明确提出 QS9000 认证的期限之后,日本的丰田、三菱公司以及我国的上海通用公司等也制定了对其供应商限期取得 QS9000 认证的时间表。有资料统计,有 22 个国家的认证机构得到美国方面的授权,有 78 个认证机构获准开展 QS9000 认证业务,有数百家企业已经获得了 QS9000 认证证书,可见 QS9000 认证的普及速度之快,这不能不引起我们的高度重视。我国众多的汽车零部件企业要想生存发展,仅靠满足国内汽车市场的需求很难维持下去,必须参与国际竞争,所以,我国也将不可避免地快速推行 QS9000 认证。

所以,推行 QS9000 的好处很多,具体可表现为以下几个方面。

(1) 保证产品质量持续符合标准,满足客户要求。
(2) 加强过程控制,减少并预防不合格,降低生产成本。
(3) 规范部门职能,变人治为法治,提高工作效率。
(4) 有效打破对汽车配件供应商的国外贸易壁垒,参与国际竞争。
(5) 有效贯彻管理思想,管理者可集中精力于战略发展。

 思考与问题

QS9000 认证应用在哪个领域?它有什么特点?

第十四章 品质管理组织架构

学习目标和要求

通过本章的学习,要求了解常见品质管理组织架构和各岗位的相关工作职责。

知识要点

1. 掌握品质管理组织架构的几种主要结构
2. 掌握品质管理组织中各岗位的工作职责

一、品质管理组织架构

一个企业内部品质管理要求能获取成功,首先要有一个要件就是企业最高主管的高度重视,有了最高领导者的同意,那么品质管理将很顺利;其次要有专门的品质管理技术人员,公司如能够通过各种渠道对主干人员进行教育训练,将能使公司的技术含量提高一层;第三要有全员的品质管理普及教育,以提高全公司人员的品质观念和意识;第四要有健全的品质管理组织,有了健全的品质管理结构才能使企业各个环节得到有效的控制。

重视品质管理第一步要从建立公司内部组织结构开始,但是不同类型企业适合其采用的管理方式又有所不同,并无定论,主要是视其公司的规模大小、所生产产品、生产形式、生产方法来决定采用以何种品质管理组织结构。以下有几种主要架构可供参考。

1. 大型企业的品质管理组织架构

大型企业的品质管理组织架构可见图 14-1。

2. 中小型企业的品质管理组织架构

中小型企业的品质管理组织架构可见图 14-2。

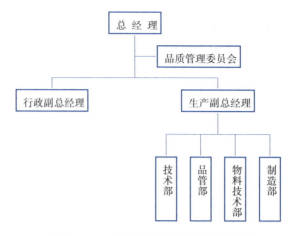

图 14-1　大型企业的品质管理组织架构

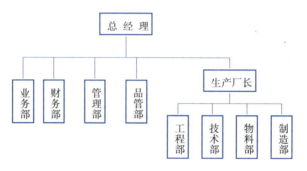

图 14-2　中小型企业的品质管理组织架构

一个企业的组织图把品质管理部门的位置放在哪个阶梯上，几乎可以把这个企业管理层对品质的重视程度反映出来。如果是放在生产部门内，那就糟糕了，一般情况下，往往生产的进度会完全左右品质的好坏，如果放在第一的位置上面，证明这个公司的品质管控是完全独立出来的，一般不会因为生产业务的多少、快慢而影响企业产品的品质。

3. 一般企业的品质管理组织架构

一般企业的品质管理组织架构见图 14-3。

有很多企业把线上检验(FQC)放置在制造部之下，这种做法也是有一定道理的，但是这样专门的品管检验组就应多配备人员和工站进行加严抽查。

图 14-3 是一般企业对品质管理的一个普遍架构，在相应的策略上应逐步提升品质管理的预防能力，预防比例加强，失败指数下降时可逐次降低检验工作，也就是不管品质管理部门的任何岗位人员应加强品质管理技术应用，力求精简。

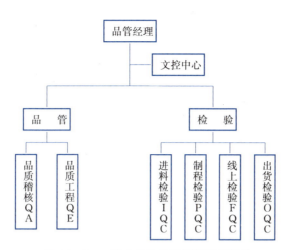

图 14-3 一般企业的品质管理组织架构

二、各岗位相关工作职责

(一) 品质管理经理

品质管理经理的工作职责一般包括以下几个方面。

(1) 引导并规划部门工作目标,考核、辅导所管辖的部属。

(2) 审核课内文件作业程序及管制。

(3) 建立持续改善的机制系统,定期检讨改善制程任何品质事项。

(4) 导入计划,教育训练计划,进行品质管理制度设计。

(5) 品质报告的提出。

(6) 品质管理实施和督导,制定制程品质管制方针及指标。

(7) 协助品质保证、品质工程的执行及产品品质管理计划执行,以确保公司产品品质。

(8) ISO 的程序的撰写修改及维护。

(9) 执行客户抱怨的对策事项,以确保产品于客户的满意度。

(二) 文控中心

文控中心的工作职责一般包括以下几个方面。

(1) 品质经理交办事项处理。

(2) 管理图的绘制。

(3) 品质成本的核算。

(4) 检查部门提出检查报告的收集。

(5) 每周、每月、每季度、每年的相关品质状况的分析报告。

(6) 相关品质文件制定、修改的收集、整理和发放、回收。

(三)品质保证

品质保证部门的工作职责一般包括以下几个方面。

1. 品质稽查

品质稽查的工作又可分为以下几个方面。

(1) 制定制程品质管理方针及指标。

(2) 出厂前产品抽样检查、外包检验。

(3) 品质运作系统及其相关检验标准、检验规范的核查。

(4) 内部具体预防标准的执行、监控。

(5) 协助品质保证、品质工程的执行及产品品质管制计划执行,以确保公司产品品质。

(6) ISO 的程序的撰写修改及维护。

(7) 对客户抱怨进行回复,作出应急对策。

2. 品质工程

品质工程的工作又可分为以下几个方面。

(1) 对新产品检验确认,作出制程评估。

(2) 对供应商进行改善辅导。

(3) 对产品制定检验标准。

(4) 出现不良反映时,对制造现场作制程不良解析,提出改善措施。

(5) 运用相关统计方法,逐步推进。

(6) 提供各类品质记录报表及对各全企业品质管理技术人员进行教育培训。执行持续改善的机制系统,定期检讨改善制程任何品质事项。

(7) 执行制程品质管理程序,以确保产品生产作业品质。

(8) 执行客户抱怨的对策事项,以确保产品于客户的满意度。

3. 检验

检验部门为品质管理组织的基础,企业一切品质事项都由检验部门具体实施,通过对全企业的来料、半成品、成品、库存的品质状况进行监测,并通过相关资料反馈给上级领导,使企业保持最新咨询,根据市场需求采取必要手段,并对 ISO 程序进行修改和维护。

(四)品质管理机构的相关机能

品质管理的相关机能体现在以下几个方面。

(1) 负责对全企业品质管理教育培训的具体实施。

(2) 负责企业品质规范的建立与实施。

(3) 对企业供应商的品质辅导。

(4) 对企业原材料具体实施管控。

(5) 对企业制程能力的解析与方案计划。

(6) 提供相关管制图表检验品质报告。

(7) 负责各种检验工作的具体实施。

(8) 负责客户抱怨的相关追踪处理。

(9) 制定和实施其内部异常的各种改善和预防方案。

(10) 追踪企业品质反馈活动。

(11) 进行品质成本计算。

(12) 品质活动的制订方案与执行推动。

现在的各种企业往往只是针对于日常静态的检验工作来进行品管组织的运作,那样缺乏预防性。然而,对把品质组织完全运用的企业来说,善于利用相关的品质统计工具才是改善品质的最佳途径。

 思考与问题

1. 品质管理部门在组织的内部结构中应处于什么地位?为什么?
2. 品质管理部门各岗位的相关工作职责是什么?

第十五章 品质管理名人录

现代质量管理追求顾客满意,注重预防而不是检查,并认定管理层对品质负有责任。戴明(William Edwards Deming)、朱兰(Joseph H. Juran)、克劳士比(Philip Crosby)、石川馨(Koaru Ishikawa)、田口玄一(Genichi Taguchi)、费根堡姆(Arnold V. Feigenbaum)等几位著名的学者对现代质量管理做出了巨大贡献,下面我们简略介绍一下他们及其他们对质量管理的贡献。

Ⅰ 品质管理名人简介一——戴明 (William Edwards Deming,1900—1993)

一、戴明的生平

戴明于1900年10月4日生于美国爱荷华州(Sioux City,IA),戴明父亲经营农场但收入不多,少时的戴明家很贫穷,因此他在少年时代可说是一直在打工,有时候在外面点亮街灯、除雪,赚每天一块两毛的工资或在饭店内打杂以补家用。

戴明颇富正义感,曾经当过墨西哥边境一场小战争的志愿兵且已搭车赶赴战场,但是后来被发现只有14岁,因不符规定才被遣返。幸亏是这样,否则若在战场牺牲,世界上就少了一位伟大的质量管理大师了。戴明不但有正义感且深具爱心,在日本指导期间因愤慨一位未善待精神病患者的医院院长,而利用他对当时驻日美军的影响力将此人解聘。

戴明于1921年从怀俄明大学毕业后继续前往科罗拉多大学进修,并于1925年获得数学与物理硕士,最后于1928年取得耶鲁大学的物理博士学位。在学习期间,戴明在芝加哥的西电公司霍桑工厂实习时听说了当时在贝尔实验室的W·A·休哈特博士,并于1927年见面后就成为亦师亦友的莫逆之交。

戴明毕业后婉拒西电公司的工作机会而应聘到华盛顿的美国农业部的固氮研究所工作。他也曾经利用一年的休假时间到伦敦大学与R. A. Fisher做有关统计方面的研究。

戴明1950年应聘去日本讲学,并将其报酬捐出,而后几乎每年都赴日继续指导,奠定了日本企业界良好的质量管理基础。

二、戴明的贡献

戴明的贡献可分为以下几个阶段。

1. 第一个阶段——对美国初期统计质量控制(SQC)推行的贡献

戴明在美国政府服务期间,为了国势人口调查而开发新的抽样法,并证明统计方法不但可应用于工业且在商业方面也有用。

到了第二次世界大战期间,他建议军事有关单位的技术员及检验人员等都必须接受统计的质量管理方法,并实际给予教育训练。另外,在通用电气公司(GE)开班讲授统计质量管理,并与其他专家联合起来在美国各地继续开课,共计训练了包括政府机构人员在内的31 000多人,可说对美国SQC的奠基及推广有莫大的贡献(当时戴明博士已将统计质量管理应用到工业以外的住宅、营养、农业、水产、员工的雇用方面,其涉及面极为广泛)。

2. 第二阶段——对日本的质量管理的贡献

戴明从1950年到日本指导质量管理后就一直继续此工作长达近40年,且前二三十年几乎每年都去,可以说日本的质量管理是由戴明带动起来的。戴明在日本虽然也教统计方法,但他很快就发觉光教统计质量管理可能会犯了以前美国企业界所犯的错误,因此他修正计划而改向企业的经营者灌输品质经营的理念及重要性,因而日本的早期的经营者几乎都受教于戴明,他们实践戴明的品质经营理念,奠定了日本TQC或CWQC的基础。戴明早期辅导日本企业的质量管理时曾经预言,日本在5年内其产品必将雄霸世界市场,后来果然不出其所料,预言被证明正确,且提早来到,难怪日本企业界对戴明怀有最崇高的敬佩而称其为"日本质量管理之父"了。

3. 第三阶段——对美国及全世界推行TQM的贡献

由于戴明对日本指导质量管理的成功,让美国人惊醒原来日本企业经营成功的背后竟然有一位美国人且居功至伟,故开始对戴明另眼相看。1980年6月24日美国广播公司(NBC)播放了举世闻名的"日本能,为什么能我们不能(If Japan Can, Why Can't We?)"的电视节目,使戴明一夜成名。从此以后由于美国企业家重新研究戴明的质量管理经营理念,加上戴明继续在美国及世界各国积极讲授他的品质经营的十四点管理原则(Deming's 14 Points),并实际上为美国各大公司如福特和AT&T公司提供品质经营的顾问服务而使美国企业的质量管理工作收到了实质性的效果。事实

第十五章 品质管理名人录

上,戴明的品质十四点管理原则就是美国在 20 世纪 80 年代开始盛行的 TQM 的基础,所有全面品质管理所包含的重点,几乎都可以在戴明的十四点里面找到类似或相同的解释。目前在美国及英国都已成立有 Deming Institute,其所宣称的基本精神也都是 TQM 的精神,也就是说,戴明对 TQM 的影响是直接的。

由以上可知,戴明不但具有学术上的成就,对世界各国品质经营的推动更功不可没,称得上质量管理的一代宗师了。

三、戴明质量管理十四法

十四条的全称是《领导职责的十四条》。这是戴明针对美国企业领导提出来的。从美国各刊物所载原文看,无论是次序还是用语,都各有差异。这可能是因为在十多年的时间里,戴明本人在不同场合有不同的强调的缘故。

第一条 要有一个改善产品和服务的长期目标,而不是只顾眼前利益的短期目标。为此,要投入和挖掘各种资源。

第二条 要有一个新的管理思想,不允许出现交货延迟或差错和有缺陷的产品。

第三条 要有一个从一开始就把质量融进产品中的办法,而不要依靠检验去保证产品质量。

第四条 要有一个最小成本的全面考虑。在原材料、标准件和零部件的采购上不要只以价格高低来决定对象。

第五条 要有一个识别体系和非体系原因的措施。85%的质量问题和浪费现象是由于体系的原因,15%的是由于岗位的原因。

第六条 要有一个更全面、更有效的岗位培训。不只是培训现场操作者怎样干,还要告诉他们为什么要这样干。

第七条 要有一个新的领导方式,不只是管,更重要的是帮,领导自己也要有新风格。

第八条 要在组织内形成一股新风气。消除员工不敢提问题、提建议的恐惧心理。

第九条 要在部门间形成协作的态度。帮助从事研制开发、销售的人员多了解制造部门的问题。

第十条 要有一个激励、教导员工提高质量和生产率的好办法。不能只对他们喊口号、下指标。

第十一条 要有一个随时检查工时定额和工作标准有效性的程序,并且要看它们是真正帮助员工干好工作,还是妨碍员工提高劳动生产率。

第十二条 要把重大的责任从数量上转到质量上,要使员工都能感到他们的技能和本领受到尊重。

第十三条 要有一个强而有效的教育培训计划,以使员工能够跟上原材料、产品设计、加工工艺和机器设备的变化。

第十四条 要在领导层内建立一种结构,推动全体员工都来参加经营管理的改革。

四、戴明奖

戴明奖是纪念戴明而设立的,共分为3类。

第一类:颁发给在以下3个领域做出贡献的个人或组织。

(1) 对全面质量管理的研究取得杰出成绩。

(2) 对用于全面质量管理的统计方法的研究取得杰出成绩。

(3) 对传播全面管理做出杰出贡献。

第二类(戴明应用奖):颁发给组织或者领导一个独立运作的机构的个人。获奖条件是,在规定的年限内通过运用全面质量管理使组织获得与众不同的改进。

第三类(质量控制奖):颁发给组织中的一个部门。这个部门通过使用全面质量管理中的控制和管理方法,在规定的年限内获得了与众不同的改进效果。

五、戴明循环

PDCA循环的概念最早是由美国质量管理专家戴明提出来的,所以又称为"戴明环"。PDCA4个英文字母及其在PDCA循环中所代表的含义如下。

(1) P(plan)——计划:确定方针和目标,确定活动计划。

(2) D(do)——执行:实地去做,实现计划中的内容。

(3) C(check)——检查:总结执行计划的结果,注意效果,找出问题。

(4) A(action)——行动:对总结检查的结果进行处理,成功的经验加以肯定并适当推广、标准化;失败的教训加以总结,以免重现,未解决的问题放到下一个PDCA循环。

PDCA循环实际上是有效进行任何一项工作的合乎逻辑的工作程序。在质量管理中,PDCA循环得到了广泛的应用,并取得了很好的效果,因此有人称PDCA循环是质量管理的基本方法。之所以将其称为PDCA循环,是因为这4个过程不是运行一次就完结,而是要周而复始地进行。一个循环完了,解决了一部分的问题,可能还有其他问题尚未解决,或者又出现了新的问题,再进行下一次循环,其基本模型如图 15-1 所示。

PDCA 循环有如下 3 个特点。

（1）大环带小环。如果把整个企业的工作作为一个大的 PDCA 循环，那么各个部门、小组还有各自小的 PDCA 循环，就像一个行星轮系一样，大环带动小环，一级带一级，有机地构成一个运转的体系。

（2）阶梯式上升。PDCA 循环不是在同一水平上循环，每循环一次，就解决一部分问题，取得一部分成果，工作就前进一步，水平就提高一步。到了下一次循环，又有了新的目标和内容，更上一层楼。图 15-2 表示了这个阶梯式上升的过程。

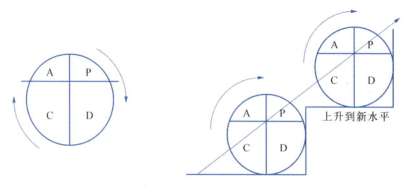

图 15-1　PDCA 循环的基本模型　　　图 15-2　PDCA 循环的步骤和方法

（3）科学管理方法的综合应用。PDCA 循环应用以品质管理（QC）7 种工具为主的统计处理方法以及工业工程（IE）中工作研究的方法，作为进行工作和发现、解决问题的工具。PDCA 循环的 4 个阶段又可细分为 8 个步骤，每个步骤的具体内容和所用的方法如表 15-1 所述。

表 15-1　PDCA 循环的步骤和方法

阶段	步　　骤	主　要　方　法
P	1. 分析现状，找出问题	排列图、直方图、控制图
	2. 分析各种影响因素或原因	因果图
	3. 找出主要影响因素	排列图、相关图
	4. 针对主要原因，制订措施计划	回答"5W1H" 　为什么制定该措施（why） 　达到什么目标（what） 　在何处执行（where） 　由谁负责完成（who） 　什么时间完成（when） 　如何完成（how）

(续表)

阶段	步　　骤	主　要　方　法
D	5. 执行、实施计划	
C	6. 检查计划执行结果	排列图、直方图、控制图
A	7. 总结成功经验,制定相应标准	制定或修改工作规程、检查规程及其他有关规章制度
	8. 把未解决或新出现问题转入下一个 PDCA 循环	

现在比较著名的 ISO9000 就是采用 PDCA 循环实行的。

Ⅱ　品质管理名人简介二——朱兰
(Joseph H. Juran, 1904—2008)

约瑟夫·H·朱兰(Joseph H. Juran)是现代质量管理的领军人物。他出生于 1904 年的罗马尼亚, 1912 年随家庭移民美国, 1917 年加入美国国籍, 曾获电气工程和法学学位。自 1924 年以来, 就一直在管理领域中从事各种不同的工作, 先后担任过工程师、总经理、政府官员、大学教授、社团董事和管理顾问。

朱兰还是朱兰学院和朱兰基金会的创建者, 前者创办于 1979 年, 是一家咨询机构, 后者为明尼苏达大学卡尔森管理学院的朱兰质量领导中心的一部分。进入 20 世纪 90 年代后, 朱兰仍然担任学院的名誉主席和董事会成员, 以 90 多岁的高龄继续在世界各地从事讲演和咨询活动, 全世界 30 余个国家直接受教人员达 2 万之多。

朱兰协助创建了美国马尔科姆·鲍得里奇国家质量奖, 他是该奖项的监督委员会的成员。他获得了来自 14 个国家的 50 多种嘉奖和奖章。如同质量领域中的另一位大师戴明一样, 朱兰对于日本经济复兴和质量革命的影响也受到了高度的评价, 因此日本天皇为表彰他"对于日本质量管理的发展以及促进日美友谊所做的贡献"而授予其"勋二等瑞宝章"勋章。美国总统为表彰他在"为企业提供管理产品和过程质量的基本原理和方法从而提升其在全球市场上的竞争力"方面所做的毕生努力而颁发给他国家技术勋章。

朱兰 2008 年 2 月 28 日去世, 享年 103 岁。

朱兰所倡导的质量管理理念和方法始终影响着世界质量管理的发展, 从而也影响着世界的发展。他的"质量计划、质量控制和质量改进"被称为"朱兰三部曲"。他最早把帕累托原理引入质量管理。《管理突破》(Management Breakthrough)及

《质量计划》(Quality Planning)两书是他的经典之作。由朱兰主编的《质量控制手册》(Quality Control Handbook)被称为当今世界质量控制科学的名著。为奠定全面质量管理(TQM)的理论基础和基本方法做出了卓越的贡献。

朱兰的主要质量管理论：质量三元论。

朱兰理论的核心：管理就是不断改进工作。

一、质量三元论

（1）质量计划——为建立有能力满足质量标准化的工作程序,质量计划是必要的。

（2）质量控制——为了掌握何时采取必要措施纠正质量问题就必须实施质量控制。

（3）质量改进——质量改进有助于发现更好的管理工作方式。

质量是一种合用性,而所谓合用性(fitness for use)是指使产品在使用期间能满足使用者的需求。事实证明,TQM带给企业一个强烈的呼声、一个新的工作动力、一种新的管理方法。为此,我们对TQM必须全力以赴,再接再厉。因为TQM给我们的企业经营提供了一种新的管理方法和体系。

二、朱兰的"突破历程"

朱兰所提出的"突破历程",综合了他的基本学说。以下是此历程的7个环节。

1. 突破的取态

管理层必须证明突破的急切性,然后创造环境使这个突破能实现。要去证明此需要,必须搜集资料说明问题的严重性,而最具说服力的资料莫如质量成本。为了获得充足资源去推行改革,必须把预期的效果用货币形式表达出来,以投资回报率的方式来展示。

2. 突出关键的少数项目

在纷纭众多的问题中,找出关键性的少数。利用帕累托法分析,突出关键的少数,再集中力量优先处理。

3. 寻求知识上的突破

成立两个不同的组织去领导和推动变革：其一可称之为"指导委员会",另一个可称之为"诊断小组"。指导委员会由来自不同部门的高层人员组成,负责制订变革计划、指出问题原因所在、授权做试点改革、协助克服抗拒的阻力,及贯彻执行解决方法。诊断小组则由质量管理专业人士及部门经理组成,负责寻根问底、分析问题。

4. 进行分析

诊断小组研究问题的表征、提出假设，以及通过试验来找出真正原因；诊断小组另一个重要任务是决定不良产品的出现是操作人员的责任或者是管理人员的责任。若说是操作人员的责任，必须是同时满足以下3项条件：操作人员清楚知道他们要做的是什么、有足够的资料数据明了他们所做的效果，以及有能力改变他们的工作表现。

5. 决定如何克服变革的抗拒

变革中的关键任务是必须明了变革对他们的重要性。单是靠逻辑性的论据是绝对不够的，必须让他们参与决策及制定变革的内容。

6. 进行变革

所有要变革的部门必须要通力合作，这是需要说服力的。每一个部门都要清楚知道问题的严重性、不同的解决方案、变革的成本、预期的效果，以及估计变革对员工的冲击及影响。必须给予足够时间去酝酿及反省，并提供适当的训练。

7. 建立监督系统

变革推行过程中，必须有适当的监督系统定期反映进度及有关的突发情况。正规的跟进工作异常重要，足以监察整个过程及解决突发问题。

三、质量环

质量环（quality loop）也称为质量螺旋（quality spiral）。

朱兰提出，为了获得产品的适用性，需要进行一系列活动。也就是说，产品质量是在市场调查、开发、设计、计划、采购、生产、控制、检验、销售、服务、反馈等全过程中形成的，同时又在这个全过程的不断循环中螺旋式提高，所以，质量环又称为质量进展螺旋。

四、"80/20原则"

朱兰尖锐地提出了质量责任的权重比例问题。他依据大量的实际调查和统计分析认为，在所发生的质量问题中，追究其原因，只有20%来自基层操作人员，而恰恰有80%的质量问题是由于领导责任所引起的。在国际标准ISO9001中，与领导职责相关的要素所占的重要地位，在客观上证实了朱兰的"80/20原则"所反映的普遍规律。

五、生活质量观

朱兰认为，现代科学技术、环境与质量密切相关。他说："社会工业化引起了一系列环境问题的出现，影响着人们的生活质量。"随着全球社会经济和科学技术的高速发展，质量的概念必然拓展到全社会的各个领域，包括人们赖以生存的环境质量、卫生保健质量以及人们在社会生活中的精神需求和满意程度等。朱兰的生活质量观反映了人类经济活动的共同要求：经济发展的最终目的，是为了不断地满足人们日益增长的物质文化生活的需要。

Ⅲ　品质管理名人简介三
——克劳士比（Philip B. Crosby, 1926—2001）

克劳士比于 1926 年 6 月 18 日出生在美国西弗吉尼亚州的惠灵市（Wheeling）。他曾参与第二次世界大战，其间一度在一所医疗学校待过。克劳士比的职业生涯始于一条生产线的品管工作，他当时尝试多种方法向其主管说明他的理念，即"预防更胜于救火"。他先后任职的公司包括 1952 年克罗斯莱（Crosley）公司；1957—1965 年马丁-玛瑞塔（Martin-Marietta）公司，以及 1965—1979 年 ITT 公司。在克罗斯莱的时候，他对与质量相关的知识努力学习，几乎遍读当时所有的质量管理类书籍，并且加入美国质量学会成为其会员。

1979 年克劳士比在佛罗里达创立了 PCA 公司（Philip Crosby Associates, Inc.）和克劳士比质量学院，并在其后的 10 年时间里把它发展成为一家在世界 32 个国家用 16 余种语言授课、全球最大的质量管理与教育机构上市公司。每天都有全世界各行各业的企业管理人员成群结队地来学习、接受质量管理方面的训练。让更多的人和组织分享企业成功的理念，是他创办质量学院的初衷。IBM 是 PCA 的第一个客户。后来他卖掉了 PCA 的一些股份，专心于"领导学"的写作与演讲。1997 年，他又买回了全部的股份，成立了现在的 PCA Ⅱ。1991 年他从 PCA Ⅱ 退休，另行创立一家以提供演讲和研讨会来协助目前与未来的公司主管成长的公司 Career Ⅳ。并且在全球的 20 余个国家成立质量学院（Quality College）。如今 PCA Ⅱ 服务的对象包括从多国籍企业集团到小型制造公司与服务业公司，旨在协助它们执行质量改善过程。

克劳士比至今在全球已出版了 15 本畅销书，其中，《质量免费》（Quality is Free）由于引发一场美国以及欧洲的质量革命而备受称赞，该书的销量已超过 250 万册，被译成 16 种文字。

克劳士比在担任玛瑞塔的质量经理时，因提出"零缺陷"（zero defects）的概念和实施零缺陷的计划,而于 1964 年获得美国国际部的奖章。

克劳士比于 2001 年 8 月 18 日在北卡罗莱纳州高地市家中病逝,享年 75 岁。

一、质量理论概念

(1) 作为质量执行目标的"零缺陷"概念。
(2) 按客户的要求确定质量执行的标准。
(3) 团队合作的工作原则。
(4) 为企业进步而对领导能力的要求。
(5) 用劣质成本衡量不符合要求的代价。
(6) 预防即意味着消除质量问题。

二、克劳士比的质量管理四项基本原则

1. 原则一:什么是质量

质量即符合要求,而不是好。质量的定义就是符合要求而不是好。"好、卓越、美丽、独特"等描述都是主观和含糊的。

2. 原则二:质量是怎样产生的

(1) 预防产生质量。
(2) 检验不能产生质量。

产生质量的系统是预防,不是检验。检验是在过程结束后把坏的从不好的里面挑选出来的,而不是促进改进。

检验告知已发生的事情太迟(缺陷已产生),会遗漏一些缺陷,不能产生符合项。预防发生在过程的设计阶段,包括沟通、计划、验证以及逐步消除不合格。通过预防产生质量,要求资源的配置能保证工作正确地完成,而不是把资源浪费在问题的查找和补救上面。

3. 原则三:什么是工作标准

工作标准必须是"零缺陷",而不是"差不多就好"。差不多就好是说,我们将在某些时候满足要求,或者是每次都符合大部分要求而已。而零缺陷的工作标准,则意味着我们每一次和任何时候都要满足工作过程的全部要求。它是一种认真的符合我们所同意的要求的个人承诺。

如果我们要让工作具有质量,那么,我们决不向不符合要求的情形妥协,我们要极力预防错误的发生,而我们的顾客也就不会得到不符合要求的产品或服务了,这还是零缺陷工作标准的意义所在。

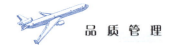

零缺陷作为一种心态,包括第一次就把事情做对、避免双重标准、决不允许有错误、非常重视预防、只有在符合全部要求时才行。

4. 原则四:怎样衡量质量

质量是用不符合要求的代价(金钱)来衡量的,而不是用指数。指数是一种把不符合项用相关的坏消息进行软处理的方法。不管怎样,如果我们软化了坏消息,那么管理者将永远不会采取行动。而通过展示不符合项的货币价值,我们就能够增加对问题的认识。

不符合要求的代价:当要求没有符合时产生的额外的费用。不符合要求的代价是浪费的代价:浪费时间、心力和物资。这是不必要的代价。

Ⅳ 品质管理名人简介四
——石川馨(Koaru Ishikawa,1915—)

石川馨,被称为 QCC(品管圈)之父、日本式质量管理的集大成者,于 1915 年出生在日本。1939 年毕业于东京大学工程系,主修应用化学。1947 年,他在大学任副教授,1960 年获工程博士学位后被提升为教授。他的《质量控制》(Quality Control)一书获"戴明奖"、"日本 Keizai 新闻奖"和"工业标准化奖"。1971 年,其质量控制教育项目获美国质量控制协会"格兰特奖章"。

1968 年,石川馨出版了一本为 QC 小组成员准备的非技术质量分析课本——《质量控制指南》(Guide to Quality Control),1972 年,因著有《质量控制指南》一书而成名。

石川馨是 20 世纪 60 年代初期日本"品管圈"运动的最著名的倡导者。1981 年,他在纪念日本第 1 000 个 QC 小组大会的演讲中,描述了他的工作是如何将他引入这一领域的。"我的初衷是想让基层工作人员最好地理解和运用质量控制,具体说是想教育在全国所有工厂工作的员工;但后来发现这样的要求过高了,因此,我想到首先对工厂里的领班或现场负责人员进行教育。"

一、品管圈

石川馨提出,在公司内部一个单独部门中由非监督人员和领导人组成的团组,他们自发研究如何改进他们工作的有效性。

二、石川图

因果图又叫"石川图",也称为鱼刺图、特性要因图等。它是利用"头脑风暴法",集思广益,寻找影响质量、时间、成本等问题的潜在因素,然后用图形形式来表示的一种十分有用的方法,它揭示的是质量特性波动与潜在原因的关系。

因果图有以下3个显著的特征。

(1)是对所观察的效应或考察的现象有影响的原因的直观表示。

(2)这些可能的原因的内在关系被清晰地显示出来。

(3)内在关系一般是定性的和假定的。

图15-3就是一个石川图,我们可以了解影响准确性的条件主要有制度、方法及人。拿制度来说,制度不健全、制度落后是制度中的关键原因:制度不健全包括形势变化制度不变,制度落后包括责任不明确。

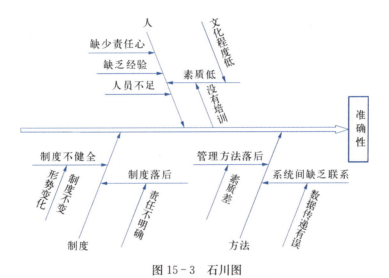

图15-3 石川图

Ⅴ 品质管理名人简介五
——田口玄一(Genichi Taguchi,1924—)

田口玄一出生于1924年,1942—1945年服务于日本海军水路部天文科,接着在公共卫生与福利部以及教育部的统计数学研究所工作。在1950年,他加入日本电话与电报公司新成立的电子通讯实验室,在这里他训练工程师使用有效的技巧来提升研发活动的生产力。他在该实验室待了超过12年的时间,在此期间逐渐开发了设计实验过程优化的"田口玄一方法"(以下简称"田口方法")。

田口玄一在电子通讯实验室工作期间,也广泛担任日本一些企业的顾问,因此在20世纪50年代的早期即有日本公司开始大规模应用"田口方法",包括丰田公司及其附属的公司。他在1951年出版了其第一本书介绍直交表(orthogonal arrays)。1957—1958年,他出版了《实验设计》一书(计二册)。1962年,他首次拜访美国，在普林斯顿担任访问教授，并至 AT&T 贝尔实验室拜访。同年，他获得日本九州岛大学博士学位。

1964—1982 年，田口玄一成为日本东京青山大学的教授。在 1966 年他及一些共同作者发表了"Management by Total Results"一文。在此阶段，虽然"田口方法"的应用已传至我国台湾与印度，但对于西方国家而言依旧是相当陌生的。至此，"田口方法"的应用仍停留在生产的过程，一直到 70 年代之后，"田口方法"才被使用到产品设计中。

在 70 年代早期，田口玄一就已发展了质量损失函数的概念，并再修订其《实验设计》一书。他于 1951 年和 1953 年获得"戴明品质文献奖"，1960 年获得"戴明个人奖"。在讲究辈分的日本传统文化当中，田口玄一博士能在 36 岁即获得如此崇高的质量大奖，堪称罕见，也愈见其发展的质量方法所受到的重视与肯定。

1980 年，田口玄一以日本质量研究院（Japanese Academy of Quality）主任的身份，接受邀请至美国的公司演讲。在这次的访美活动中，他再度拜访 AT&T 贝尔实验室，虽然在语言的沟通上有些问题，但成功的实验结果让"田口方法"应用于贝尔实验室中。

自 1980 年田口玄一访问美国之后，越来越多的美国工厂实施了"田口方法"。虽然有很多的美国统计学者对"田口方法"持反对的意见，多数的批评认为"田口方法"缺乏严谨的理论背景作为支撑。然而，由于该方法在业界有不少成功的实际案例，因此很多大型企业（包括 Xerox,Ford,ITT 等）开始采用"田口方法"对其各项产品进行改良与制程改善。

1982 年，田口玄一担任日本标准协会（Japanese Standards Association）的顾问；1983 年，田口玄一担任美国供货商协会执行总裁；1984 年，田口玄一再度获得"戴明品质文献奖"。

一、田口损失函数

田口玄一把质量损失定义为"产品性能差异度及所有可能产生的负面影响，如环境破坏和运作成本"。换句话说，质量损失是产品差异及产品使用中所带来的有害副作用造成的。

这一原则表明，每次偏差都会导致经济损失按几何级数上升。利用田口损失函数将质量特性与成本联系起来，是质量工程学所取得的重大进展，也使节省成本的设计能力迅速提高。

田口损失函数在实际运用中可为企业节省大量资金。福特公司（Ford Motor Co.）在其传动系统装配线上应用此方法后，减少了产品误差，从而使产品质量得到提高;ITT公司在18个月内运用此方法节省了约6 000万元。

二、线上和线下质量控制

田口玄一的线上(on-line)和线下(off-line)质量控制法采用一种独特方式减少产品差异。其线上方法指在生产环境中保持目标价值和有关该目标变量的技巧,其中包括统计控制图表等方法。线下质控法包括市场调查、产品开发和流程开发。这是田口方法的独到之处。认真抓好这方面工作对提高产品质量的效果最显著,因为最终产品的质量主要取决于产品的设计和生产流程。

线下质量控制涉及设计或质量工程因素,包括以下3个要素。

(1) 系统设计即为产品挑选整个系统或配置。该流程一开始需要"脑力激荡",以期找出尽可能多的不同系统。然后,必须利用完备的工程知识对这些系统逐一评估。最终确定系统时,应选择以最佳技术和最低成本来满足顾客需求的设计。

(2) 参数设计指找出生产流程中影响产品变异的主要变量,并建立一套参数标准从而确保产品性能尽量不产生变异。

(3) 容差设计确定哪些因素对最终产品的差异影响最大,并为这些因素建立最终产品规格所要求的适当容差。运用田口方法,可从经济角度决定容差。

三、田口质量观

田口玄一的质量观涉及整个生产职能,共有以下5个要点。

(1) 在竞争性市场环境下,不断提高产品质量、削减成本是企业的生存之道。

(2) 衡量成品质量的一个重要标准是产品对社会造成的一切损失。

(3) 改变产前实验的程序。从一次改变一个因素到同时改变多个因素,提高产品和流程的质量。

(4) 改变质量定义。由"达到产品规格"改为"达到目标要求和尽量减少产品变异"。

(5) 通过检查各种因素或参数对产品性能特色的非线性影响,可以减少产品性能(或服务质量)的变化。任何对目标要求的偏离都会导致质量的下降。

Ⅵ 品质管理名人简介六——费根堡姆(Armand V. Feigenbaum,1920—)

1920年,阿曼德·费根堡姆出生在美国纽约市。他先后就读于联合学院和麻

省理工学院,1951年毕业于麻省理工学院,获工程博士学位。1942—1968年在通用电气公司工作。1958—1968年任通用电气公司全球生产运营和质量控制主管。1992年费根堡姆入选美国国家工程学院,他发展了"全面质量控制"观点。1988年费根堡姆被美国商务部部长任命为"美国马尔康姆·鲍德里奇国家质量奖"项目的首届理事会成员。

阿曼德·V·费根堡姆(Armand V. Feigenbaum)是全面质量控制的创始人,因在1983年出版的《全面质量管理:工程和管理》一书中提出全面质量管理而出名。他主张用系统或者说全面的方法管理质量,在质量管理过程中要求所有职能部门参与,而不局限于生产部门。这一观点要求在产品形成的早期就建立质量管理机制,而不是在既成事实后再做质量的检验和控制。

一、全面质量管理的定义

全面质量管理是为了能够在最经济的水平上并考虑到充分满足顾客要求的条件下,进行市场研究、设计、制造和售后服务,把企业内各部门的研制质量、维持质量和提高质量的活动构成为一体的一种有效的体系。

二、全面质量管理的意义

费根堡姆认为企业进行全面质量管理的意义有以下几个方面。
(1) 提高产品质量。
(2) 改善产品设计。
(3) 加速生产流程。
(4) 鼓舞员工的士气和增强质量意识。
(5) 改进产品售后服务。
(6) 提高市场的接受程度。
(7) 降低经营质量成本。
(8) 减少经营亏损。
(9) 降低现场维修成本。
(10) 减少责任事故。

三、全面质量管理的范围

全面质量管理的基本原理与其他概念的基本差别在于,它强调为了取得真正的经济效益,管理必须始于识别顾客的质量要求,终于顾客对他手中的产品感到满意。全面质量管理就是为了实现这一目标而指导人、机器、信息的协调活动。

四、全面质量管理的内容

(1) 新设计的控制。
(2) 进厂材料的控制。
(3) 产品的控制。
(4) 专题研究。

有了这些学者对社会的贡献,才有今天许多优秀的制造型企业的出现。当今,市场竞争的日益加剧,人们对质量的要求也越来越高,已经产生了 ISO9000,CMM,6sigma 等质量模型,它们都是建立在这些学者思想之上的,比如 ISO9000 就是以戴明的 PDCA 循环作为基础的。所以,没有他们的努力,也就没有企业今天的繁荣景象。

 思考与问题

戴明、朱兰、克劳士比、石川馨、田口玄一、费根堡姆等几位质量大师的主要管理思想是什么?对今天的质量管理理论有什么影响?

参 考 文 献

张智勇、杨勇：《品质管理实战指南》，海天出版社 2002 年版

李燕子、董淑娟：《如何进行品质管理》，北京大学出版社 2004 年版

许志玲：《如何进行精益生产》，北京大学出版社 2005 年版

罗新强、徐洪涛、黄欣泉：《2000 版 ISO9001 实践与操作》，中国计量出版社 2002 年版

祝宝一：《2000 版 ISO9000 族标准通用教程》，中国标准出版社 2001 年版

刘育斌、祝天敏、徐敏：《卓越品质管理》，广东经济出版社 1999 年版

姚根兴、滕宝红：《如何进行 ISO9000 质量管理》，北京大学出版社 2004 年版

后 记

本教材总结了品质管理这门课的教学经验,针对高职学生的学习特点。将理论性与实用性结合,全方位地介绍了品质管理的各种理论和方法。全书共分十五章,周东梅任主编。第一章品质管理概述由周振荣撰写,第二章品质检验由陈帅撰写,第三章品质管理常用工具由刘艳玲撰写,第四章全面质量管理由胡薇撰写,第五章标准化管理由周艳撰写,第六章六西格玛管理由程凯媛撰写,第七章品质资源管理由罗晓斌撰写,第八章品质环境管理由朱丹撰写,第九章品管圈由宋德贤撰写,第十章ISO9000族标准概述、第十一章质量管理原则和体系基础、第十二章质量管理体系的要求由周东梅撰写,第十三章认证常识由潘洪伟撰写,第十四章品质管理组织架构由陈帅撰写,第十五章品质管理名人录由钱蓝撰写。

图书在版编目(CIP)数据

品质管理/周东梅主编. —上海:复旦大学出版社,2008.11(2022.3 重印)
(卓越·21 世纪管理学系列)
ISBN 978-7-309-06294-6

Ⅰ.品… Ⅱ.周… Ⅲ.企业管理:质量管理 Ⅳ.F273.2

中国版本图书馆 CIP 数据核字(2008)第 145062 号

品质管理
周东梅 主编
责任编辑/罗 翔

复旦大学出版社有限公司出版发行
上海市国权路 579 号 邮编:200433
网址:fupnet@fudanpress.com http://www.fudanpress.com
门市零售:86-21-65102580 团体订购:86-21-65104505
出版部电话:86-21-65642845
上海新艺印刷有限公司

开本 787×1092 1/16 印张 18.75 字数 357 千
2022 年 3 月第 1 版第 7 次印刷
印数 13 601—14 700

ISBN 978-7-309-06294-6/F·1427
定价:35.00 元

如有印装质量问题,请向复旦大学出版社有限公司出版部调换。
版权所有 侵权必究